기초 통계학

[김명호 저]

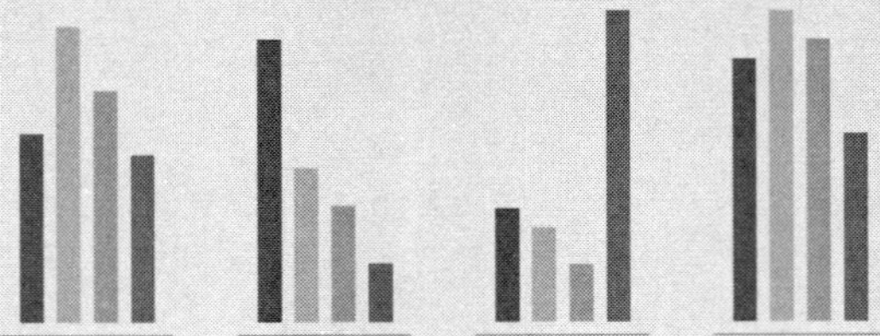

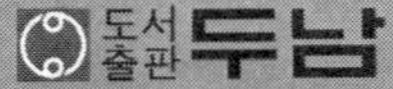

기초통계학을 내면서

우리가 생활하고 있는 사회에는 매우 다양한 현상들이 일어나고 있다. 그러므로 우리는 사회에서 일어나는 다양한 현상을 정리하여 알기 쉽게 나타내고자 한다. 더구나 우리 주변에서 일어나는 현상과 문제는 거의 대부분이 사회와 관련이 있기 때문에, 사회현상이나 사회문제의 범위도 시간이 흐름에 따라 더욱 넓어지고 있다.

이와 같이 다양한 사회과학의 영역에서 사회의 현상을 분석하여 알기 쉽게 정리하는 주요 수단은 통계이다. 통계는 사회나 사회집단의 특징을 설명하기 위해 현지조사를 통해 데이터를 직접 수집하고, 처리·분석하는 과정을 말한다.

사회과학에는 많은 연구분야가 있지만, 각각의 분야가 더욱 세분화되기 때문에 실제 연구대상은 더 다양해지고 있다. 그러나 연구분야의 다양성이 사회과학의 흥미이기도 하고, 귀찮은 점도 있다. 왜냐하면 사회과학의 대상이 넓어지면서 대상을 연구·분석하는 방법도 다양해졌기 때문이다. 그러므로 이 책은 통계분석에 한정하여 데이터의 종류와 특성, 데이터의 수집 방법, 그리고 데이터를 분석하는 다양한 방법을 보다 쉽게 독자에게 전하고자 한다.

통계학에서 조사의 대상이 되는 집단 전체를 '모집단(母集團)', 그리고 모집단 가운데 선정된 조사 대상을 '표본(標本)'이라고 한다. 오늘날의 통계학은 표본의 자료로부터 그 표본이 추출된 모집단의 특성을 추론하는 이른바 추측통계학, 즉 통계적 추론을 널리 사용하고 있다. 통계적 추론은 어디까지나 표본의 통계를 근거로 하여 이루어지므로 불확실한 상황에서 얻어지는 결론이라고 할 수 있다. 그러므로 그 결론은 가능성만 가지고 성립되므로, 통계적 추론에서는 가능성, 즉 확률(probability) 이론이 도입된다.

통계적 추론에서 가설검정을 실시할 때, 항상 귀무가설과 대립가설의 2종류 가설을 이용한다. 귀무가설은 수식에서 H_0(Null Hypothesis)라고 표기하며, Null에는 '0'의 의미가 있다. 그러므로 귀무가설의 예로, '정당 지지도에서 모비율은 30%', '남학생의 시험 모평균과 여학생의 시험 모평균은 같다(모평균의 차이는 전혀 없다)', '교육을 받은 연수와 수입에는 상관이 없다(모상관계수는 0 이다)'와 같이 모수의 값을 구체적으로 지정한다.

그러나 안타깝게도 통계학에서는 '차이가 있다'는 것을 직접적으로 증명할 수 없으며, 대립가설만으로는 그것이 맞는지 틀리는지 판단할 수 없게 된다. 그러므로 가설검정에서는 귀무가설을 직접적인 검토의 대상으로 한다. 즉, '차이가 있다'는 상태는 무한히 있으므로 직접적으로 증명할 수 없지만, '차이가 없다'는 것은 쉽게 증명할 수 있는 것이 통계학의 성질이다. 그런데 많은 연구자들이 이 부분을 잘못 이해하고, 논문 작성에서 가설을 잘못 설정하는 경우가 많으므로, 주의가 필요하다.

사실, 모집단의 수가 적으면, 대상을 모두 조사하는 것은 그다지 어렵지 않다. 그러나 조사 대상의 수가 많을수록 조사 인력과 비용, 시간도 매우 많이 소요된다. 예를 들면, 5년에 한 번씩 실시하는 전국 인구총조사는 국내에 거주하는 모든 사람과 가구를 대상으로 하는 조사로, 한번 조사를 하는데 드는 비용은 엄청나다. 실제로 2010년에 실시된 우리나라의 인구총조사를 위하여, 1,808억원의 비용이 들었으며, 조사원 11만 3천명과 관련 공무원 6천명이 참여하였다고 한다.

또 다른 예로, '모집단에서 표본을 무작위로 추출한다'는 원칙이 지켜지지 않으면, 아무리 표본을 많이 추출하여도 좋은 결과를 얻을 수 없다. 이것을 나타내는 유명한 예는 1936년에 실시된 미국 대통령 선거의 예측조사 결과이다.

1936년 미국 대통령 선거는 공화당의 랜던 후보와 민주당 루즈벨트 후보의 대결이었다. 당시의 유력한 주간지 '리터러리 다이제스트'는 약 240만명의 표본을 바탕으로 선거 결과를 예측하고, 랜던의 승리를 예상했다. 한편, 여론조사 회사인 갤럽은 약 5만 명의 표본을 바탕으로 루즈벨트의 승리를 예상했다. 실제, 선거는 루즈벨트의 승리로 끝났다. 표본의 수가 많은 편이 정확한 데이터를 얻을 수 있을 것인데, 이러한 결과의 이유는 무엇일까? 이것이 통계학이 지니고 있는 흥미로운 점이다.

통계학은 데이터를 취급하는 학문이므로 이 책에도 다양한 수식이 등장한다. 수학을 싫어하는 사람은 수식을 보고 싶지 않을지도 모르지만, 통계학을 이해하기 위해서 수식은 피할 수 없다. 그리고 수식을 필요 이상으로 두려워 할 필요는 없다. 오히려 통계학에서 등장하는 다양한 수식은 각각의 의미가 있으므로, 그 수식의 의미를 제대로 이해한다면, 통계학은 결코 어려운 것이 아니다.

물론, 통계학을 처음 대하는 학생의 입장에서는 누구나 '통계학은 어렵다'는 선

입견을 가지고 있다. 특히, 경영학, 경제학, 정치학 등 수식과 거리가 있는 사회과학을 전공하는 학생들의 경우는 더욱 그렇다. 따라서 이 책은 처음 통계학을 접하는 학생들이나 일반인들에게 도움이 되도록 어려운 수식들은 되도록이면 피하고, 평이하게 이론을 전개하였다. 그리고 통계적 분석방법들은 예를 들어 단계적으로 설명하여, 전체적으로 이해가 쉽도록 하였다.

이 책을 준비하면서 나름대로 최선을 다하였지만, 부족하고 미흡한 부분이 있으리라고 생각되며, 이러한 부분에 대하여 많은 조언을 부탁드린다. 그리고 이 책의 교정을 꼼꼼히 보느라 수고해준 강릉원주대학교 정보통계학과의 이영훈 교수님과 한중대학교 김일용 박사에게 감사를 전하고, 또 이 책의 출판을 위해 애써주신 도서출판 두남의 여러분들께 감사드린다.

2015년 2월 사기막에서

차례

제3장 확률이론

제4장 확률분포

제5장 이산확률분포

제7장 표본의 추출과 표본분포

제8장 통계적 추정

제9장 가설검정

제10장 χ^2 검정과 t 검정

제11장 분산분석

제12장 회귀분석

제1장 서 론

제1절 통계학의 개념

통계학(statistics)이란 해결하고자 하는 문제를 대상으로 자료를 수집하고, 정리하고, 분석하며, 그 분석을 토대로 불확실한 상황 하에서 앞으로 나타날 현상에 대하여 현명한 의사결정을 내릴 수 있도록 하는 방법의 체계라고 정의할 수 있다. 그러므로 통계학의 개념은 일상생활에서 광범위하게 활용되고 있다. 그러나 통계학으로 분석대상이 되기 위해서는 모든 현상을 계수화 하여 체계적이고 과학적인 실증적 분석과정을 거쳐야 한다.

통계학은 그 자체가 하나의 학문영역을 이루고 있을 뿐만 아니라, 자연현상이나 사회현상을 과학적으로 분석하기 위한 도구로서 사용되기 때문에 거의 모든 학문분야에 통계학이 필요하다고 할 수 있다.

이제, 통계학은 과거의 더욱 전문적인 지식을 토대로 하여 기대성과를 다루게 되는 미래지향적인 내용을 내포하고 있다. 특히, 불확실한 상황에서 의사결정 문제를 다루는 현대경영학에서는 어느 학문분야에 못지않게 통계학적 방법론의 역할이 중요하다고 하겠다.

기업에서 생산량 결정을 위한 수요를 제대로 예측할 수 없음에 따라 생산계획을 세우지 못하는 경우, 의사결정에 엄청난 혼선을 빚는 결과를 초래할 것이다. 이 경우에 시장조사를 하게 되는데, 통계적 기법은 불확실한 장래의 산출량을 조정하기 위해 장기적인 계획문제를 해결하는 데 중요한 역할을 한다. 기업경영에서의 통계학은 신제품개발, 가격결정, 재무분석과 같은 기업생존에 영향을 미치는 다방면의 전략정책을 펼쳐나가는데 있어서도 매우 중요한 역할을 담당하고 있다.

그리고 모든 학문분야에서 실증적 연구를 통한 과학화가 급속도로 이루어짐에 따라 통계학의 이용은 급격히 증가되고 있다. 그러므로 자연과학 분야에서는 물론이고, 경영학·경제학·정치학·교육학·사회학·심리학 등의 사회과학 분야에서도 통계학의 중요성이 더욱 강조되고 있다.

따라서 통계학은 보다 현실적인 행동을 하기 위한 일련의 결정과정에서 충분한 지식과 정보를 필요로 한다. 이러한 지식과 정보로 이루어져 있는 통계자료는 과학적인 방법에 의해 수집되어야 하며, 또한 이를 분석하고 평가하여야 한다. 그리고 우리는 통계학을 하나의 과학적 방법으로 이용할 수 있어야 한다.

제2절 기술통계학과 추측통계학

통계학이란 관심의 대상이 되는 집단으로부터 자료를 수집·정리·요약하여 제한된 자료나 정보를 토대로 불확실한 사실에 대하여 과학적인 판단을 내릴 수 있도록 그 방법과 절차를 제시하여 주는 학문으로, 크게 기술통계학과 추측통계학으로 나눌 수 있다.

기술통계학(descriptive statistics)은 자료를 연구목적에 알맞게 수집하고, 정리하고, 분석하여 분포의 모양, 대표값, 산포도 등을 계산하는 자료처리의 영역이라고 할 수 있다. 즉, 기술통계학은 자료를 수집·작성하여 이를 분류·정리하는 일종의 자료처리의 역할을 담당한다. 그러므로 자료에서 얻은 분포, 분산, 표준편차 등과 같은 특성치의 측정, 상관분석 등이 이에 속한다.

추측통계학(inferential statistics)은 모집단으로부터 표본을 선택하여 그 표본으로 통계량을 계산하고, 그 통계량으로부터 모집단의 모수를 추정하여 그 추정치가 통계적으로 어떤 의미를 가졌는가를 알아보며, 나아가 합리적인 의사결정을 하도록 하는 분야라고 할 수 있다. 그러므로 추측통계학은 미지수인 모수에 관한 지식과 정보를 파악할 수 있도록 유도하는 역할을 담당한다. 즉, 추측통계학은 표본통계량을 토대로 모집단의 모수를 추정하고 합리적인 의사결정을 하는 것으로, 통계적 추론(statistical inference)이라고도 한다. 통계적 추론은 어디까지나 표본의 통계를 근거로 하여 이루어지므로 불확실한 상황에서 얻어지는 결론이라고 할 수 있다. 그러므로 그 결론은 가능성만 가지고 성립되므로, 통계적 추론에서는 가능성, 즉 확률(probability) 이론이 도입된다.

따라서 오늘날의 통계학은 표본 자료로부터 그 표본이 추출된 모집단의 특성을

추론하는 이른바 추측통계학, 즉 통계적 추론을 널리 사용하고 있다.

제3절 모집단과 표본

1. 모집단과 표본의 개념

통계적 추론은 먼저 모집단(母集團)과 표본(標本)에서 출발한다. 이 두 개의 개념은 통계학에서 가장 중요하며, 표본으로부터 얻은 지식과 정보에 의하여 모집단의 특성을 확정할 수 있다. 그러므로 통계적 추론은 표본으로부터 모집단을 파악하는데 있다.

S연구소에서 서울시민들과 부산시민들의 월평균 소득 차이를 조사하고자 한다면, 이 조사를 완벽하게 하기 위해서는 서울의 모든 시민들과 부산의 모든 시민들을 대상으로 월평균 소득을 조사하여야 할 것이다.

그러나 연구자는 대상자들을 모두 조사하는 데 필요한 경비와 시간적인 제한 때문에 서울과 부산의 대상자들 중에서 일부를 뽑아서 조사한 다음, 서로 비교하는 방법을 택할 것이다. 이와 같은 예는 우리 주위에서 얼마든지 찾아 볼 수 있다.

이와 같이 연구자의 관심대상이 되는 전체 집합을 모집단(母集團, population)이라고 하고, 모집단에 조사대상으로 채택된 일부를 표본(標本, sample)이라고 한다. 모집단이라고 하는 이유는 표본이 추출되는 모체가 되는 집단이기 때문이며, 그 수가 무수히 많은 경우도 있지만, 경우에 따라서는 그 수가 적은 경우도 있다. 모집단을 구성하고 있는 개체의 수가 매우 클 때는 시간적·경제적으로 문제가 있기 때문에 표본을 추출하여 분석을 하지만, 작은 모집단에서는 가능하다면 모집단을 구성하고 있는 모든 개체를 전부 조사하고, 분석하는 것이 보통이다.

2. 모집단과 모수

모집단이란 관심의 대상이 되는 모든 개체의 관측치나 특성 값들의 집합으로, 이를 조사하기 위하여 취한 부분집단을 표본이라고 한다. 여기서 모집단의 특성을 나타낸 것을 모수(parameter)라고 하는데, 모집단의 상태를 정의하는 참값이라고 할 수 있다. 또한, 표본의 특성을 규명하기 위한 값을 통계량(statistic)이라고 하며, 추측통계학에서 통계량은 모수 값을 모를 때 대신 사용하려고 구한 모수의 추정치(estimator) 속성을 갖고 있다.

모집단의 속성을 정의하는 모수는 보통 희랍어로 표기하며, 다음과 같다.

① 모평균(μ) : 모집단이 갖는 분포의 중심 값

② 모분산(σ^2) : 모집단이 갖는 분포의 퍼진 상태

③ 모표준편차(σ) : 모집단이 갖는 분포의 퍼진 상태로, 모분산의 제곱근

3. 모집단의 종류

모집단의 크기에 따라 모집단을 유한모집단(有限母集團)과 무한모집단(無限母集團)으로 나눌 수 있다. 그러나 기업에서 대량으로 생산되는 제품이나 우리나라 전체 가구 수 등은 분명히 유한개이지만, 이런 대규모의 모집단들은 통계학에서 무한모집단의 성격을 갖는 것으로 보고, 이론을 전개하는 경우가 많다.

1) 유한모집단

유한모집단(finite population)이란 크기를 헤아릴 수 있는 유한대라고 생각되어지는 집단을 말하며, 전수조사가 가능한 집단이다.

2) 무한모집단

무한모집단(infinite population)이란 크기를 헤아릴 수 없는 집단으로 무한대라고 생각되어지는 집단을 말하며, 원초적으로 전수 조사가 불가능한 집단이다.

4. 모집단의 특징

모집단은 다음과 같은 특징이 있다.

① 일반적으로 모집단은 무한집단으로 간주되어 전수조사가 불가능하다.

② 일반적으로 모집단의 분산은 0이 아니다($\sigma^2 \neq 0$).

③ 평균과 표준편차를 가지고 있다.

제4절 모수와 통계량

연구하고자 하는 문제의 성격을 파악하기 위해서는 모집단 전체를 대상으로 하여 모집단의 성격을 수치로 알아보는 경우도 있지만, 모집단 전체를 조사하기 어려울 때는 표본을 뽑아서 그 특성을 수치로 나타낸다.

그러나 모집단을 대상으로 한 평균과 표본을 대상으로 계산된 평균 사이에는 차이가 있을 수 있다. 그리고 모집단을 대상으로 얻은 수치를 모수(parameter)라고 하며, 표본을 대상으로 한 수치를 통계량(statistic)이라고 한다.

모집단 또는 표본의 특성을 나타내는 것으로는 평균, 분산, 표준편차 등이 있는데, 모집단을 대상으로 한 특성치(모수)와 표본을 대상으로 한 통계량을 구별하기 위하여 각기 다른 기호를 사용하고 있다. 예컨대 μ, σ^2, σ는 각기 모집단에서 계산된 평균, 분산, 표준편차이므로 모수이며, $\overline{x}$, s^2, s는 각기 표본으로부터 계산된 산술평균, 분산, 표준편차이므로 통계량이 된다.

연습문제

1-1. 통계학의 정의를 설명하라.

1-2. 기술통계학과 추측통계학을 비교 설명하라.

1-3. 통계적 추론의 개념을 설명하라.

1-4. 모집단과 표본을 비교 설명하라.

1-5. 모수와 통계량에 대하여 설명하라.

제 2 장 데이터의 수집과 측정

제1절 데이터의 개념

1. 데이터의 정의

일상용어로 데이터에는 여러 가지 의미가 있지만, 통계학에서 데이터는 기본적으로 '수치화된 정보의 집합'으로, 사회과학에서 분석의 대상이 되는 것은 주로 사회조사 데이터이다. 예를 들어, 다음과 같은 설문지를 이용하여 조사를 실시했다고 하자.

〈표 2-1〉 설문지 예

질문 1 : 당신의 성별은?

① 남성 ② 여성

질문 2 : 당신의 나이는?

( )세

질문 3 : 당신의 신장과 체중은?

① 신장 ( )cm ② 체중 ( )kg

질문 4 : 당신의 혈액형은?

① A형 ② B형 ③ AB형 ④ O형

질문 5 : 당신의 학력은?

① 중학교 졸 이하 ② 고등학교 졸 ③ 대학 졸 ④ 대학원 졸

위의 설문지 예는 매우 개인적인 설문이지만, 설문 결과 100명에게서 답을 얻을 수 있었다고 가정하자. 그 100명의 답변은 일반적으로 다음과 같은 형태로 나타낼 수 있으며, 이것이 바로 데이터이다.

〈표 2-2〉 설문 데이터의 예

번 호	설문 1	설문 2	설문 3-1	설문 3-2	설문 4	설문 5
1	2	46	158	51	1	3
2	1	25	178	76	3	4
3	2	61	166	59	2	3
⋮	⋮	⋮	⋮	⋮	⋮	⋮
99	1	40	173	71	4	3
100	2	55	160	55	3	2

여기서 각 행은 개인별 데이터를 나타낸다. 그러므로 '번호'는 응답자 개개인을 구별하기 위한 번호이다. 번호 1의 사람은 1번째 응답자임을 의미하며, 1행의 왼쪽에서 오른쪽으로 살펴보면, 이 사람이 어떤 사람인지 알 수 있다.

예를 들면, 번호 1의 사람은 46세의 여성으로, 신장 158cm, 체중 51kg의 혈액형은 A형이며, 대학을 졸업한 사람이다. 이러한 설명은 번호 2에서 100까지 모두 동일하다. 이것이 통계분석처리의 표준데이터 형태이다.

2. 데이터의 구성요소

데이터를 분석하기 위해서는 데이터의 구성요소를 제대로 알고 있어야 한다. 데이터는 ① 표본, ② 변수, ③ 값의 세 가지 요소로 구성되어 있다.

1) 표본

〈표 2-2〉에서 각 행은 응답자의 정보이며, 개인을 단위로 데이터가 만들어지고 있다. 이와 같이 통계 데이터를 구성하는 단위를 '표본'이라고 한다. 일반적으로

데이터의 한 행이 하나의 표본에 해당한다.
통계 데이터의 경우, 단위는 어떤 것이라도 무관하다. 즉, 개인 외에도 가족과 같은 소규모 집단, 학교, 기업, 팀 등의 조직, 시·도의 행정단위 등 여러 가지가 데이터의 표본이 될 수 있다.

2) 변수

변수(variable)는 '변화하는 숫자', 즉 경우에 따라 그 수치가 변화하는 수를 말한다. 그러므로 변수는 데이터에 포함된 각 표본이 가지고 있는 특성을 표현한다.

이것은 응답자마다 1에서 100까지의 서로 다른 숫자가 주어진 변수이다. 번호는 경우에 따라 그 수치가 달라지며, 질문은 모두 변수가 된다. 그리고 성별은 남성과 여성의 2개 밖에 없지만, 이것도 표본에 따라서 수치가 달라진다. 신장, 체중, 혈액형, 학력 등도 마찬가지이다.

3) 값

각각의 변수가 취하는 구체적인 수치를 말한다. 〈표 2-1〉에서 '성별'이라는 변수 값은 1(남성)과 2(여성)를 갖는다. 그리고 혈액형 변수의 값은 1에서 4가 된다.

제2절 변수의 개념

1. 변수의 성질과 분석법의 관계

통계 데이터의 분석을 실시하는데 있어서 가장 중요한 것은 변수의 성질을 이해하고 구별하는 것이다. 데이터분석은 기본적으로 변수를 대상으로 한다. 예를 들어, 〈표 2-2〉의 데이터에서 평균 신장을 필요로 하면, '신장'이라는 변수의 평균을 계산하게 된다. 또, 남성과 여성 어느 쪽의 학력이 높은가를 조사하려면, 성별 변수와 학력 변수를 조합하여 그 관계를 분석할 수 있다.

이와 같이 변수의 성질을 이해하는 것이 중요한 이유는 변수에 따라 최적의 분석방법이 다르기 때문이다. 우리는 종이를 자르기 위하여 가위나 커터로, 그리고 생선, 야채 등의 식재료를 자르기 위하여 칼을 사용한다. 가위나 커터로 식재료를 자르고, 칼로 종이를 자르는 것이 불가능하지는 않다. 그러나 일반적으로 그렇게 하지 않는 이유는 종이를 자르려면 가위나 커터가 편리하고, 생선을 자르려면 칼이 편리하기 때문이다. 이와 같이 도구는 대상의 성격에 따라 구분되며, 도구가 본래의 성능을 발휘하는 것은 그 도구에 맞는 대상을 취급할 때이다.

데이터분석도 마찬가지이다. 다양한 데이터 분석방법이 있지만, 그들은 변수의 성격에 따라 만들어져 있다. 그러므로 각각의 분석방법이 본래의 성능을 발휘하기 위해서는 그 분석법에 적합한 변수를 맞추지 않으면 안된다.

2. 양적변수와 질적변수

1) 개념

〈표 2-2〉의 설문 데이터는 모두 수치화되어있다. 그러므로 표면적으로는 동일하게 보이는 이 수치의 중요한 차이는 '값'의 성질을 가지고 있다는 것이다. 즉, 양은 길이, 수량, 무게, 금액 등과 같이 계기를 사용하여 측정함으로써 얻을 수 있는 연속적인 수치이다. 다시 말해서, 나이, 신장, 체중이 이에 해당하며, 이러한 수치는 표본의 대소 관계와 비례관계를 나타낸다.

예를 들면, 40세 남성은 20세 남성보다 2배 살았음을 나타내는 것으로, 이 표현이 당연한 말을 하고 있다고 생각하는 사람도 있겠지만, 이것은 매우 중요한 특성이다. 따라서 수치가 양적인 성질을 가지고 있는 변수의 수를, '양적변수'라고 한다.

면접자 번호와 성별, 혈액형도 수치가 있다. 그러나 이것은 단순히 변수에 주어진 값을 서로 구별하고 분류하는 데 사용되는 것으로, 값 자체에 의미는 없다. 예를 들면, 성별 1은 '남성', 2는 '여성'이라고 수치화되어 있다. 여기서 중요한 것은 성별이 "1=남성, 2=여성"이지, "여성은 남성의 2배"라고는 말할 수 없으며, 이것이 값 자체에 의미가 없는 이유이다. 이와 같이 변수의 값이 양으로서의 성질을 가지고 있지 않고, 내용을 구별하기 위해서만 단순하게 사용된 변수를 '질적변수'라고 한다. 질적변수는 원칙적으로 양의 정수값 만을 사용한다.

그러므로 질적변수는 값을 지정하는 방법이고, 1은 '여성', 2는 '남성'이라고 사용하여도, 이 숫자는 단순히 성별을 구분하는 수이므로 사용상에는 아무런 문제가 없다.

또한, 질적변수의 대상구분을 '범주'라고 한다. 성별은 남성과 여성 두 가지 범주의 변수, 혈액형은 4가지 범주를 가지는 변수로 사용한다. 그러므로 질적변수는 범주를 구분하는 데에만 값이 사용되는 변수라고해도 좋을 것이다.

〈표 2-2〉에서, 나이, 체중, 신장이 양적변수이며, 번호, 성별, 혈액형, 학력이 질적변수이다. 이와 같이 사회과학의 데이터분석은 다른 분야에 비해 질적변수가 자주 등장한다.

2) 양적변수와 질적변수의 구별법

양적변수와 질적변수의 구별은 매우 중요하지만, 이 두 가지를 구별하는 것이 익숙해지기 전에는 힘들지도 모른다. 그렇지만 양적변수와 질적변수를 구분하는 매우 쉬운 방법이 있다. 즉, '평균을 계산할 수 있는가의 여부'라는 기준으로 판단하면 된다.

〈표 2-2〉에서 나이의 평균을 계산하면, 표본의 평균 연령을 알 수 있다. 이와 같이 양적변수의 경우 해당 평균값에서 여러 가지 의미있는 정보를 추출할 수 있다.

그러나 혈액형의 평균값을 알았다고 해서 양적변수처럼 이해할 수는 없다. 왜냐하면, 질적변수의 경우, 평균값은 각 범주의 비율 이외에 의미있는 정보를 얻을 수 없기 때문이다.

3) 양적변수와 질적변수의 관계

양적변수와 질적변수의 관계를 분석하는 방법에는 여러 가지가 있지만, 가장 많이 사용되는 것은 질적변수의 범주별로 양적변수의 평균값을 비교하는 방법이다.

예를 들어 설명해 보자. 〈그림 2-1〉은 대학생의 취미활동시간의 평균을 남녀별로 비교한 것이다. 이 경우, 취미활동시간은 양적변수, 성별은 질적변수이며, 남성이 여성보다 평균 취미활동시간이 많은 것을 알 수 있다.

이와 같이 평균이 범주에 따라 질적변수와 양적변수에 관련이 있다고 판단한다. 반대로 질적변수와 양적변수들에 관계가 없는 경우, 평균은 모든 범주에서 동일하다. 예를 들면, 남학생과 여학생의 취미활동시간이 같으면, 성별과 취미활동시간간에 관계가 없다고 생각한다.

평균을 표의 형식으로 표현하는 경우, 표준편차와 도수(사례 수)로 나타내는 것이 일반적이다. 표준편차는 변수의 변동을 나타내는 정보로서 중요하고, 도수는 평균과 표준편차가 얼마나 신뢰할 수 있는지를 나타내는 기본적인 정보가 된다.

일반적으로 도수가 많을수록 통계의 신뢰성이 높아지며, 반대로 도수가 작을수록 통계자료는 편향(이상치 등)의 영향을 받기 쉬워 신뢰성이 낮아진다.

평균, 표준편차, 사례수를 함께 표시하는 것은 이 3개의 정보를 이용하여 자세한 분석을 할 수 있기 때문이다.

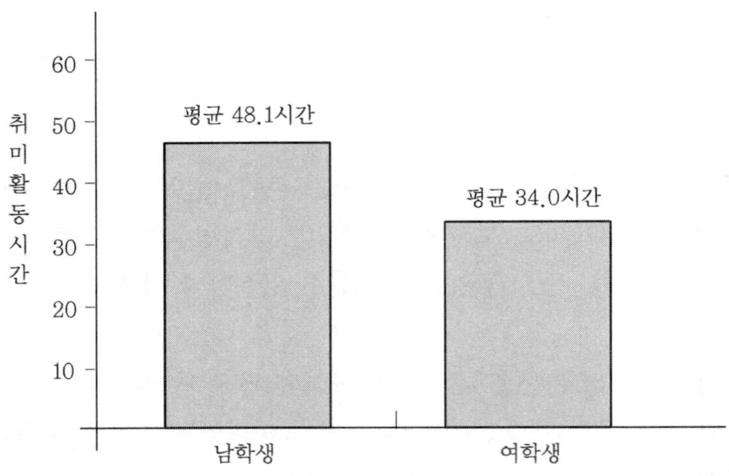

〈그림 2-1〉 남녀 대학생별 평균 취미활동시간

예를 들면, '행복도'라는 변수는 양적변수와 질적변수의 중간적인 성질을 가지고 있다. 이 변수는 '1=불행'에서 '5=행복'의 5단계로 측정되며, 숫자가 높을수록 행복을 느끼는 정도가 강해진다. 이 점에서 행복도는 양적변수의 성질을 가지고 있다.

그러나 '2=약간 불행'과 '4=약간 행복' 값의 관계에서 '약간 불행'이라고 응답한 사람은 반대로 2와 4이상으로 큰 차이가 있을지도 모른다. 사람의 마음을 어떤 계기로 정확히 재는 것은 불가능하므로 실제 행복도에 얼마나 차이가 있는지는 아무도 모른다.

이 변수의 경우, 값의 순서는 명확한 의미가 있지만, 값 자체는 행복도를 직접적으로 반영하지 않고 '다른 선택은 다르다'라는 것을 나타내는 것에 지나지 않는다. 그런 의미에서 행복도는 질적변수라고도 말할 수 있으므로, 양적변수와 질적변수의 중간적인 성격의 의미로 이해할 수 있다.

3. 변수의 종류

연구의 대상이 되는 일련의 개체(분석 단위)가 속성 면에서 서로 구별될 수 있을

때, 이 속성을 변수라고 한다. 그리고 변수의 분석 단위는 개인이 될 수도 있고, 사회현상이 될 수도 있다. 예를 들면, 성별, 연령, 학력, 종교 등과 같은 조건들은 개인을 구별해 주는 속성이 되며, 대학생들의 취업률, 기업들의 성장률, 기후변화에 따른 농작물의 수확량 등은 사회현상이라고 할 수 있다. 그리고 속성 하나하나가 곧 변수이며, 설문지에서 하나하나의 개별 질문이라고 보면 된다.

변수들간의 관계 속에서 상황이 전개되는 순서에 따라 ① 선행변수, ② 독립변수, ③ 통제변수, ④ 매개변수, ⑤ 종속변수 등으로 나누며, 또한 변수를 측정하는 척도에 따라 변수의 종류를 명목(명명)변수, 서열변수, 등간변수, 비율변수로 구분하는데, 명목변수와 서열변수는 질적변수이며, 등간변수와 비율변수는 양적변수이다.

1) 선행변수

선행변수(preceding variable)는 독립변수보다 먼저 발생된 변수로, 반드시 필요한 조건으로는 ① 독립변수 및 종속변수와 연관이 있으며, ② 선행변수가 통제되어도 독립변수와 종속변수와의 관계는 유지되고, ③ 독립변수가 통제되면, 종속변수와는 아무런 관계가 없어야 한다는 것을 만족하여야 한다.

2) 독립변수

독립변수(independent variable)는 어떤 변수에 영향을 주는 변수이며, 변수 자체로서 독립적인 성격을 갖는다. 종속변수와의 인과관계를 설정한다. 인과관계는 전후성, 상관성, 불변적 관계(제3변수의 통제)의 3가지 조건을 충족하여야 한다.

3) 통제변수

통제변수(control variable)는 제2의 독립변수로, 독립변수가 종속변수에 미치는 영향의 정도를 보다 정확하게 알기 위하여 통제되는 변수이다,

4) 매개변수

매개변수(intermediary variable)는 독립변수와 마찬가지로 종속변수에 영향을 주지만, 시간적으로 보아 독립변수와 종속변수 사이에 존재한다. 따라서 독립변수에 의하여 영향을 받으면서 종속변수에 영향을 준다. 그리고 매개변수는 독립변수와 종속변수와의 관계를 보다 자세하게 설명해 주는 기능도 가지고 있다.

5) 종속변수

종속변수(dependent variable)는 다른 변수에 의해 영향을 받는 변수로, 이 종속변수의 해석은 독립변수나 매개변수와의 인과적 관계에서 나타내어야 한다.

4. 변수의 측정 수준

변수의 측정 수준을 어느 정도로 하느냐에 따라 설문지 내용과 통계방법의 차이가 결정된다. 예를 들면, 정성적인 부분을 측정하는 질적척도에는 명목척도와 서열척도가 있으며, 일반적으로 평균을 구할 수 없다. 그리고 정량적인 부분을 측정하는 양적척도에는 등간척도와 비율척도가 있으며, 평균과 빈도를 구하는 데 어려움이 없다.

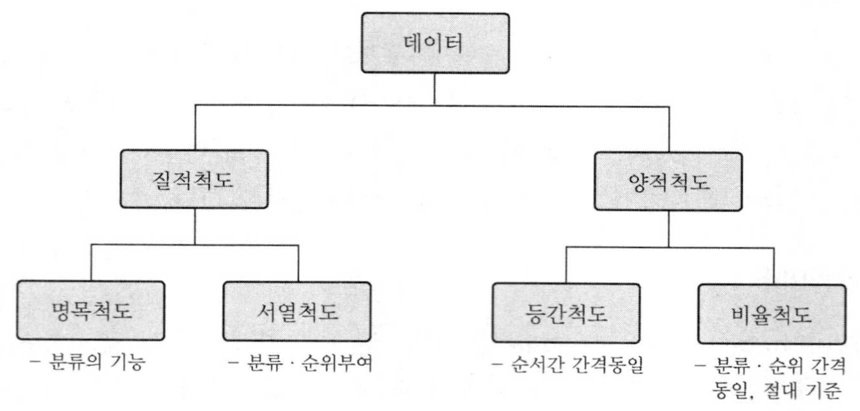

〈그림 2–2〉 변수의 측정 수준

1) 명목척도

명목척도(nominal scale)는 어떤 사물, 사람 또는 속성을 분류하기 위한 목적으로 숫자나 기호를 부여하는 방법으로, 숫자나 기호는 계량적 의미가 없으며, 질적인 성격을 가진다. 성별, 종교, 취미 등은 명목척도로 측정될 수 있는 변수로 '명목변수'이며, '명명척도'라고도 한다.

2) 서열척도

서열척도(ordinal scale)는 어떤 사물의 속성에 대하여 크기나 양의 많고 적음, 크고 작음의 순서를 비교해 주는 척도로, 계속되는 두 값 사이의 거리가 반드시 같

지는 않다. 예를 들면, 우리나라에서 생산되는 자동차를 크기 순서대로 값을 부여할 경우, 경차, 소형차, 중형차, 대형차의 순위를 1, 2, 3, 4로 하였을 경우이며, 순서척도 또는 순위척도라고도 한다.

3) 등간척도

등간척도(interval scale)는 서열화된 척도이며, 동시에 척도간의 간격이 같다. 사회과학에서는 서열과 등간의 구분을 놓고 논란이 많다. 그러나 서열척도를 등간척도로 취급하는 경우, 그 결과의 해석에만 유의하면 크게 문제되지 않는다고 한다. 그러므로 수치들 간의 더하고 빼기가 가능하며, 시험 점수가 그 예이다.

4) 비율척도

비율척도(ratio scale)는 등간척도의 속성을 가지며, 절대값 0이 존재한다. 그 예는 키, 나이, 몸무게 등으로 수치 간의 가감승제가 가능하다.

제3절 변수의 중심

양적변수 분석의 특징은 변수의 중심에 있으며, 양적변수의 중심을 나타내는 방법으로 ① 평균, ② 중앙값, ③ 최빈값의 3가지가 있다. 이것은 변수의 분포에서 어느 값을 중심으로 하는지에 대한 생각이 다르기 때문이다.

그러므로 양적변수의 중심은 분포의 중심을 의미하며, 중심을 나타내는 세 개의 통계값들을 정리해 '대표값'이라고 한다.

1. 평균

1) 평균의 계산

산술평균, 즉 평균(mean)은 분포에 있는 값들의 총합을 사례(표본) 수로 나눈 것으로, 중심경향도를 측정하는 가장 보편적인 척도이다. 그리고 평균은 일상적으로 많이 사용되고 있으나 평균의 본질은 의외로 제대로 이해되지 않을 수도 있다.

평균은 $\overline{X}$로 표시되는데, 다음과 같은 식에 의하여 구해진다.

$$\overline{X} = \frac{\sum_{i=1}^{n} x_i}{n} \qquad (2-1)$$

$$= \frac{x_1 + x_2 + \cdots + x_n}{n}$$

여기서, $\overline{X}$: 산술평균

n : 표본의 수

x_i : $i=1, 2, \cdots, n$으로 구별되는 개별 표본의 값

검사자가 5개 부품의 직경을 측정하여 $x_1 = 3.35$, $x_2 = 3.37$, $x_3 = 3.28$, $x_4 = 3.34$, $x_5 = 3.30$의 값을 얻은 다음, 이들의 평균을 구하면 다음과 같다.

$$\overline{X} = \frac{\sum_{i=1}^{n} x_i}{n} \qquad (2-1)$$

$$= \frac{3.35 + 3.37 + 3.28 + 3.34 + 3.30}{5}$$

$$= 3.328$$

2) 평균의 의미

평균은 변수의 중심을 나타내는 대표값이다. 그러므로 다음의 예에서 평균을 계산하여 각각의 값과의 차이를 계산한다.

평균과의 차이 계산은 $7 + (-7) + (-4) + (-12) + 7 + (-3) + 12 = 0$이 된다. 이것은 위의 표에서 뿐만 아니라 모든 데이터에 적용된다. 즉, 각 표본의 값과 평균과의 차이를 합하면 평균보다 큰 값과 평균보다 작은 값의 합계가 서로 상쇄되어, 항상 0이 된다. 이것이 평균의 수학적 속성으로, 평균은 변수의 '중심'이 된다.

통계분석의 수치로서 '평균'은 어디까지나 양적변수의 중심이며, 그 이상도 그 이하도 아니다. 중요한 것은 수학적으로 평균이 '보통'이라는 의미는 아니다. 또한, 여기서 다룬 평균은 엄밀하게는 '산술평균'이다. 평균은 기하평균, 조화평균, 산술평균 등 많은 계산법이 있으며, 그 의미와 사용법도 다르지만, 변수의 중심에

있다는 점은 공통적이다.

〈표 2-3〉 평균과의 차이 계산

자료 번호	신장(cm)	평균과의 차
1	89	7
2	75	−7
3	78	−4
4	70	−12
5	89	7
6	79	−3
7	94	12
합계	574	0

2. 중앙값

데이터 값의 크고 작음에 따라 정렬할 때, 순서의 중간이 되는 값을 중앙값(median)이라고 한다.

1) 분류되지 않은 자료로부터 구하는 방법

중앙값을 구할 때, 자료의 수가 홀수인지 짝수인지에 따라 구하는 방법을 바꿀 필요가 있다. 먼저 자료의 수가 홀수인 경우, 중앙값은 순서대로 나열했을 때 '중간'이 되는 값을 그대로 사용한다.

자료의 수가 짝수인 경우에는 중앙에 위치한 두 값의 평균이 중앙값이 된다. 즉, 3, 4, 5, 6, 8, 8이라는 숫자의 예에서 중앙값은 가운데 두 값 5와 6의 평균값은 5.5(= (5+6)÷2)가 된다. 만약, 두 개의 값이 같으면, 그 값이 그대로 중앙값이 된다. 즉, 22, 24, 24, 24, 30, 30 에서는 24(= (24+24)÷2)가 중앙값이 된다. 따라서 이와 같은 중앙값 계산을 위해서는 먼저 표본들을 순서대로 배열하는 것이 좋다.

2) 분류된 자료로부터 구하는 방법

자료가 분류되어 도수분포를 이루고 있는 경우에는 먼저 가운데 있는 수(중위수)가 들어 있는 계급을 찾아낸 다음, 그 계급에서 비례법(보간법)을 이용하여 중앙값을 구한다. 중앙값 계산을 위한 보간법의 식은 다음과 같다.

$$M_d = L_m + \left(\frac{\frac{n}{2} - cf_m}{f_m} \right) i \tag{2-2}$$

여기서, M_d : 중앙값

L_m : 중앙값을 포함하고 있는 계급의 하한

n : 표본의 수

cf_m : 중앙값 미만의 모든 계급의 누적도수

f_m : 중앙값 계급의 도수

i : 계급구간의 길이

예제 2.1

다음 자료를 이용하여 중앙값을 계산하라.

계급구간(c)	도수(f_i)
29~37	10
38~46	15
47~55	22
56~64	26
65~73	44
74~82	16
82~91	11
92~100	6
	150

풀이

계급 구간(i)	계급중앙값(x_i)	도수(f_i)	누적도수(F_i)
29~37	33	10	10
38~46	42	15	25
47~55	51	22	47
56~64	60	26	73
65~73	69	44	117
74~82	78	16	133
82~91	87	11	144
92~100	96	6	150
		150	

이 값들을 식에 대입하면 다음과 같다.

$$M_d = L_m + \left(\frac{\frac{n}{2} - cf_m}{f_m} \right) i \qquad (2-2)$$

$$= 65 + \left(\frac{\frac{150}{2} - 73}{44} \right) 9$$

$$= 65.409$$

3. 최빈값

최빈값(mode)은 가장 빈번하게 나타나는 변량의 값, 즉 도수가 가장 많은 계급 구간으로, 다음의 사항에 주의하여야 한다.

첫째, 데이터는 최빈값이 존재하지 않는 경우가 있다. 예를 들면, 모든 값의 도수가 같으면 어떤 계급구간이 가장 빈도가 높은 것인지 판단할 수 없기 때문이다.

둘째, 최빈값은 반드시 변수의 중심이 되지 않는다. 변수의 값이 한 쪽으로 치우쳐진 분포의 경우, 중간에서 벗어난 위치에 있는 값이 최빈값이 될 가능성이 있다. 즉, 최빈값은 중앙값뿐만 아니라 이상치의 영향을 받지 않는 성질을 가지고 있다.

그리고 데이터가 도수분포로 나타나 있을 때는 최대도수를 가진 계급의 중앙값이 최빈값이 된다. 왜냐하면, 이 값이 막대그림표나 도수다각형에서 최고점(최대 도수)을 나타내기 때문이다.

4. 중심경향 척도들 사이의 관계

중심경향측정치들 사이에는 차이가 있다. 아래 그림은 세 개의 중심경향 측정치(평균·중앙값·최빈값)들 사이의 차이를 곡선분포를 통해 보여주고 있다. 분포가 대칭일 때는 평균, 중앙값, 최빈값은 같으나 분포가 기울어질 때는 이들 값은 다르다.

평균은 가장 널리 쓰이는 중심경향 척도이다. 특히, 평균은 분포가 대칭이거나 또는 대칭이 아니더라도 지나치게 좌우로 기울지 않았을 때에는 분포의 대표치로 이용된다. 또한, 이러한 평균은 산포도나 관리도 등과 같은 추가적인 통계량이 평균을 근거로 계산되어야 할 때와 귀납적 통계를 위한 어떤 안정된 값이 요구될 때 이용된다.

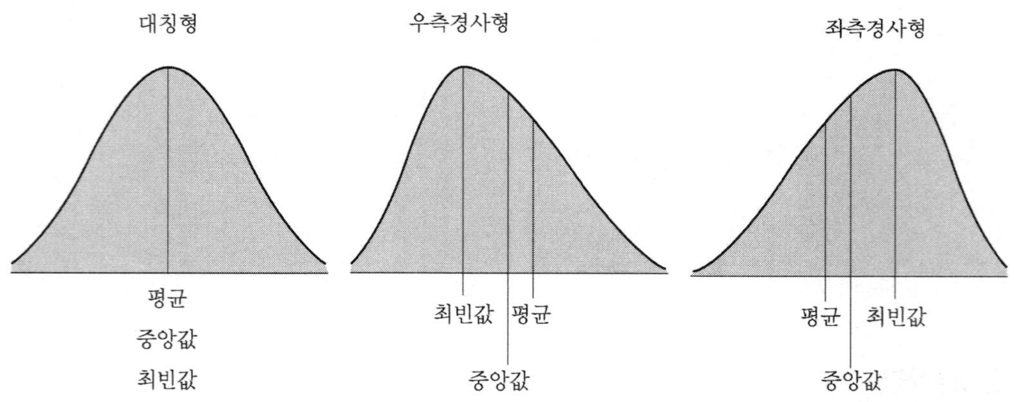

〈그림 2-3〉 평균, 중앙값, 최빈값 사이의 관계

중앙값은 분포가 정의 방향(오른쪽)이나 또는 부의 방향(왼쪽)으로 기울어져 있을 때 유효한 중심경향 척도이다. 특히, 중앙값은 분포의 정확한 가운데 값이 요구될 때 이용된다. 즉, 분포에 극단적인 값이 포함되어 있을 때, 평균은 불리하게 영향을 받게 되지만, 중앙값은 영향을 받지 않는다.

최빈값은 중심경향을 신속하게 대략적으로 측정하고자 할 때 이용되는 척도이며, 특정집단의 지정된 연령과 같이 분포의 가장 전형적인 값을 나타낼 때 이용된

다. 그 밖의 중심경향의 척도로는 기하평균, 조화평균, 제곱평균 등이 있다.

제4절 산포도의 측정

1. 범위

변수의 중심을 나타내는 통계값이 여러 가지 있던 것과 같이 변수의 흩어져 있는 정도의 표현 방법에도 여러 가지가 있다. 양적변수는 변수의 차이가 중요한 의미를 갖지만, 질적변수는 변수의 차이를 별로 사용하지 않으므로, 생략한다.

〈표 2-4〉는 A대학과 B대학의 대학생 5명의 취미활동시간을 정리한 결과이다. 두 대학 대학생들의 평균 취미활동시간은 같은 40분이지만, A대학 학생들은 취미활동시간이 긴 학생도 있지만 전혀 하지 않는 사람도 있는 반면, B대학 학생들은 모두 어느 정도 취미활동을 하는 것을 알 수 있다.

〈표 2-4〉 대학생들의 취미활동시간

A대학		B대학	
성 명	취미활동시간(분)	성 명	취미활동시간(분)
ABC	0	OPQ	40
BCD	35	PQR	35
CDE	20	QRS	25
DEF	55	RST	55
EFG	90	STU	45
평 균	40	평 균	40

이와 같이 평균이 같더라도 각각의 그룹에 포함된 값들의 추세는 다를 수 있다. 산포도는 이런 것을 파악하기 위한 중요한 정보이다. 산포도를 나타내는 통계값들

중 가장 간단한 것은, '범위'이다. 범위(range)는 변수에 포함된 가장 큰값(최대값)과 가장 작은값(최소값)에 주목하고, 그 차이를 취한 것이다.

$$범위 = 최대치 - 최소치 \tag{2-3}$$

따라서 A대학의 범위가 넓기 때문에 대학생들의 취미활동시간의 차이가 크다고 판단할 수 있다. 〈표 2-4〉의 경우, A대학과 B대학의 최대치, 최소치, 범위는 다음과 같다.

A대학 : 최대값 = 90, 최소값 = 0, 범위 = 90−0 = 90
B대학 : 최대값 = 55, 최소값 = 25, 범위 = 55−25 = 30

따라서 A대학의 범위가 크기 때문에 대학생들의 취미활동시간의 차이가 크다고 판단할 수 있다.

2. 분위수

분위수는 범위와 같이 최대값과 최소값의 차이에 주목하는 것이 아니라 좀 더 변수를 미세하게 분할하여 차이를 파악하는 방법이다. 분위수는 변수값의 순서로 정렬한 후, 동일한 크기의 그룹으로 나눈 값이다. 예를 들어, 표본의 수가 100개인 자료가 있다고 하자. 이를 4등분할 경우, 한 그룹의 표본의 수가 25개(= 100 ÷ 4)가 되도록 분할하면 좋다.

이때, 변수의 값이 작은 것부터 큰 순으로 100개의 표본을 나열하면, 25번째, 50번째, 75번째 곳으로 구분된다. 표본의 수가 아니라 비율로 표현하면, 변수의 값이 작은 편에서 ① 0~25%의 범위, ② 26~50%의 범위, ③ 51~75%의 범위, ④ 76~100% 범위의 4개 그룹으로 분류할 수 있다. 이 그룹의 구분이 되는 값이 분위수이다.

그룹을 같은 크기의 m개로 분할하는 경우의 분위수를 'm분위수'라고 한다. 예를 들어, 3개로 분할하는 경우는 '3분위수', 4개로 분할하는 경우는 '4분위수', 5개로 분할하는 경우는 '5분위수'이다. 분위수 값이 작은 편에서부터 '제1분위수', '제2분위수', … 라고 부른다. 예를 들면, 4분위수(quartile)의 경우, 0~25%와 25~50%의 구분값을 '제1사분위수', 25~50%와 50~75%의 구분값을 '제2사분위수', 50~75%와 75~100%의 구분값을 '제3사분위수'라고 한다. 그리고 제2사분위수는 중앙값과 일치한다. 또한, 제1사분위수와 제3사분위수의 차이를 '사분위 범위'라고 부른다.

$$사분위\ 범위 = 제3사분위수 - 제1사분위수 \quad (2-4)$$

사분위 범위는 앞에서 설명한 '범위'와 달리 최소·최대치로 '아래로부터 25%'와 '아래에서 75%(= 위에서 25%)' 값의 범위를 요구한다.

〈표 2-5〉 취미활동시간의 4분위수

	A대학	B대학
제1사분위수	20	35
제2사분위수	55	45
제3사분위수	90	55

〈표 2-5〉의 자료를 이용하면, 사분위 범위는 다음과 같다.

A대학의 사분위 범위 : 90-20 = 70
B대학의 사분위 범위 : 55-35 = 20

따라서 A대학의 취미활동시간의 격차가 크다고 할 수 있다. 4분위수에 대한 설명을 정리하면, 〈그림 2-4〉와 같다.

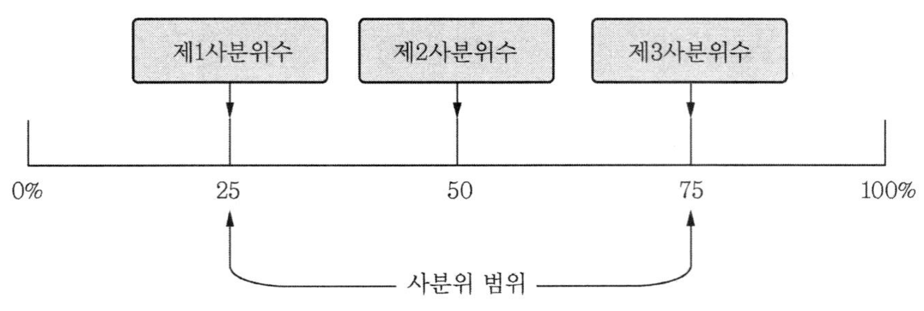

〈그림 2-4〉 사분위 범위

또한, 분위수와 관계가 깊은 통계에 '백분위'(백분위 수)가 있다. 백분위는 양적 변수를 크기순으로 정렬하여 '수입이 적은 편에서 40%의 표본과 그 이상의 경우로 나눈다'든가 '성적 상위 10%의 표본과 그 이하의 경우로 나눈다' 등 비율을 기준으로 변수를 나눌 경우, 그 구분이 되는 값이다.

사분위수도 백분위수의 일종이다. 즉, 제1사분위수는 25백분위수, 제2사분위수는 50백분위수, 제3사분위수는 75백분위수이다.

다음은 4분위수에서 제1사분위수와 제3사분위수를 구하는 방법을 나타낸 것이다.

$$Q_1 = L_q + \left(\frac{\frac{n}{4} - cf_q}{f_q} \right) i \quad \leftarrow \text{제1사분위수} \tag{2-5}$$

$$Q_3 = L_q + \left(\frac{\frac{3n}{4} - cf_q}{f_q} \right) i \quad \leftarrow \text{제3사분위수} \tag{2-6}$$

여기서, L_q : 분위수를 포함한 계급의 하한

i : 계급구간의 길이

n : 표본의 수

cf_q : L_q보다 작은 계급들의 총도수

f_q : 분위수가 포함된 계급의 도수

제1사분위수와 제3사분위수가 결정되면, 사분편차(quartile deviation)는 다음의 식을 이용하여 구할 수 있다.

$$Q = \frac{Q_3 - Q_1}{2} \tag{2-7}$$

여기서, Q : 사분편차

Q_1 : 제1사분위수

Q_3 : 제3사분위수

1) 표본 수를 균등하고 분류하고 싶을 때

시험 점수에 따라 60명의 대학생을 '상위층', '중간층', '하위층'의 3가지로 분류한다고 하자. 이때, 각 층의 분리기준점에 따라 상위층이 8명, 중위층이 45명, 하위층이 7명 등 각 층의 표본의 수가 한 곳에 편중될 수 있으며, 분석방법에 따라 표본 수의 편차가 분석에 악영향을 미칠 수도 있다. 이 같은 경우 분위수를 사용하면, 표본을 균등하게 나눌 수 있어 편향을 피할 수 있다.

2) 그룹간의 차이를 비교하고 싶을 때

분위수는 그룹들의 특징을 파악하는데 유용하다. 〈표 2-4〉를 보면, 전체적으로 A대학 학생들의 취미활동시간이 B대학 학생들의 취미활동시간보다 높은 것을 알 수 있을 뿐만 아니라 그룹내 편차의 크기가 다른 것을 알 수 있다. 그러므로 이러한 것은 평균만으로는 파악할 수 없다.

예제 2.2

다음의 차량속도에 관한 자료를 이용하여 사분편차를 구하라.

계급구간	도수(f_i)
73.6~81.5	5
81.6~90.5	19
90.6~99.5	31
99.6~108.5	27
108.6~117.5	14

풀이 96의 25%는 24이므로, Q_1은 중앙값이 86.0인 계급에 있는데, 그 하한은 81.6, 도수는 19, 그리고 구간의 길이는 9이며, 81.6보다 작은 계급들의 누적도수는 5이다.

$$Q_1 = L_q + \left(\frac{\frac{n}{4} - cf_q}{f_q} \right) i \qquad (2-5)$$

$$= 81.6 + \left(\frac{24-5}{19} \right) 9$$

$$= 90.6(km/h)$$

96의 75%는 72이므로, Q_3은 중앙값이 104.0인 계급에 있는데, 그 하한이 99.6, 도수는 27, 구간의 길이는 9, 그리고 99.6보다 작은 계급들의 누적도수는 55이다.

$$Q_3 = L_q + \left(\frac{\frac{3n}{4} - cf_q}{f_q} \right) i \qquad (2-6)$$

$$= 99.6 + \left(\frac{72-55}{27}\right)9$$
$$= 105.267(km/h)$$

그러므로

$$Q = \frac{Q_3 - Q_1}{2} \quad (2\text{–}7)$$
$$= \frac{105.3 - 90.6}{2}$$
$$= 7.35(km/h)$$

3. 분산

변수의 차이를 나타내는 통계로서 아주 중요한 것은 분산(variance)과 표준편차(standard deviation)이다. 범위의 경우는 최대값과 최소값, 사분위 범위의 경우는 제1사분위수와 제3사분위수를 사용한다. 두 경우 모두 분석에 사용되는 값은 2개뿐이다.

분산은 범위, 사분위 범위와 달리 모든 표본의 값을 이용하여 편차를 계산하게 된다. 구체적으로는 변수의 변동을 알아보기 위해 각 표본의 값과 평균의 차이에 주목한다. 각 표본의 값에서 평균을 빼면, 각 표본이 평균에서 얼마나 떨어져있는지 알 수 있다.

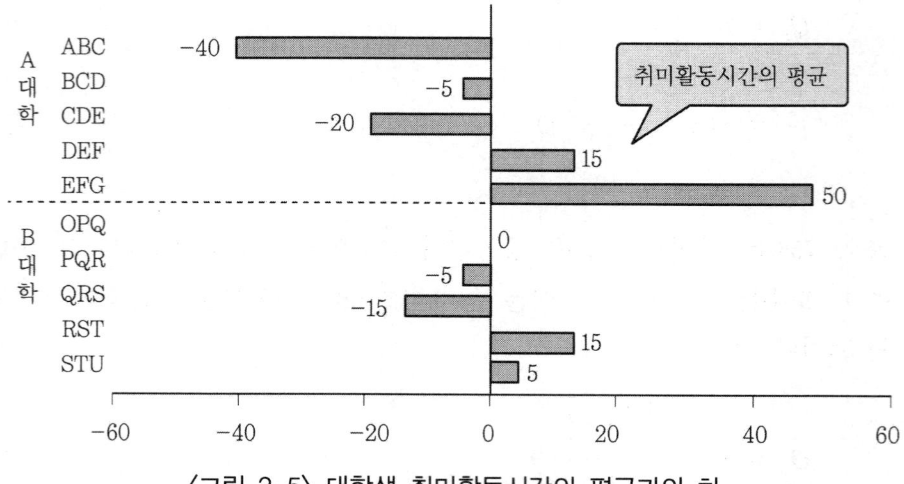

〈그림 2-5〉 대학생 취미활동시간의 평균과의 차

〈표 2-4〉의 각 표본의 값과 평균의 차이를 그래프로 정리한 것이 〈그림 2-5〉이다. 막대가 오른쪽으로 뻗어있으면 취미활동시간이 평균보다 긴 것이며, 왼쪽으로 뻗어있는 경우는 평균보다 짧은 것을 나타낸다. 예를 들어, A대학 EFG의 취미활동시간은 90분이므로 '90-40=50', B대학 QRS의 취미활동시간은 25분이므로 '25-40=-15'이다.

A대학이 B대학보다 평균과의 차이가 큰 경우가 많기 때문에, 전체적으로 A대학의 편차가 큰 것을 알 수 있다. 이처럼 각 표본과 평균과의 차이를 계산하면, 그것이 변수의 변동을 나타내는 통계값이 된다. '분산'은 이런 발상에서 만들어진 측도로서, 분산을 구하는 식은 다음과 같다.

$$\sigma^2 = \frac{1}{n}\sum(x_i - \overline{x})^2 \tag{2-8}$$

참고로 자료가 도수분포로 주어져 있으면, 분산을 구하는 식은 다음과 같다.

$$\sigma^2 = \frac{\sum_{j=1}^{m} f_j {x_j}^2}{n} - \left(\frac{\sum_{j=1}^{m} f_j x_j}{n}\right)^2 \tag{2-9}$$

여기서, m : 계급의 수
x_j : j번째 계급의 중앙값
f_j : j번째 계급의 도수
n : 표본의 수

〈표 2-6〉은 A대학의 데이터를 이용하여, 분산을 계산하는 과정을 나타낸 것이다.

각 표본과 평균과의 차이를 모두 합하면 0이 된다. 그러므로 각 표본과 평균과의 차이의 제곱을 계산하여, 음수값을 없앤다. 그리고 이 값들을 모두 합하면, 4,750이 된다. 이것을 표본의 수 5로 나눈 값(4,750÷5=950)이 A대학의 분산이 된다.

$$\frac{1}{n}\sum(x_i - \overline{x})^2 = \frac{(0-40)^2+(35-40)^2+(20-40)^2+(55-40)^2+(90-40)^2}{5}$$

$$= \frac{(-40)^2+(-5)^2+(-20)^2+(15)^2+(50)^2}{5} = 950$$

〈표 2-6〉 A대학 학생들의 취미활동시간 평균의 차

성 명	취미활동시간 (분)	취미활동과의 차 $(x_i - \overline{x})$	평균과 차의 제곱 $(x_i - \overline{x})^2$
ABC	0	-40	1,600
BCD	35	- 5	25
CDE	20	-20	400
DEF	55	15	225
EFG	90	50	2,500
합 계	200	0	4,750
평 균	40	0	950

이상과 같이 데이터에 포함된 모든 변수의 정보를 살린 다음, 변수의 변동을 파악할 수 있는 것이 분산의 특징이다.

4. 표준편차

분산은 각 표본과 평균과의 차이인 편차의 제곱을 평균한 것이다. 즉, 표본과 평균의 차이에 대한 제곱평균으로, 제곱을 하기 때문에 분산값은 원래 자료값 단위의 제곱이 된다. 그리고 단위를 원래 자료값 단위와 같게 하려면 분산의 제곱근을 계산해야 하는데, 이것이 표준편차(standard deviation)이다. 표준편차는 가장 많이 사용되는 산포도의 측정방법으로, RMS(root mean square)편차라고도 하며, 표준편차는 다음의 식으로 구할 수 있다.

$$\sigma = \sqrt{\frac{1}{n} \Sigma (x_i - \overline{x})^2} \qquad (2-10)$$

그리고 자료가 도수분포로 주어져 있으면, 다음의 식을 이용한다.

$$\sigma = \sqrt{\frac{\sum_{i=1}^{m} f_i x_i^{\,2}}{n} - \left(\frac{\sum_{i=1}^{m} f_i x_i}{n} \right)^2} \qquad (2-11)$$

여기서, m : 계급의 수

x_i : i번째 계급의 중앙값

f_i : i번째 계급의 도수

n : 표본 수

예제 2.3

대학생 100명의 기초통계학 중간고사 성적을 조사한 결과, 다음과 같이 나타났다. 이 표를 이용하여 평균과 표준편차를 구하라.

성적(x_i)	60	63	66	69	72	75	78	81	84	87
도수(f_i)	4	8	12	13	21	15	12	9	4	2

풀이

성적(x_i)	도수(f_i)	$f_i x_i$	x_i^2	$f_i x_i^2$
60	4	240	3,600	14,400
63	8	504	3,969	31,752
66	12	792	4,356	52,272
69	13	897	4,761	61,893
72	21	1,512	5,184	108,864
75	15	1,125	5,625	84,375
78	12	936	6,084	73,008
81	9	729	6,561	59,049
84	4	336	7,056	28,224
87	2	174	7,569	15,138
합계	100	7,245	54,765	528,975

대학생 100명의 성적 자체가 모집단이므로, 다음 식을 이용한다.

$$\mu = \frac{\sum_{i=1}^{m} f_i x_i}{n} \tag{2-12}$$

$$= \frac{7,245}{100}$$
$$= 72.45(\text{점})$$

$$\sigma = \sqrt{\frac{\sum_{i=1}^{m} f_i x_i^2}{n} - \left(\frac{\sum_{i=1}^{m} f_i x_i}{n}\right)^2} \quad (2-11)$$
$$= \sqrt{\frac{528,975}{100} - \left(\frac{7,245}{100}\right)^2}$$
$$= 6.383$$

5. 평균편차

평균편차(mean deviation : MD)는 자료의 평균으로부터의 절대편차들을 평균한 것이다. 편차를 평균하기 위하여 모든 편차는 양수(+)로 취급되어 이른바 절대값만을 취한다. 그러므로 평균편차는 절대평균편차(mean absolute deviation : MAD)라고도 불리며, 구하는 식은 다음과 같다.

$$MD = \frac{\sum_{i=1}^{n} |x_i - \bar{x}|}{n} \quad (2-13)$$

여기서, x_i : 개별 표본(i 번째 값)

$\bar{x}$: 평균

n : 표본의 수

ML : 평균편차

예제 2.4

국어, 영어, 수학, 과학 등 4과목의 시험성적을 받은 결과, 각각 75, 85, 87, 79점 이었다고 가정할 때, 평균편차를 구하라.

풀이 먼저 평균을 구한다.

$$\overline{X} = \frac{\sum_{i=1}^{n} x_i}{n} = \frac{326}{4} = 82(\text{점}) \qquad (2-1)$$

다음, 식 (2-13)을 이용한다.

$$MD = \frac{\sum_{i=1}^{n} | x_i - \overline{x} |}{n} \qquad (2-13)$$

$$= \frac{| 75-82 | + | 85-82 | + | 87-82 | + | 79-82 |}{4}$$

$$= 4.5(\text{점})$$

제5절 표준편차의 응용

분산이나 표준편차는 그 자체가 중요한 통계값이지만, 그것은 다양한 응용이 가능하다는 점에서도 중요하다. 그 대표적인 예가 표준화이며, 평균, 분산, 단위 등이 서로 다른 데이터를 직접적으로 비교하는 것을 가능하게 하는 방법이다.

예를 들면, 대학수능과목에서 국사를 선택한 A군과 세계사를 선택한 B군의 시험 점수와 평균, 표준편차는 다음과 같다고 하자.

A군의 국사 점수는 73점, 국사 평균 점수는 65점(표준편차=17.0)
B군의 세계사 점수는 67점, 세계사 평균 점수는 59점(표준편차=12.0)

이때, A군과 B군의 어느 쪽이 '점수가 좋다'고 말할 수 있을까? 단순히 점수를 비교하면, A군이 B군보다 높다. 그러나 평균 점수의 차이를 살펴보면, 두 사람 모두 '평균+8점'이다. 그러나 표준편차를 보면, 국사가 세계사보다 크다고 할 수 있다.

점수의 편차가 큰 과목에서 평균보다 +8점인 과목은, 편차가 작은 과목에서 평균보다 +8점을 받은 것과 비교할 때, 어느 쪽이 잘한 것일까? 표준화는 이러한 경우에 유용하다. 표준화에는 여러 가지 방법이 있지만, 자주 사용되는 방법으로는 변수를 '평균=0, 표준편차=1'로 변환한다. '평균=0, 표준편차=1'로 표준화된 각 표본의 값을 '표준점수(Z점수)'라고 한다. 표준화(표준점수 Z의 계산)는 다음의 식으로 구한다.

$$\text{표준점수 } Z_i = \frac{x_i - \overline{X}}{s_x} \tag{2-14}$$

여기서, x_i : 개별 표본 값

$\overline{X}$: 표본평균

s_x : 표본의 표준편차

식의 분자부분은 각 표본 값과 평균과의 차이를 취한 것이다. 이것을 표준편차로 나눈 값이 표준점수가 되는데, 여기서 표준점수 식의 분자는 '모든 변수의 평균 = 0'으로 하기 위해, 분모는 '모든 변수를 표준편차 = 1'로 하기 위해 사용된다.

예를 들어 설명하면, C군의 국사 점수가 평균점과 같은 65점이었다고 할 경우, C군의 표준점수는 다음과 같다.

$$\text{C군의 표준점수} = \frac{C\text{군의 국사 점수} - \text{국사 평균}}{\text{국사 표준편차}}$$

$$= \frac{65 - 65}{17.0} = 0$$

즉, 표본의 값이 평균과 같으면, 분자는 반드시 0이 된다. 그리고 D군의 국사 점수가 82점이었고, E군의 세계사 점수가 71점이었을 경우, 이들의 표준점수는 다음과 같다.

$$\text{D군의 표준점수} = \frac{D\text{군의 국사 점수} - \text{국사 평균}}{\text{국사 표준편차}}$$

$$= \frac{82 - 65}{17.0}$$

$$= \frac{17}{17.0} = 1$$

$$\text{E군의 표준점수} = \frac{E\text{군의 세계사 점수} - \text{세계사 평균}}{\text{세계사 표준편차}}$$

$$= \frac{71 - 59}{12.0}$$

$$= \frac{12}{12.0} = 1$$

D군과 E군의 점수는 다르지만, 모두 '평균 + 표준편차'이다. 따라서 평균과의 차이가 바로 표준편차 만큼 떨어져있는 경우, 그 값을 표준편차로 나누면 평균과 표준편차가 어떤 값이라고 해도 결과는 항상 ±1이다.

그럼, A군과 B군의 점수를 표준점수를 계산해 보자.

$$\text{A군의 표준점수} = \frac{A\text{군의 국사 점수} - \text{국사 평균}}{\text{국사 표준편차}}$$

$$= \frac{73 - 65}{17.0}$$

$$= \frac{8}{17.0} = 0.471$$

$$\text{B군의 표준점수} = \frac{B\text{군의 세계사 점수} - \text{세계사 평균}}{\text{세계사 표준편차}}$$

$$= \frac{67 - 59}{12.0}$$

$$= \frac{8}{12.0} = 0.667$$

B군의 표준점수가 더 크다. 즉, 평균과 표준편차의 차이를 조정하면, B군의 성적이 좋다고 판단할 수 있다. 이와 같이 표준화의 계산은 다양한 통계분석 기법속에 등장한 것으로, 그 의미는 매우 중요하다.

연습문제

2-1. 데이터의 구성요소를 설명하라.

2-2. 양적변수와 질적변수를 비교 설명하라.

2-3. 변수들 간의 관계 속에서 상황이 전개되는 순서에 따른 변수의 종류를 설명하라.

2-4. 변수의 측정 수준을 설명하라.

2-5. 분산과 표준편차의 개념을 비교 설명하라.

2-6. P공장에서 생산되는 140개의 제품의 무게(단위 : ㎏)를 측정한 결과, 다음과 같은 분포로 나타났다. 이들 제품의 평균을 계산하라.

계급중앙값	3	5	7	9	10	12	14
도 수	11	15	20	22	26	24	22

2-7. K대학에서 기초통계학을 수강하는 A, B, C 3반 학생들의 신장을 측정한 결과, A반에서 수강하는 25명의 평균신장이 175㎝, B반에서 수강하는 20명의 평균신장이 179㎝, 그리고 C반에서 수강하는 29명의 평균신장은 168㎝로 나타났다. 세 반 학생들의 평균신장은 얼마인가?

2-8. 다음 숫자들의 중앙값을 구하라.

a) 22, 11, 15, 8, 15

b) 30, 28, 33, 35, 38, 43

2-9. 다음과 같은 일련의 숫자가 주어질 때 최빈값을 구하라.

a) 51, 45, 55, 55, 45, 50, 55, 45, 55

b) 85, 87, 88, 83, 86, 82, 84

2-10. 다음 숫자들의 범위를 구하라.

a) 16, 25, 18, 19, 16, 21, 14

b) 43, 39, 42, 42, 43

2-11. 38, 48, 45, 46, 53, 28, 35, 33, 40, 48, 31과 같은 일련의 숫자에 대한 사분편차를 구하라.

2-12. 기초통계학을 수강한 학생 20명을 무작위로 추출하여 평균 학점을 조사한 결과 다음과 같이 나타났다. 표준편차를 구하라.

3.2	1.9	2.7	2.4	2.8	2.9	3.8	3.0	2.5	3.3
1.8	2.5	3.7	2.8	2.0	3.2	2.3	2.1	2.5	1.9

2-13. S공장에서 생산되는 부품의 하루 검사 수에 대한 도수분포가 다음과 같을 때, 이에 대한 산술평균과 표준편차를 구하라.

계급중앙	도 수	계급중앙	도 수
1,000	6	1,600	17
1,200	13	1,800	11
1,400	22	2,000	8

2-14. 콜센터 안내원들의 전화 대응 속도를 9회 조사한 결과, 2.5초, 3.6초, 3.1초, 4.3초, 2.9초, 2.3초, 2.6초, 4.1초, 3.4초로 나타났다. 평균과 표본분산을 구하라.

제3장 확률이론

제1절 확률의 정의와 성질

1. 확률의 정의

확률이론은 주사위, 카드, 동전던지기, 도박 등의 게임에서 발달되어 왔다. 이와 더불어 통계학사에서 말하는 고전확률론의 완성은 라플라스(P. Laplace, 1749~1827)의 『확률의 해석이론』에서 집대성되었다. 이 고전적인 확률이론은 주로 순열, 조합에 의거한 '거의 같은 정도로 일어나는 확실성'의 개념을 기초로 한 것이다. 그러므로 확률(probability)이란 어떤 상황이 발생할 가능성, 또는 어떤 것이 일어날 기회라고 정의된다.

예컨대, 하나의 동전을 던질 때 앞면이 나올 확률은 1/2이고, 뒷면이 나올 확률도 1/2이다. 그리고 주사위를 던질 때 1이 나올 확률은 1/6, 2가 나올 확률도 1/6, 그리고 6이 나올 확률 역시 1/6이다. 이와 같이 어느 한 시행에서 얻어진 결과를 사상(事象, event)이라고 한다.

사상에 대하여 한 예로, 두 개의 주사위를 던졌다고 하자. 그 결과, 사상의 합이 '6'이라고 하면, 이것은 {1,5}, {2,4}, {3,3}, {4,2}, {5,1} 가운데 하나의 사상이 출현했을 것이다. 이 5가지 사상 가운데 그 어느 하나의 결과를 단일사상(simple event)이라 하며, '6'이 되는 사상과 같이 단일사상으로 분해할 수 있는 사상을 가리켜 복합사상(compound event)이라 한다. 그러므로 단일사상이란 분해 불가능한 사상을, 복합사상이란 단일사상의 모임을 나타낸다.

만약, 실험이나 관찰의 결과에 대하여 이론적으로 명확하게 표현하려면, 생각할 수 있는 모든 출현을 단일사상에 의하여 표현해야만 한다. 왜냐하면 이상적인 실험은 단일사상에 의하여 정의하는 것이 편하기 때문이다. 이와 같은 단일사상을 가리켜 흔히 표본점(sample point)이라 한다. 사실, 실험에서의 분해 불가능한 결과는 반드시 하나의 표본점으로 정의되게 마련이다. 이와 같은 표본점의 모임을 표본공간(sample space)이라 한다.

〈그림 3-1〉은 위에서 예로 든 동전, 주사위에 대한 확률분포를 나타낸 것으로, 각 분포의 면적이 모두 1.00으로 똑 같다. 즉, 어떤 상황이 발생할 모든 확률은 반드시 1.00이 된다. 그리고 동전에서 표면이 나올 확률은 $\frac{1}{2}$이며, 주사위에서 3이 나올 확률은 $\frac{1}{6}$이 된다.

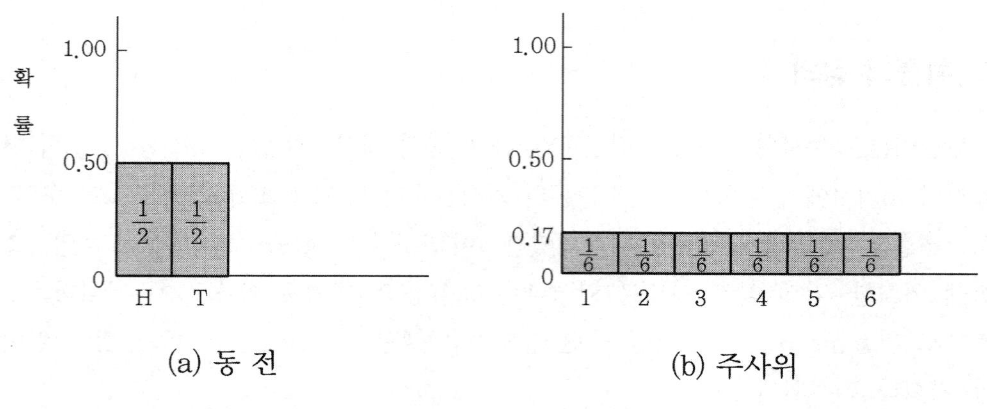

(a) 동 전
(b) 주사위

〈그림 3-1〉 확률분포

충분한 시행이 이루어지고 각 사상이 발생할 가능성이 동일하면, 위의 예에서 주어진 확률이 발생할 것이다. 다시 말하면, 동전의 앞면이나 뒷면이 나타날 가능성이 똑같다면, 앞면이 나올 확률은 0.5가 된다. 대부분의 동전은 동등확률조건(equally likely condition)을 충족시키지만, 어느 한 쪽 면에 작은 금속조각을 붙여 놓으면 동등확률조건은 충족되지 않는다.

하나의 주사위를 던져서 나타나는 눈의 수를 관찰하는 경우에 가능한 사상들은 {1}, {2}, {3}, {4}, {5}, {6}으로 주어지고, 여섯 개의 가능한 사상이 일어날 가능성은 같은 정도라고 할 수 있다. 이와 같이 실현결과가 유한개이고 각각의 일어날 가능성이 같은 경우에 라플라스(P. Laplace; 1749~1827)는 가능성에 대한 수치적 척도로서, 다음과 같이 확률을 정의하였으며, 이를 '확률의 고전적 정의'라고 한다.

A라는 사상이 총 n번 시행에서 s번 발생할 수 있다면, 그 사상이 일어날 확률

은 다음과 같다.

$$P(A) = \frac{s}{n} \tag{3-1}$$

여기서, $P(A)$: 사상 A가 발생할 확률

n : 총시행 횟수

s : 사상 A의 발생 횟수

그리고 상대빈도(relative frequency)의 개념으로 정의할 수도 있다. 그러므로 위의 예에서처럼 총시행 횟수 n과 성공할 횟수 s가 알려져 있으나, 실험을 통하여 발견될 수 있는 한정된 상황에서 유용하다.

2. 확률변수의 종류

확률변수의 종류는 이산확률변수와 연속확률변수의 두 가지로 분류될 수 있다. 이산확률변수(discrete random variable)란 확률변수가 취할 수 있는 값의 개수를 셀 수 있는 경우를 말한다. 예를 들면, 생산된 제품의 수, 제품의 불량품수, 사고 횟수 등이 있다.

그리고 연속확률변수(continuous random variable)란 확률변수가 어떤 구간에서 취할 수 있는 값이 셀 수 없이 무한한 경우를 말한다. 예를 들면, 사람의 키, 몸무게, 체온 등이 있다.

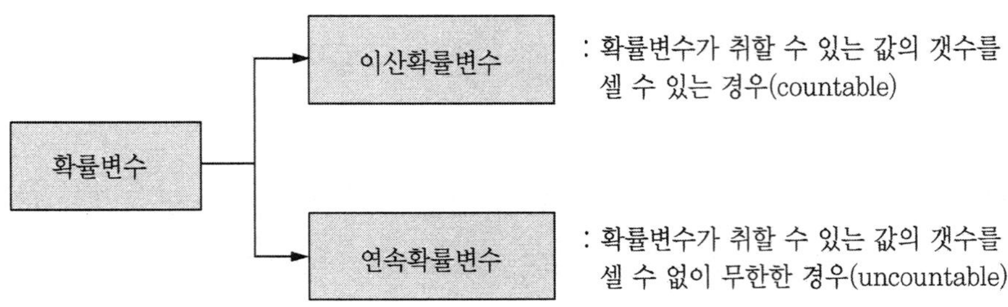

〈그림 3-2〉 확률변수의 종류

3. 확률의 성질

둘 또는 그 이상의 사상이 단 한 번의 시행에서 하나씩 밖에 일어날 수 없을 때, 그들을 배반사상(exclusive events)이라고 한다. 즉, 배반사상은 한 쪽이 일어나면, 다른 쪽이 일어나지 못하므로 동시에 일어날 수 없는 사상을 의미한다. 여기서 확률의 공리(公理)적 정의를 설명하면, 다음과 같다.

[공리 1]

확률은 1과 0사이의 값으로 표시되는데, 여기서 1은 어떤 사상이 반드시 일어나는 것이고, 0은 어떤 사상이 결코 일어나지 않는다는 것을 뜻한다.

$$0 \leqq P(A) \leqq 1$$

[공리 2]

모든 가능한 결과들의 집합인 표본공간의 확률은 1이 된다.

$$P(S) = 1$$

[공리 3]

서로 배반사상 A_1, A_2 ⋯ 에 대하여,

$$P(A_1 \cup A_2 \cup \cdots) = P(A_1) + P(A_2) + \cdots$$

위의 공리 1, 2, 3을 만족할 때, $P(A)$를 사상 A의 확률이라 한다. 두 사상 A, B에 대하여, $A \cap B$, $A \cap B^C$, $A^C \cap B$는 서로 배반사상이므로,

$$P(A) = P(A \cap B) + P(A \cap B^C)$$
$$P(B) = P(A \cap B) + P(A^C \cap B)$$

이 된다.

그리고 [공리 3]에 의하여,

$$P(A\cup B)=P(A\cap B)+P(A\cap B^C)+P(A^C\cap B) \qquad (3\text{-}2)$$
$$=P(A)+P(B)-P(A\cap B)$$

이 된다. 같은 방법으로 다음과 같은 성질이 성립됨을 알 수 있다.

(1) $P(A)$를 사상 A가 일어날 확률이라면 A가 일어나지 않을 확률은 $1-P(A)$이다.

$$P(A^C)=1-P(A) \qquad (3\text{-}3)$$

(2) A와 B가 서로 배반사상이라면, 사상 A나 사상 B가 일어날 확률은 각 확률을 합한 것으로, 확률의 덧셈법칙(additive law of probability)이라고도 한다.

$$P(A\cup B)=P(A)+P(B) \qquad (3\text{-}4)$$

(3) 사상 A와 사상 B가 서로 배반적 사상이 아닐 때, 사상 A 또는 사상 B가 발생할 확률은 다음과 같이 주어진다.

$$P(A\cup B)=P(A)+P(B)-P(A\cap B) \qquad (3\text{-}5)$$

$P(A\cup B)$는 $P(A)+P(B)$의 중복된 부분 $P(A\cap B)$를 한 번 빼야한다. 만약, A와 B가 상호배반이라면, 〈그림 3-3〉에서 2개의 원은 교차하지 않으며, 사상 $A\cap B$는 어떤 원소도 갖지 않은 것이므로 $P(A\cap B)=0$이 된다.

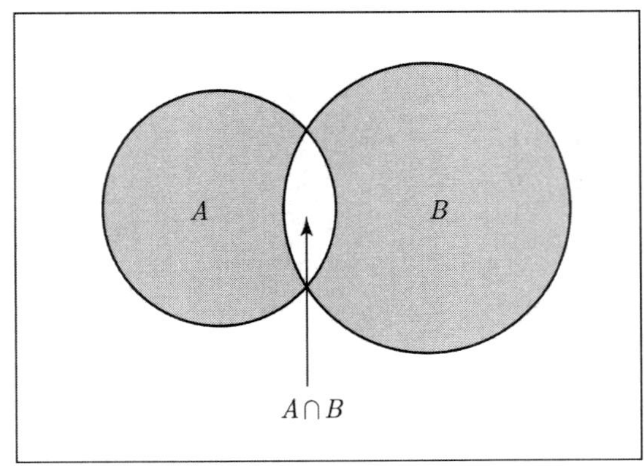

〈그림 3-3〉 사상 A, B의 벤 다이어그램

주사위를 던질 때, 2의 배수가 나올 확률을 $P(A)$, 3의 배수가 나올 확률을 $P(B)$라고 하면,

$$P(A \cup B) = P(A) + P(B) - P(A \cap B)$$

$$P(2\text{의 배수} \cup 3\text{의 배수}) = \frac{3}{6} + \frac{2}{6} - \frac{1}{6} = \frac{4}{6}$$

예제 3.1

주사위를 한 번 던질 때, 1이 나오지 않을 확률을 구하라.

풀이

$$P(A^C) = 1 - P(A) \tag{3-3}$$

$$= 1 - \frac{1}{6}$$

$$= \frac{5}{6}$$

■

예제 3.2

주사위를 한 번 던질 때, 1 또는 2가 나올 확률을 구하라.

풀이

$$P(A \cup B) = P(A) + P(B) \tag{3-4}$$

$$P(1 \cup 2) = P(1) + P(2)$$

$$= \frac{1}{6} + \frac{1}{6}$$

$$= \frac{2}{6}$$

■

예제 3.3

S검사자가 생산된 제품에서 3개를 뽑아 품질검사를 하고자 한다. 과거의 경험으로 미루어 보아 3개의 표본이 모두 합격품일 확률은 0.89, 1개의 표본이 불량품일 확률은 0.06, 2개의 표본이 불량품일 확률은 0.03이다. 3개의 표본이 모두 불량품일 확률은 얼마인가?

풀이 이 상황에는 불량품이 0개, 1개, 2개, 3개의 단지 4개 사상만이 있다.

$$P(0)+P(1)+P(2)+P(3)=1.00$$
$$0.89+0.06+0.03+P(3)=1.00$$
$$P(3)=0.02$$

따라서 3개의 표본이 불량품일 확률은 0.02이다.

제2절 조건부확률

표본결과에 대한 확률을 나타낸 것이 확률분포인데, 변수가 두 개일 때의 확률분포를 살펴보자. 두 개의 사건이 일어났을 때, 첫 번째 사상의 결과가 두 번째 사상의 결과에 영향을 미칠지 그렇지 않을지는 모른다. 즉, 어떤 사상 A가 나타났음을 알고 있을 때, B가 발생할 확률을 조건부확률(conditional probability)이라 하며, 이를 기호로 $P(B|A)$로 표시한다. 다시 말하면, A가 주어졌을 때 B의 조건부확률은 $P(B|A)$로 나타내며, $P(A)>0$이면, 다음과 같이 정의한다.

$$P(B|A)=\frac{P(A\cap B)}{P(A)} \qquad (3-6)$$

여기서, $P(A\cap B)$와 $P(A)$는 원래의 표본공간 S로부터 구해진다. 즉, S의 부분공간 A에 관한 조건부확률은 표본공간 S에서 직접 구할 수 있다.

기차가 정시에 출발할 확률은 $P(A)=0.96$이고, 정시에 도착할 확률은 $P(B)=0.88$이다. 그리고 기차가 정시에 출발하여, 정시에 도착할 확률은 $P(A\cap B)=0.81$이라고 한다. 기차가 정시에 출발하였다고 가정하고, 정시에 도착할 확률을 구해 보자.

조건부확률을 이용하여, 확률을 대입한다.

$$P(B|A) = \frac{P(A \cap B)}{P(A)} \tag{3-6}$$

$$= \frac{0.81}{0.96}$$

$$= 0.844$$

예제 3.4

S대학 경영학과 학생들을 조사한 결과, 다음과 같은 통계를 보이고 있다. 임의로 남학생을 1명 뽑을 경우, 이 남학생이 탈락자일 확률은 얼마인가?

구분 \ 성별	남학생	여학생	합 계
진급자	300	180	480
탈락자	50	45	95
합 계	350	225	575

풀이

$$P(B|A) = \frac{P(A \cap B)}{P(A)} \tag{3-6}$$

$$P(\text{탈락자}|\text{남학생}) = \frac{P(\text{탈락자} \cap \text{남학생})}{P(\text{남학생})}$$

$$= \frac{\left(\frac{50}{570}\right)}{\left(\frac{350}{575}\right)}$$

$$= 0.144$$

■

예제 3.5

회사원 P씨는 지하철(유형 1)과 버스(유형 2)로 출근을 하는데 운송수단의 선택은 각각 50%이고, 지하철을 이용하면 지각(A)할 확률이 40%, 버스를 이용하면 지각(A)할 확률이 70%이다. 지각할 주변확률을 구하라.

유 형	유형별 확률	P(지각|유형)	P(지각∩유형)
지하철(유형 1)	0.5	0.4	$0.4 \times 0.5 = 0.20$
버스(유형 2)	0.5	0.7	$0.7 \times 0.5 = 0.35$
	1.0		P(지각) $= 0.55$

풀이 P(A|유형)의 합은 1.0이 아니라 유형 1과 유형 2가 주어졌을 때, 지각(A)할 조건부확률은 단순히 0.4와 0.7로 나타난다. 지각(A)를 조건으로 하는 지하철(유형 1)의 확률은 다음과 같다.

$$P(\text{지하철} \mid A) = P(\text{지하철} \mid A) = \frac{P(\text{지하철} \cap A)}{P(A)}$$

$$= \frac{0.20}{0.55}$$

$$= 0.364$$

그리고 버스(유형 2)일 확률은 다음과 같다.

$$P(\text{버스} \mid A) = \frac{P(\text{버스} \mid A)}{P(A)}$$

$$= \frac{0.35}{0.55}$$

$$= 0.636$$

만약, 회사원 P씨가 지각을 했다면, 지하철(유형 1)일 확률(0.364)보다 버스(유형 2)의 확률(0.636)이 높다는 것을 나타낸다. ■

'확률의 곱셈법칙(multiplication law of probability)'은 두 사상이 동시에 일어날 확률을 구하는 법칙이다.

[정의]

두 사상 A, B가 $P(A\cap B)=P(A)P(B)$를 만족할 때, 'A와 B가 서로 독립'이라고 한다.

그리고 사상 $A\cap B$와 $B\cap A$는 동치이므로, 다음과 같이 쓸 수 있다.

$$P(A\cap B)=P(A)P(B|A)=P(B)P(A|B) \quad (3\text{-}7)$$

A와 B가 서로 독립일 때, $P(A)>0$ 이면 $P(B|A)=P(B)$이고, $P(B)>0$ 이면 $P(A|B)=P(A)$이다.

제3절 베이즈의 정리

1. 개념

조건부확률로부터 베이즈의 정리를 유도할 수 있다. 배반사상 B_1, B_2, $\cdots$, B_n이 있다면, 이 가운데 어느 하나가 일정한 시행에서 반드시 일어나야 한다. 즉, $P(B_1)+P(B_2)+\cdots+P(B_n)=1$ 이고, 이때 사상 A가 일어난다는 조건아래서 어느 B_i가 일어날 조건부확률 $P(B_i)$는 다음과 같으며, 이것을 베이즈의 정리(Bayasian Theorem)라 한다.

$$P(B_i \mid A)=\frac{P(B_i)P(A \mid B_i)}{P(B_1)P(A \mid B_1)+P(B_2)P(A \mid B_2)+\ldots+P(B_n)P(A \mid B_n)} \quad (3\text{-}8)$$

조건부확률과의 차이는 조건부확률은 일반적으로 원인에서 결과를 알아내는데, 베이즈 정리(Bayes's Theorem, 1678~1761)는 결과가 나왔을 때 원인을 알아내는 방법이다. 즉, 품질을 알았을 때 어떤 공정에서 나온 것인가? 승진여부를 알았을 때 어떤 학력에서 나온 것인가? 등을 알아낼 수 있다.

그러므로 $P(B_i)$는 어떤 다른 사상이 일어나기 전에 사상 B가 발생할 확률이므로 사전확률(priori probability)이라고 하며, $P(B_i \mid A)$는 A가 발생한 후에 B_i가 발생할 확률이므로 사후확률(posterior probability)이라 한다.

2. 사후확률의 계산

다음 예제를 이용하여 사후확률을 계산하는 과정을 살펴보자.

예제 3.6

G사의 이천공장에는 텔레비전을 조립하는 3대의 공정 라인이 있다. 라인 1은 전 생산량의 35%, 라인 2는 20%, 라인 3은 45%를 생산하며, 각 라인은 1%, 1.3%, 2%의 불량품을 생산하고 있다. 하루 동안 생산된 제품가운데 임의로 1개를 추출하여 그것이 불량품이었을 때, 이 불량품이 라인 1에서 생산되었을 확률을 구하라.

풀이 불량품을 뽑을 사상을 B라 하고, 각 공정라인에서 생산되었을 사상을 A_1, A_2, A_3라고 하면,

$$P(A_1) = 0.35 \quad P(A_2) = 0.20 \quad P(A_3) = 0.45$$
$$P(B \mid A_1) = 0.010, \quad P(B \mid A_2) = 0.013, \quad P(B \mid A_3) = 0.020$$

이다. 또한, A_1, A_2, A_3는 표본공간의 분할이므로 베이즈 정리로부터,

$$P(A_1 \mid B) = \frac{P(A_1)P(B \mid A_1)}{P(A_1)P(B \mid A_1) + P(A_2)P(B \mid A_2) + P(A_3)P(B \mid A_3)} \quad (3-8)$$

$$= \frac{0.35 \times 0.010}{0.35 \times 0.010 + 0.20 \times 0.013 + 0.45 \times 0.020}$$
$$= 0.232$$

가 된다.

연습문제

3-1. 확률의 개념을 설명하라.

3-2. 확률의 성질을 설명하라.

3-3. 조건부확률의 개념을 설명하라.

3-4. 베이즈의 정리를 설명하라.

3-5. $P(A) = 1/2$, $P(B) = 1/5$일 때, 다음 각 경우의 $P(A \cap B)$를 구하라. 단, $P(A \cup B) = 2/3$ 이다.

1) 통계적 독립일 경우

2) 통계적 종속일 경우

3-6. $P(A) = 1/3$, $P(B) = 1/4$, $P(A \mid B) = 1/4$일 때, $P(A \cup B)$를 구하라.

3-7. 사상 A와 사상 B는 서로 독립이다. $P(A) = 0.8$, $P(B) = 0.2$일 때 다음을 계산하라.

1) $P(A \mid B)$

2) $P(A \cap B)$

3) $P(A \cup B)$

3-8. 공정한 동전을 세 번 던졌을 때의 나온 순서가 뒷면, 앞면, 뒷면으로 나올 확률을 구하라.

3-9. 공정한 동전을 세 번 던졌을 때, 최소한 한 번 뒷면이 나올 확률은 얼마인가?

3-10. S시에 거주하는 근로자들의 학력을 조사한 결과, 중졸이 40%, 고졸이 50%, 대졸이 10%이었다. 그리고 근로자들의 학력별 실업률을 조사해 보니 중졸자의 10%, 고졸자의 5%, 대졸자의 2%가 실업자로 나타났다. 임의로 한 명의 실업자를 선택하여 학력을 조사하였을 때, 그 사람이 대졸자일 확률은 얼마인가?

3-11. K씨가 버스를 타고 직장에 출근할 확률은 30%이고, 지하철을 타고 출근할 확률은 70%라고 한다. 그런데 버스를 타는 날은 지각할 때가 30%이고, 지하철의 경우는 20%이었다고 한다. 어느 날 K씨가 지각을 했다면, 그가 타고 온 것이 버스일 확률은 얼마인가?

3-12. S공정은 두 대의 기계로 벽돌을 생산하는 공장이다. 기계 Ⅰ로는 45%를, 기계 Ⅱ로는 55%의 벽돌을 생산하며, 기계 Ⅰ에서 만들어지는 벽돌 중에는 10%가 불량품이고, 기계 Ⅱ는 8%가 불량품이라고 한다. 이때, 어떤 불량품이 기계 Ⅱ에서 만들어졌을 확률은 얼마인가?

3-13. H대학의 경영학과 재학생들을 조사한 결과, 학생 가운데 60%는 재수 경험이 있었으며, 나머지는 재수 경험이 없는 것으로 나타났다. 전자의 30%와 후자의 20%에 해당하는 학생들의 학기말 성적이 A였다. 어떤 학생의 성적이 A였다면, 이 학생이 재수 경험자일 확률은 얼마인가?

3-14. P사는 직원 숙박용으로 3개의 모텔을 지정하여, 직원들이 자유롭게 사용하도록 하고 있다. 조사에 의하면, 직원들의 20%가 모텔 A에, 50%가 모텔 B에, 30%가 모텔 C를 사용하는 것으로 나타났다. 그런데 서비스상의 문제가 모텔 A는 5%, 모텔 B는 4%, 모텔 C는 8%로 나타났다. 어떤 직원이 문제가 있는 모텔을 사용할 확률은 얼마인가?

3-15. S대학 경영학과 학생들의 학년별 구성비를 조사한 결과, 1학년 30%, 2학년 25%, 3학년 25%, 4학년 20%로 나타났다. 그런데 통계학 청강생을 조사한 결과, 1학년 학생의 50%, 2학년 학생의 30%, 3학년 학생의 10%, 4학년 학생의 10%로 파악되었다. 경영학과 학생 가운데 한 학생을 임의로 뽑았을 때, 그 학생이 1학년이면서 통계학 청강생일 확률을 구하여라.

제4장 확률분포

제1절 확률분포

확률변수가 대응하는 확률을 가질 때, 즉 확률변수가 취하는 값들의 확률의 분포를 확률분포(probability distribution)라고 한다. 그리고 이산확률변수의 확률분포를 이산확률분포(discrete probability distribution)라고 하며, 연속확률변수의 확률분포를 연속확률분포(continuous probability distribution)라고 한다.

동전을 두 번 던질 때 앞면의 횟수를 확률변수로 하여 확률변수와 이에 대응하는 확률을 나타내면, 〈표 4-1〉과 같다. 앞면이 두 번 모두 안 나올 확률 $P(X=0)$는 1/4이며, 앞면이 한 번, 즉 $x=1$이 나올 확률은 첫 번째 앞면과 두 번째 뒷면이 나올 사상과, 첫 번째 뒷면과 두 번째 앞면이 나올 사상이 각각 1/4이므로 합하여 1/2이 되며, 두 번 모두 앞면이 나올 확률은 1/4이 된다. 〈표 4-1〉은 모든 확률변수와 이 변수가 일어날 확률을 나타낸 것으로, 확률분포라고 한다.

〈표 4-1〉 동전을 2회 던질 때의 확률분포

확률변수(x)	사상(event)	확률 $P(X=x)$
0	(T, T)	1/4
1	(H, T), (T, H)	1/2
2	(H, H)	1/4
계		1

이와 같은 확률분포는 이산확률변수에 의한 이산확률분포와 연속확률변수에 의한 연속확률분포로 구분된다. 그리고 이산확률분포에서 흔히 사용되는 것은 이항분포와 포아송분포이며, 연속확률분포에서는 정규분포가 대표적이라고 할 수 있다.

1. 이산확률변수

이산확률변수 X가 취할 수 있는 값 x_1, x_2, x_3, … 의 각각에 대하여 확률 $P(X=x_1)$, $P(X=x_2)$, $P(X=x_3)$, … 를 대응시켜 주는 관계를 X의 확률질량함수(probability mass function)라고 한다. 즉,

$$f(x)=\begin{cases}P(X=x_1),\ (i=1,\ 2,\ \cdots)\\ 0,\ \text{기타}\end{cases} \tag{4-1}$$

로 정의되는 함수 f는 확률변수 X의 확률질량함수이며, 다음과 같은 성질을 갖는다.

① $f(x_i)\geq 0$ (4-2)

② $\sum_i f(x_i)=1$ (4-3)

③ $P(a<X\leq b)=\sum_{a<x_i\leq b} f(x_i)$ (4-4)

예를 들어 동전을 4회 던질 때 앞면이 나오는 수를 X라 할 때의 확률분포는 다음과 같다(앞면=M, 뒤면=B).

〈표 4-2〉 동전을 4회 던질 때의 확률분포

확률변수	가능한 사상	도 수	확률 $P(X=x)$
x=0	(B,B,B,B)	${}_4C_0=1$	$\frac{1}{2}\times\frac{1}{2}\times\frac{1}{2}\times\frac{1}{2}$=1/16
x=1	(M,B,B,B) (B,M,B,B) (B,B,M,B) (B,B,B,M)	${}_4C_1=4$	4($\frac{1}{2}\times\frac{1}{2}\times\frac{1}{2}\times\frac{1}{2}$)=1/4
x=2	(M,M,B,B) (M,B,M,B) (M,B,B,M) (B,M,M,B) (B,M,B,M) (B,B,M,M)	${}_4C_2=6$	6($\frac{1}{2}\times\frac{1}{2}\times\frac{1}{2}\times\frac{1}{2}$)=3/8
x=3	(M,M,M,B) (M,M,B,M) (M,B,M,M) (B,M,M,M)	${}_4C_3=4$	4($\frac{1}{2}\times\frac{1}{2}\times\frac{1}{2}\times\frac{1}{2}$)=1/4
x=4	(M,M,M,M)	${}_4C_4=1$	$\frac{1}{2}\times\frac{1}{2}\times\frac{1}{2}\times\frac{1}{2}$=1/16
계		16	1.00

〈그림 4-1〉은 〈표 4-2〉의 결과를 확률분포도로 표시한 것이다.

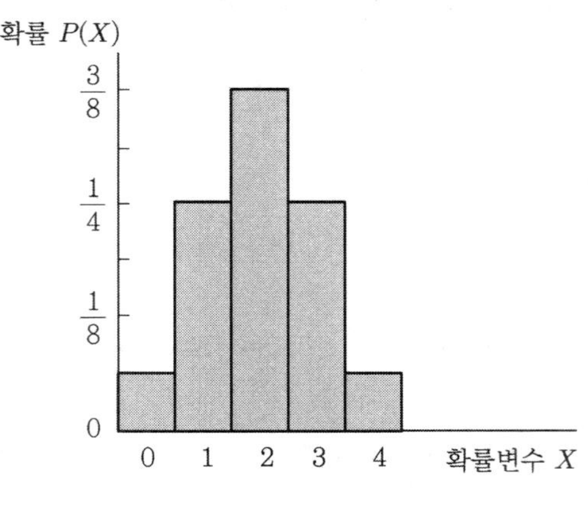

〈그림 4-1〉 확률분포도

예제 4.1

1매당 만원하는 복권 1,000매를 발행하고자 한다. 1등 당첨자 1명에게는 1,000만원이 지급되며, 2등 당첨자 2명에게는 300만원, 3등 당첨자 5명에게는 100만원, 4등 당첨자 10명에게는 50만원씩의 상금을 준다고 가정할 때, 복권 1매를 갖고 있는 사람이 당첨될 확률분포를 구하라.

풀이 확률변수 X는 다음과 같은 값을 갖는다.

$$x_1 = 1{,}000,\ x_2 = 300,\ x_3 = 100,\ x_4 = 50,\ x_5 = 0$$

이때, 각 변수가 취하는 확률은 다음 표와 같다.

상금(x)	확률 $P(X=x)$
1,000	0.001
300	0.002
100	0.005
50	0.010
0	0.982

2. 연속확률변수

확률변수가 X가 학생들의 키나 몸무게와 같이 어떤 구간 $[l, u]$의 모든 값을 취하며, 이 구간 위에서의 함수 $f(x)$가,

① $f(x) \geq 0$ (4-5)

② $\int_l^u f(x)dx = 1$ (4-6)

③ $P(a \leq X \leq b) \equiv \int_a^b f(x)dx$ (단, $l \leq a < b \leq u$) (4-7)

를 만족할 때, 확률변수 X를 연속확률변수라고 하며, 함수 $f(x)$를 X의 확률밀도함수라고 한다.

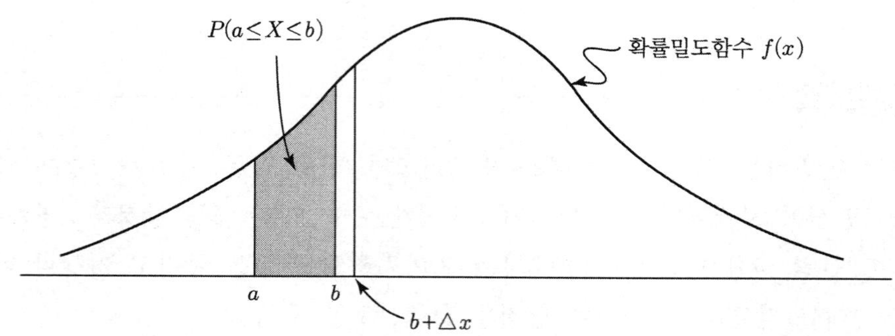

〈그림 4-2〉 확률밀도함수의 확률

이산확률변수의 경우와는 달리, 연속확률변수의 확률밀도함수의 값 $f(x)$는 확률이 아닌 점에 유의해야 한다. 물론 아주 작은Δx에 대해 근사적으로,

$$P(b \leq X \leq b+\Delta x) \fallingdotseq f(b)\Delta x \quad (4-8)$$

가 성립하므로, Δx를 0으로 충분히 접근시키면 임의의 상수 b에 대하여,

$$P(X=b)=0$$

이 된다. 그러므로 연속확률변수 X에 대하여,

$$P(a \leq X \leq b) = P(a \leq X < b) = P(a < X \leq b) = P(a < X < b) \quad (4-9)$$

임을 알 수 있다.

예제 4.2

확률변수 X의 확률밀도함수가 다음과 같이 주어졌을 때, $\frac{1}{2} < X < \frac{3}{4}$일 확률을 구하라.

$$f(x) = \begin{cases} 2x, & 0 < x < 1 \\ 0, & \text{기타} \end{cases}$$

풀이 $f(x) = 2x$는 연속확률변수의 밀도함수이므로, $P(\frac{1}{2} < x < \frac{3}{4})$을 다음 그림의 점무늬 부분인 $f(x)$ 아래 $\frac{1}{2}$에서 $\frac{3}{4}$까지의 면적을 나타낸다.

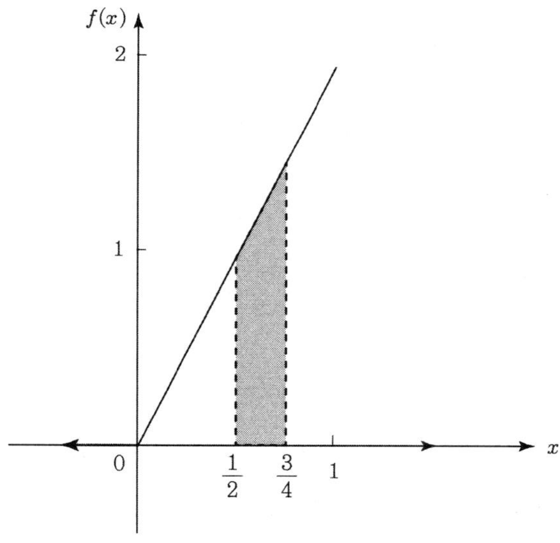

그러므로 확률변수 X가 1/2에서 3/4사이에 있을 확률은 5/16가 된다.

$$P\left(\frac{1}{2} < X < \frac{3}{4}\right) = \int_{\frac{1}{2}}^{\frac{3}{4}} 2x dx \tag{4-7}$$

$$= [x^2]_{\frac{1}{2}}^{\frac{3}{4}} = \frac{5}{16}$$

■

제2절 확률분포의 기대값과 분산

1. 기대값

기대값(expected value)이란 간단히 말해서 평균(average)이라고 할 수 있다. 즉, 확률변수가 취하는 값들의 가중평균(weighted average)이다. 그러므로 기대값은 미래에 발생할 확률이 가장 많은 사건을 지칭하는 것이 아니라 확률변수가 취하는 값들의 평균을 의미한다.

1) 이산확률변수

이산확률변수 X가 취하는 값이 x_1, x_2, ⋯ 이고 $X=x_i$일 확률이,

$$f(x_i) = P(X = x_i),\ (i = 1,\ 2,\ \cdots)$$

로 주어질 때, 기대값은 다음과 같이 나타낼 수 있다.

$$\begin{aligned} E(X) &= \sum_i x_i P(X = x_i) \qquad (4\text{-}10) \\ &= x_1 P(X = x_1) + x_2 P(X = x_2) + \cdots \end{aligned}$$

예제 4.3

다음과 같은 상금이 걸려있는 복권을 사려고 한다. 모두 1,000매가 발행되었다면, 복권당 상금의 기대값은 얼마인가?

구분	복권 수	상금
1등	1	100,000
2등	5	10,000
3등	20	1,000
4등	100	500
등외	874	0

풀이 상금을 확률변수로 보고, 이에 대응하는 확률을 분포표로 정리하면, 다음과 같다.

x	$P(X=x_i)$	x	$P(X=x_i)$
100,000	1/1,000	1,000	20/1,000
10,000	5/1,000	500	100/1,000
		0	874/1,000

$$E(X)=\sum_{i=1}^{4} x_i P(x_i) \tag{4-10}$$

$$=100{,}000\times\frac{1}{1{,}000}+10{,}000\times\frac{5}{1{,}000}+1{,}000\times\frac{20}{1{,}000}$$

$$+500\times\frac{100}{1{,}000}+0\times\frac{874}{1{,}000}$$

$$=670(\text{원})$$

2) 연속확률변수

연속확률변수 X가 구간 $[l, u]$의 모든 값을 취하고, X의 확률밀도함수가 $f(x)$일 때,

$$E(X)=\int_l^u x f(x)\,dx \tag{4-11}$$

를 연속확률변수 X의 평균 또는 기대값이라 한다.

예제 4.4

연속확률변수 X의 확률밀도함수가 다음과 같다.

$$f(x)=\begin{cases} k(1-x^2), & |x|\le 1 \text{ 인 경우} \\ 0, |x|>1 \text{ 인 경우} \end{cases}$$

1) 상수 k의 값을 결정하라.

2) $P(|X|\le \frac{1}{2})$의 확률을 구하라.

풀이 1) $\int_{-\infty}^{\infty} f(x)dx \quad = 1$ (4–6)

$\int_{-1}^{1} k(1-x^2)dx = 1$

즉, $2\int_{0}^{1} k(1-x^2)dx = 1$

그러므로 $k = \frac{3}{4}$

2) $P(|X| \leq \frac{1}{2}) = \int_{-\frac{1}{2}}^{\frac{1}{2}} \frac{3}{4}(1-x^2)dx$

$= 2\int_{0}^{\frac{1}{2}} \frac{3}{4}(1-x^2)dx$

$= \frac{3}{2}[x - \frac{x^3}{3}]_0^{\frac{1}{2}}$

$= \frac{11}{16}$

2. 분산과 표준편차

확률변수의 분포는 기대값과 분산, 표준편차에 의하여 특징이 지워진다. 즉, 확률변수의 분포상태는 기대값과 분산 중 어느 하나만으로는 알 수 없으며, 이 두 가지 특성치를 다 알아야 그 분포를 제대로 이해할 수 있다.

기대값은 확률분포의 집중경향을 나타내는 대표치이며, 분산이나 표준편차는 확률분포가 어느 정도 퍼져있느냐를 나타내는 산포도(dispersion)의 대표치들이다. 확률분포의 성격은 집중경향과 산포도로 규명되는 것이 보통인데, 집중경향에는 기대값을, 산포도에는 표준편차를 가장 많이 이용한다.

따라서 확률변수 X의 평균을 μ라고 하면, X의 분포가 중심위치인 μ로부터 떨어진 거리의 제곱의 평균값이다. 이를 수식으로 나타내면, 다음과 같다.

$$Var(X) = E[(X-\mu)^2] \tag{4-12}$$

이를 확률변수 X의 분산(variance)이라 부르고, 기호로는 $Var(X)$ 또는 σ^2으로 나타낸다. 기대값의 성질을 이용하여, 다음과 같은 분산의 간편한 계산법을 얻

을 수 있다.

$$\begin{aligned} Var(X) &= E[(X-\mu)^2] \\ &= E(X^2 - 2\mu X + \mu^2) \\ &= E(X^2) - 2\mu E(X) + \mu^2 \\ &= E(X^2) - \mu^2 \end{aligned}$$

즉, $Var(X) = E(X^2) - [E(X)]^2$ (4-13)

그리고 연속확률변수일 때의 분산은 다음과 같이 나타낼 수 있다.

$$Var(X) = \int_{-\infty}^{\infty} (x-\mu)^2 f(x)dx \tag{4-14}$$

또한, 분산에 제곱근을 한 것을 표준편차라고 하며, 기호로는 $sd(X)$ 또는 σ를 사용한다.

$$\sigma = \sqrt{\sigma^2}$$

$$sd(X) = \sqrt{Var(X)} = \sqrt{E[(X-\mu)^2]} \tag{4-15}$$

예제 4.5

다음 자료를 이용하여 임대차 수요의 확률분포에 대한 분산과 표준편차를 계산하라.

수 요	도 수(개)
3	3
4	7
5	12
6	14
7	10
8	4
	50

풀이 분산의 계산절차를 정리하면, 다음과 같다.

x	확률 $P(X=x)$	$xP(X=x)$	x^2	$x^2P(X=x)$
3	0.06	0.18	9	0.54
4	0.14	0.56	16	2.24
5	0.24	1.20	25	6.00
6	0.28	1.68	36	10.08
7	0.20	1.40	49	9.80
8	0.08	0.64	64	5.12
		$E(X)=5.66$		$E(X^2)=33.78$

$$\begin{aligned} Var(X) &= 33.78-(5.66)^2 \\ &= 1.74 \end{aligned}$$

$$\begin{aligned} \sigma &= \sqrt{\sigma^2} \\ &= \sqrt{1.74} \\ &= 1.31 \end{aligned}$$

연습문제

4-1. 이산확률변수와 연속확률변수를 비교 설명하라.

4-2. 기대값의 개념을 설명하라.

4-3. 분산과 표준편차의 개념을 설명하라.

4-4. 2개의 주사위를 던져 나타난 눈의 합을 확률변수 X라 할 때, X의 확률분포를 구하고, 확률분포도로 나타내어라.

4-5. 주사위에서 3을 얻을 확률이 0.167이면, 3 이외의 어떤 수를 얻을 확률은 얼마인가?

4-6. 쌓여있는 선적품에서 뽑은 2개의 표본에서, 1개가 불량품일 확률이 0.18이고, 2개가 불량품일 확률은 0.25라면, 불량품이 없을 확률은 얼마인가?

4-7. 통속에 40개의 나사못이 담겨져 있는데 그 중 5개가 불량품이다. 2개의 표본을 뽑은 다음, 다시 섞지 않는다면 2개 모두 불량품일 확률은 얼마인가?

4-8. 100개의 몫으로부터 3개의 표본이 선택된다. 얼마나 많은 서로 다른 표본의 조합이 가능한가?

4-9. 경기장에서 아이스크림을 판매하는 P씨는 날씨가 맑으면 6만원의 순이익을 얻을 수 있고, 흐리면 3만원, 비가 오는 경우에는 1만원의 이익을 얻을 수 있다고 한다. 날씨가 쾌청하거나, 흐리거나 비가 올 확률을 각각 0.6, 0.3, 0.1로 보고 있다면, P씨의 기대이익은 얼마인가?

4-10. 동전을 네 번 던질 때, 앞면이 나오는 수를 확률변수로 하여 확률분포를 작성하라. 그리고 확률분포의 기대값과 분산을 구하라.

4-11. $x=2$, $x=5$ 사이의 값을 취할 수 있는 변수 X가 $f(x)=2(1+x)/27$의 확률밀도함수를 갖는다고 한다.

a) $P(2<X<5)=1$임을 보여라.

b) $P(X<4)$를 구하라.

c) $P(3 \leq X<4)$를 구하라.

4-12. 자동차 타이어 제조업자가 지난 6개월 동안 품질검사를 한 결과, 결점 수 X는 다음과 같은 확률분포를 이루고 있다. 결점 수의 평균치와 표준편차를 구하라.

결점 수(x)	0	1	2	3	4	5	6이상	계
확률 $P(X=x)$	0.60	0.22	0.08	0.05	0.03	0.02	0	1

4-13. K창고에 1시간마다 도착하는 트럭의 수가 다음과 같은 확률분포를 이루고 있는 것으로 밝혀졌다. K창고에 트럭이 1시간마다 평균 몇 대씩 도착하는지 기대값과 분산을 구하라.

트럭 수(x)	0	1	2	3	4	5	6
확률 $P(X=x)$	0.05	0.10	0.15	0.25	0.30	0.10	0.05

4-14. S기업은 하루동안 컴퓨터 시스템에 접근하는 악성 바이러스의 침투횟수와 그 확률을 조사한 결과, 다음과 같은 자료를 얻었다. 컴퓨터 시스템에 악성 바이러스가 침투하는 기대횟수와 이 확률분포의 분산을 구하라.

횟 수(x)	4	5	6	7	8	9
확률 $P(X=x)$	0.01	0.08	0.29	0.42	0.14	0.06

제 5 장 이산확률분포

제1절 초기하분포

1. 정의

초기하분포(hypergeometric distribution)는 유한모집단으로 추출된 표본에서 나타나는 확률분포이며, 비복원 추출방법에 의해 뽑혀진 표본에서의 확률분포이다. 보다 자세히 설명하면, 크기 N인 유한모집단에서 표본 n개를 비복원 추출방법으로 뽑을 경우, 표본을 뽑을 수 있는 방법은 모두 $\binom{N}{n}$가지이다. N개의 유한모집단에서 M개가 성공 속성 A를 갖고 있다고 가정하고, 이 모집단에서 크기 n $(n \leq N)$의 표본을 임의로 추출할 때, 추출된 표본에서 속성 A를 갖는 것의 갯수를 X라고 하면, 이때 X의 확률분포를 초기하분포(hyper-geometric distribution)라고 한다.

그런데 유한모집단으로부터 복원추출법에 의하여 표본을 추출할 때에는 성공 속성이 뽑힐 확률은 항상 같지만, 비복원추출방법으로 표본을 추출할 때에 성공 속성이 뽑힐 확률은 항상 다르다.

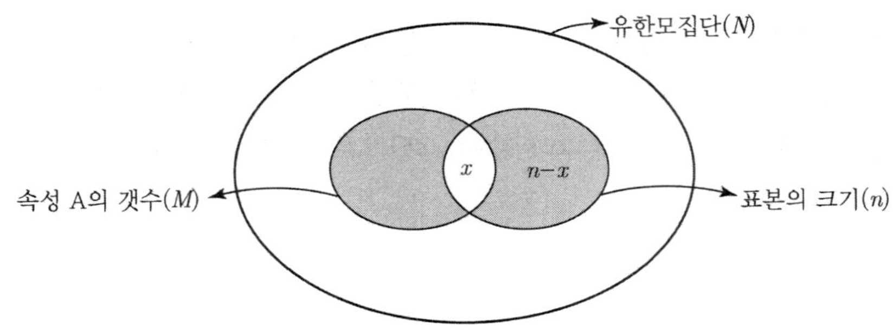

〈그림 5-1〉 초기하분포의 개념

2. 특징

초기하분포는 다음과 같은 특징이 있다.

① 분포가 이산적이다.

② $N \to \infty$에 접근시키면, 이항분포에 가까워진다.

③ $P=0.5$이면, 좌우대칭의 분포를 이룬다.

④ 유한모집단수정계수 $\left(\frac{N-n}{N-1}\right)$를 가진다.

3. 확률의 계산

확률변수 X가 나타날 확률을 계산하기 위해서는 먼저 표본추출시행에서 가능한 모든 결과를 산출하여야 하는데, 이것은 N개 중에서 n개를 선택하는 방법의 수와 같으므로 ${}_N C_n$의 조합으로 표시된다. 이것은 원하는 결과가 모두 나타날 총수를 계산하는 것인데, 이것은 표본에서 성공 속성을 가진 x개와 실패 속성을 가진 $n-x$개를 얻는 것으로서, 먼저 x개는 성공 속성을 가진 M으로부터 나와야 하므로 x개를 취하는 방법의 수는 ${}_M C_x$의 값으로 주어진다. 마찬가지로 실패 속성 $n-x$개는 성공 속성을 갖지 않은 $N-M$으로부터 나와야 하므로 실패 속성을 취하는 방법의 수는 ${}_{N-M} C_{n-x}$의 값으로 주어진다. 즉, M개 중에서 x개를 뽑고, 나머지 $N-M$개 가운데 $n-x$개를 뽑는 경우의 수이므로, 초기하분포의 확률분포함수는 다음과 같다.

$$P(X=x)=\frac{\binom{M}{x}\binom{N-M}{n-x}}{\binom{N}{n}},\ x=0,\ 1,\ \cdots,\ \min(n,\ M) \tag{5-1}$$

지금 통 속에 9개의 야구공이 들어 있는데, 그 가운데 3개의 공이 불량품이다. 임의로 4개의 공을 통에서 꺼낼 때, 1개의 불량품인 공을 꺼낼 확률은 얼마인가? 이해를 돕기 위하여 문제를 다음과 같이 그림으로 나타낼 수 있다.

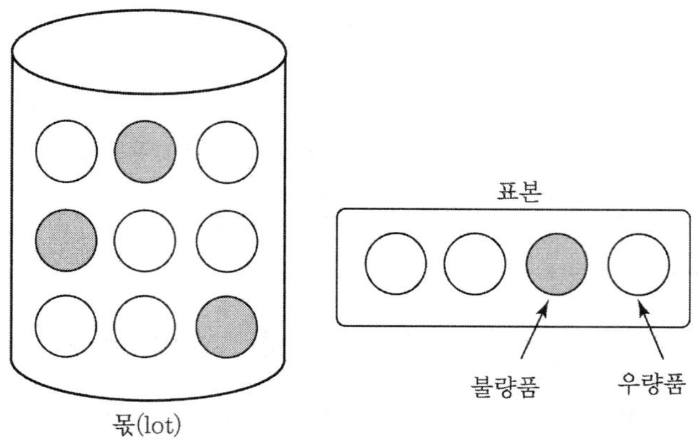

〈그림 5-2〉 표본 추출

이 예제는 $N=9$, $M=3$, $n=4$, $x=1$로, 이 값을 식 (5-1)에 대입하면, 다음과 같다.

$$P(X=1 \mid N=9, M=3, n=4) = \frac{{}_3C_1\,{}_6C_3}{{}_9C_4} = \frac{\dfrac{3!}{1!(3-1)!} \cdot \dfrac{6!}{3!(6-3)!}}{\dfrac{9!}{4!(9-4)!}} = 0.476$$

같은 방법으로, $P(X=0)=0.119$, $P(X=1)=0.476$, $P(X=2)=0.357$ 그리고 $P(X=3)=0.048$이 된다. 통 속에는 3개의 불량품만 있으므로 $P(X=4)$는 있을 수 없다. 또한, 이들 확률들의 합은 1.000이므로, 다음과 같이 나타낼 수 있다.

$$\begin{aligned} P(T) &= P(X=0)+P(X=1)+P(X=2)+P(X=3) \\ &= 0.119+0.476+0.357+0.048 \\ &= 1.000 \end{aligned}$$

한편, 초기하분포의 평균과 분산은 다음과 같은 공식에 의하여 계산된다.

$$E(X) = np\left(\text{단, } p=\frac{M}{N}\right) \quad (5\text{-}2)$$

$$Var(X) = npq\left(\frac{N-n}{N-1}\right)(\text{단, } p+q=1) \quad (5\text{-}3)$$

예제 5.1

12명의 이사진으로 구성된 K그룹의 임원회의에서 몰디브 투자안에 대해 6명의 이사가 찬성을 하였다. 12명의 이사진 가운데 4명을 임의로 추출할 경우, 몰디브 투자안에 대한 찬성자의 확률분포를 구하고 기대값과 분산을 구하라.

풀이 $P(X=x)=\frac{{}_6C_x\,{}_6C_{4-x}}{{}_{12}C_4}$를 이용하여, 안건에 대한 찬성자 수 $x=0,\ 1,\ 2,\ 3,\ 4$일 때의 확률을 구하면, 다음과 같은 초기하분포가 된다.

$$P(X=0)=\frac{{}_6C_0\,{}_6C_{4-0}}{{}_{12}C_4}=\frac{15}{495}$$

$$P(X=1)=\frac{{}_6C_1\,{}_6C_{4-1}}{{}_{12}C_4}=\frac{120}{495}$$

$$P(X=2)=\frac{{}_6C_2\,{}_6C_{4-2}}{{}_{12}C_4}=\frac{225}{495}$$

$$P(X=3)=\frac{{}_6C_3\,{}_6C_{4-3}}{{}_{12}C_4}=\frac{120}{495}$$

$$P(X=4)=\frac{{}_6C_4\,{}_6C_{4-4}}{{}_{12}C_4}=\frac{15}{495}$$

그리고 기대값과 표준편차는 다음과 같다.

$$E(X)=np(\text{단, } p=\frac{M}{N}) \qquad (5\text{-}2)$$

$$=4\times\frac{6}{12}$$

$$=2$$

$$Var(X)=npq\left(\frac{N-n}{N-1}\right)(\text{단, } p+q=1) \qquad (5\text{-}3)$$

$$=4\times\frac{6}{12}\times\frac{6}{12}\times\frac{12-4}{12-1}$$

$$=0.727$$

■

위의 식에서 보는 바와 같이 초기하분포의 기대값은 복원추출을 하는 이항분포의 기대값과 같고, 다만 표준편차의 경우는 이항분포의 표준편차에 $\sqrt{\frac{N-n}{N-1}}$ 이 곱해졌다. 이 $\sqrt{\frac{N-n}{N-1}}$ 을 유한모집단수정계수(finite population correction factor)라고 부른다. 그리고 N이 n보다 충분히 큰 경우(보통 $n < 0.05N$)는 $\sqrt{\frac{N-n}{N-1}} \fallingdotseq 1$이 되어 결국 초기하분포는 이항분포에 접근하고 있음을 알 수 있다.

제2절 이항분포

1. 정의

이항분포(binomial variable)는 베르누이 시행이 n번 독립적이고 반복 시행되었을 때 나타나는 것으로, 두 가지 사상만 존재하는 표본공간을 가진 확률변수의 분포를 말한다. 즉, 표본공간에서 두 가지 가능한 사건 가운데 어느 한 사건이 일어나면 다른 하나는 일어나지 않게 되는데, 이때 어느 사건이 일어나는 것을 편의상 성공확률(p), 그렇지 않는 것을 실패확률($q=1-p$)로 규정한다.

그리고 어떤 시행을 n회 반복하는 경우에 성공확률 p를 가진 사상이 출현하는 횟수 X는 확률변수가 되는데, 이에 대응하는 확률을 이항확률이라고 한다. 이항확률의 계산은 다음과 같다.

$$P(X=x) = {}_nC_x \, p^x q^{n-x} \qquad (5-4)$$

그러므로 확률변수 x에 대한 이항확률의 이론적 분포를 이항분포라고 한다. 이항분포의 모양은 p와 $q(=1-p)$의 값이 같은 0.5일 때 대칭형이 되며, p와 q의 값 차이가 클수록 비대칭도가 커진다.

예제 5.2

주사위를 10회 던져 1의 눈이 3회 나타날 확률을 구하라.

풀이 1회 주사위를 던질 때, 1의 눈이 나올 확률은 $\frac{1}{6}$이므로, $n=10$, $x=3$, $p=\frac{1}{6}$이 된다.

$$P(X=x) = {}_nC_x\, p^x q^{n-x} \tag{5-4}$$

$$\begin{aligned} P(X=3) &= {}_{10}C_3 \left(\frac{1}{6}\right)^3 \left(\frac{5}{6}\right)^7 \\ &= \frac{10!}{3!(10-3)!} \left(\frac{1}{6}\right)^3 \left(\frac{5}{6}\right)^7 \\ &= 120\left(\frac{1}{216}\right)\left(\frac{78,125}{279,936}\right) \\ &= 0.15 \end{aligned}$$

2. 베르누이 시행

어느 시행이나 관찰(표본공간)이 '성공(s)'과 '실패(f)' 오직 2가지의 가능한 결과만을 가질 때, 이를 베르누이 시행(Bernoulli trial)이라고 하며, 스위스의 수학자 베르누이(Jakob Bernoulli, 1654~1705)에 의하여 개발되었다. 예를 들면, 공정상의 제품에 대한 품질검사 결과를 합격 또는 불합격으로만 처리한다면, 베르누이 시행이 된다.

베르누이 시행에서 각 시행이 일어나는 결과는 상호배반적이며, 시행의 결과는 성공과 실패로만 나타낸다. 그리고 반복적으로 이루어지는데, 반복되는 시행은 독립적이다. 그러므로 성공확률을 p라고 하면, 실패확률은 $q(=1-p)$가 된다.

그리고 베르누이 시행의 표본공간 $\{s, f\}$에서 $X(s)=1$, $X(f)=0$을 베르누이 확률변수라고 한다. 주의할 점은 1회 시행 할 때의 확률변수이다. 동전을 1회 던질 때 앞면이 나올 확률 p라 하고, 앞면이 나온 횟수를 X라 했을 때, 베르누이 분포의 평균과 분산은 다음과 같다.

〈표 5-1〉 베르누이 확률분포

나온 횟수(x)	1	0
확 률	p	$1-p$

$$E(X) = 1 \cdot p + 0 \cdot (1-p) \\ = p \tag{5-5}$$

$$Var(X) = p(1-p) \\ = pq \tag{5-6}$$

3. 특징

이항분포는 다음과 같은 특징이 있다.

① N이 클 때, 초기하분포 계산의 근사치로 사용된다(단, $N > 10n$이거나 N이 알려져 있지 않을 경우).

② 분포가 이산적 모양을 취한다.

③ $p = 0.5$일 때, 평균치에 대해 좌우대칭의 분포를 한다.

④ p가 0 또는 1에 가깝지 않고 n이 클 때, 정규분포에 가까워진다.

⑤ $p \le 0.1, np = 0.1 \sim 10$일 때, 포아송분포에 가까워진다.

4. 이항분포의 확률계산

1) 확률분포함수의 계산

어느 시행이나 관찰에서 나타나는 결과가 항상 '성공'과 '실패'로 구분될 수 있고, 성공이 나타날 확률을 p, 실패가 나타날 확률을 q로 각각 규정한다. 이때, $p+q=1$이 된다. 그리고 n개의 서로 다른 카드 중에서 x개의 카드를 선택하는 방법의 수는 조합의 공식에 의하여 다음과 같다.

$$_nC_x = \binom{n}{x} \tag{5-7}$$

$$= \frac{n!}{x!(n-x)!}$$

이것이 정확히 x번의 성공이 나타나는 방법의 수이다. 그러므로 n번의 시행에서 x번의 성공이 나타날 확률은 $\binom{n}{x}$만큼의 결과에 $p^x q^{n-x}$의 확률이 곱해져야 한다. 따라서 이항확률분포의 확률밀도함수는

$$P(X=x) = \binom{n}{x} p^x q^{n-x}, \quad x = 0, 1, \cdots, n \tag{5-8}$$

$$= {}_nC_x\, p^x q^{n-x}, \quad x = 0, 1, \cdots, n$$

이 된다.

예제 5.3

주사위를 7번 던져서 '6'의 숫자가 4번 나올 확률은 얼마인가?

풀이 x를 주사위를 던져 '6'의 숫자가 나오는 횟수라고 할 때, $n=7$, $p=\frac{1}{6}$, $x=4$의 이항분포문제로 생각할 수 있다.

$$P(X=4) = {}_7C_4 (\frac{1}{6})^4 (\frac{5}{6})^{7-4}$$

$$= 35 (\frac{1}{6})^4 (\frac{5}{6})^3$$

$$= 0.0156$$

■

2) 이항분포표의 이용

이항분포의 공식 이용에는 많은 계산을 요구한다는 것을 알 수 있다. 그러나 시행횟수(n), 즉 표본이 커지고 성공확률(p)의 값이 소수점 이하로 많이 내려 갈수록 계산이 매우 복잡해진다. 이런 경우에는 이항분포표가 흔히 이용된다. [부록 3]의 누적이항분포표에서 n은 시행횟수, p는 성공확률, 그리고 x는 성공횟수를 각각 나타낸다. 예를 들어, 동전을 세 번 던져서 두 번 앞면이 나올 확률은 $n=3$, $p=0.5$, $x=2$이므로, 부록에서 누적이항분포 값 0.8750을 발견할 수 있으며, $0.3750(=0.8750-0.5)$을 계산할 수 있다.

임의로 선택된 잠재고객이 구매할 확률은 0.20이다. 판매원이 15명의 잠재고객

을 방문할 때 실제로 구매할 사람은 3명 미만이 될 확률은 얼마인가?

$$n=15,\ p=0.20,\ x\le 2$$

이므로,

$$\begin{aligned}P(X<3)&=P(X\le 2)\\&=P(X=0)+P(X=1)+P(X=2)\\&=0.3980\end{aligned}$$

이항분포의 값은 시행횟수와 성공확률에 의존하므로, $b(x;n,\ p)$로 표기한다. 그러므로 이 문제는 $\sum_{x=0}^{2} b(x;5,\ 0.2)$로 나타낼 수 있으며, 누적이항분포표에서 값을 쉽게 찾을 수 있다. 그리고 이항분포표에서 성공확률 p의 값은 0.50 이하만 다루고 있다. 만약, 어느 문제에서 p의 값이 0.50을 넘으면, 그 사건이 성공횟수가 아닌 실패횟수의 문제로 전환시켜야 한다.

예제 5.4

500원짜리 동전을 4번 던졌을 때, 앞면이 적어도 2번 나올 확률은 얼마인가?

풀이 $n=4$, $p=0.5$ 그리고 확률변수 X가 2, 3, 4일 때의 이항분포문제로 생각할 수 있다.

① 앞면이 2번 나올 확률 :

$$P(X=2)=\binom{4}{2}\left(\frac{1}{2}\right)^2\left(\frac{1}{2}\right)^2=\frac{5}{16}$$

② 앞면이 3번 나올 확률 :

$$P(X=3)=\binom{4}{3}\left(\frac{1}{2}\right)^3\left(\frac{1}{2}\right)^1=\frac{4}{16}$$

③ 앞면이 4번 나올 확률 :

$$P(X=4)=\binom{4}{4}\left(\frac{1}{2}\right)^4\left(\frac{1}{2}\right)^0=\frac{1}{16}$$

따라서 앞면이 적어도 2번 나올 확률은 다음과 같다.

$$P(X \geq 2) = \frac{5}{16} + \frac{4}{16} + \frac{1}{16}$$
$$= \frac{10}{16}$$

누적이항분포표에서도 $\sum_{x=2}^{4} b(x;4,0.5)$를 찾으면, $0.624(1-0.063-0.313=\frac{10}{16})$를 쉽게 발견할 수 있다. ■

5. 기대값과 분산

이항분포의 기대값과 분산은 확률분포의 기대값과 분산을 구하는 식으로부터 구할 수 있다. 예를 들어 동전 두 개를 던질 때 앞면이 나올 확률분포는 〈표 5-2〉와 같고, 이것의 기대값과 분산을 계산하면, 각각 1과 1/2이 된다. 여기서 기대값이 '1'이란 것은 두 개를 던질 때, 평균적으로 한 개가 앞면이 나온다는 것을 뜻한다.

〈표 5-2〉 동전 두 개를 던질 때 앞면이 나올 확률분포의 기대값과 분산

앞면 수 x	확률$P(X=x)$	$x \cdot P(X=x)$	$x-\mu$	$(x-\mu)^2$	$P(X=x) \cdot (x-\mu)^2$
0	1/4	0	0−1=−1	1	1/4
1	2/4	2/4	1−1=0	0	0
2	1/4	2/4	2−1=1	1	1/4
계	1.00	1			$Var(X)=1/2$

1) 기대값

$$\mu = E(X)$$
$$= \sum_i x_i \cdot P(X=x_i) \qquad (5-9)$$
$$= 0 \times \frac{1}{4} + 1 \times \frac{2}{4} + 2 \times \frac{1}{4}$$
$$= 1$$

2) 분산

$$\sigma^2 = Var(X)$$
$$= \sum_i (x_i - \mu)^2 P(X = x_i) \quad (5-10)$$
$$= \frac{1}{4} + 0 + \frac{1}{4} = \frac{1}{2}$$

그러나 이항분포에서는 이와 같이 일일이 계산하지 않고 공식을 이용하여 기대값과 분산을 쉽게 구할 수 있다. 이항분포는 시행횟수 n과 성공확률 p의 값에 의하여 결정되는데, 이들 모수에 따라 기대값과 분산 그리고 표준편차는 다음과 같이 얻어진다.

$$\mu = E(X) = np \quad (5-11)$$
$$\sigma^2 = Var(X) = npq \quad (5-12)$$
$$\sigma = \sqrt{npq} \quad (5-13)$$

이와 같은 공식을 이용하여 동전 두 개를 던질 때 앞면이 나올 이항확률분포의 기대값과 분산을 계산하여 보자.

$$n = 2,\ p = 1/2,\ q = 1/2$$

이므로, 기대값과 분산은 다음과 같다.

1) 기대값

$$E(X) = np \quad (5-11)$$
$$= 2 \times \frac{1}{2} = 1$$

2) 분산

$$Var(X) = npq \quad (5-12)$$
$$= 2 \times \frac{1}{2} \times \frac{1}{2} = \frac{1}{2}$$

예제 5.5

앞면과 뒷면의 출현확률이 같은 동전을 3회 던져서 앞면이 나타날 수 있는 기대값과 분산을 구하라.

풀이 1) 기대값

동전을 던질 때마다 앞면이 나타날 확률은 $\frac{1}{2}$이므로, 기대값은 다음과 같다.

$$E(X) = np \tag{5-11}$$

$$= 3 \times \frac{1}{2} = 1.5$$

2) 분산

$$Var(X) = npq \tag{5-12}$$

$$= 3 \times \frac{1}{2} \times \frac{1}{2} = 0.75$$

6. 이항분포의 형태

이항분포는 2개의 모수 n과 p에 의하여 결정되므로, 분포의 모양도 n과 p의 값에 따라 달라진다.

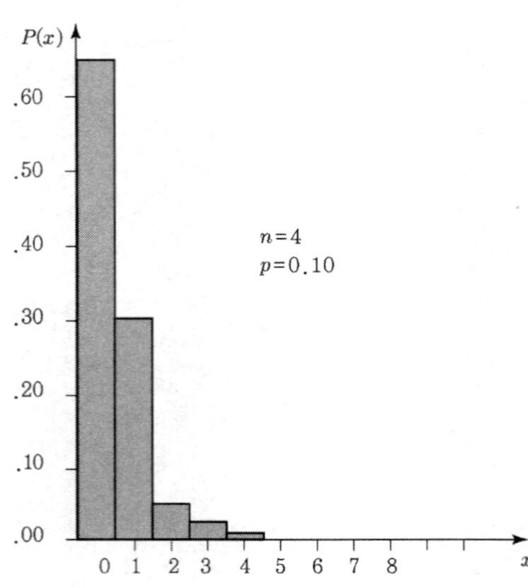

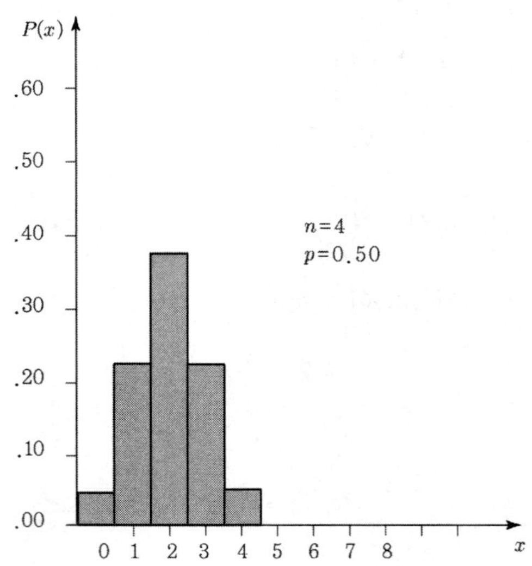

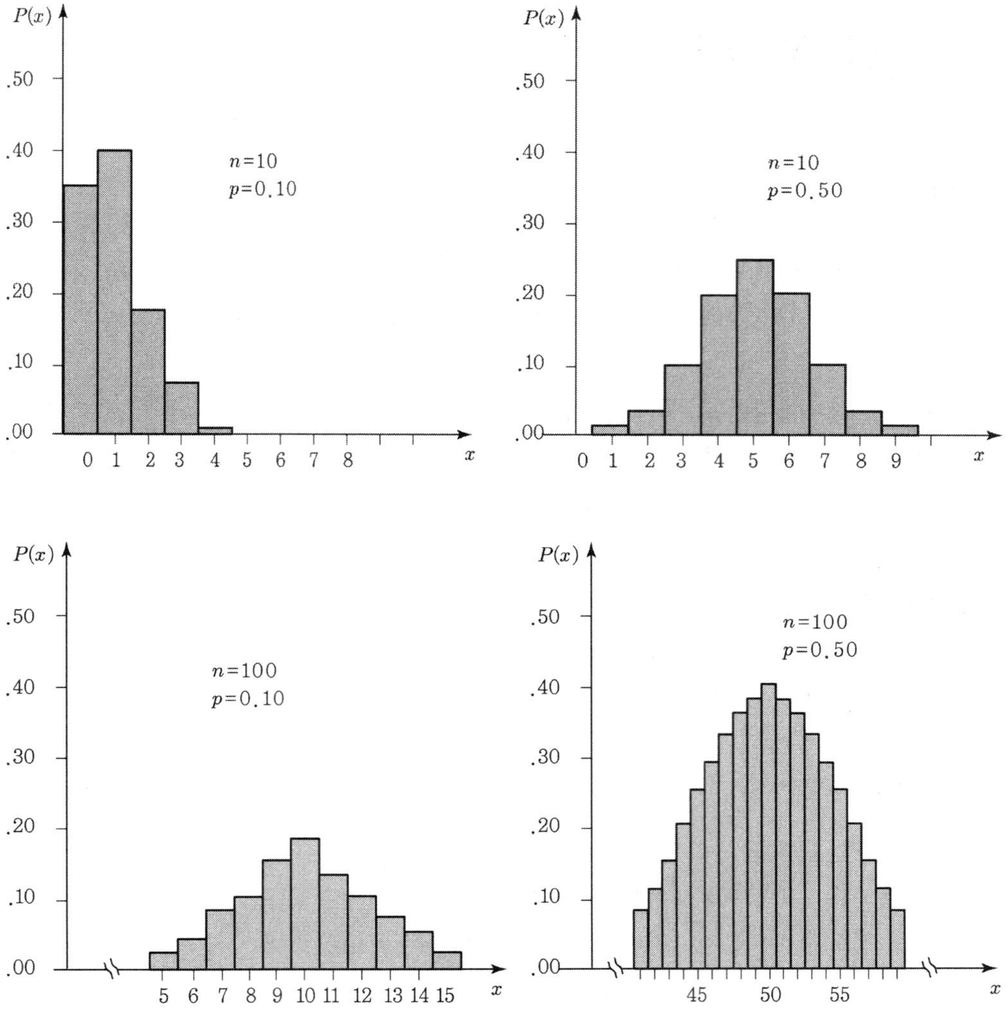

〈그림 5-3〉 n과 p값에 따른 이항분포 유형

〈그림 5-3〉에서 알 수 있듯이, 일반적으로 n의 크기에 따라 분포의 범위가 결정되며, p의 크기에 따라 분포의 대칭성이 결정된다. 특히, $p=0.50$ 일 때의 분포만이 대칭을 이루지만, n의 값이 아주 클 때에는 p가 0.5의 값을 갖지 않더라도 대칭에 가깝게 된다.

제3절 포아송분포

1. 정의

포아송분포(Poisson distribution)는 프랑스의 수학자 포아송(Simeon Denis Poisson, 1781~1840)에 의해 1837년에 개발되었기 때문에 그의 이름을 붙인 것이다.

포아송분포는 이항분포 중에서 성공확률 p와 실패확률 $q(=1-p)$의 값이 서로 극단적인 차이를 갖는 경우를 표현하는 특이한 분포이다. 예를 들면, p가 0.01 이하의 작은 값을 가질 경우에, 이항분포의 n값을 크게 하면 포아송 확률분포에 가깝게 된다.

포아송 시행과정에서 지정된 성공의 수에 대한 확률을 구하기 위해서는 측정 단위당 발생하는 평균만 알면 되는데, 이 평균을 보통 λ(lambda)로 표시한다. 따라서 포아송분포의 확률밀도함수는 다음과 같다.

$$P(X=x)=\frac{e^{-\lambda}\lambda^{x}}{x!},\ x=0,\ 1,\ 2,\ \cdots\ (\text{단},\ \lambda>0) \qquad (5\text{-}13)$$

여기서, x : 확률변수로서 지정된 성공의 수
λ : 측정단위당 x의 평균발생수($\lambda=np$)
e : 상수(2.71828)

그러므로 품질관리에서 포아송분포는 제품의 단위당 결점수에, 그리고 이항분포는 불량품의 수에 대하여 각각 적용된다.

예제 5.6

제품 홍보활동의 일환으로 10만명의 독자를 가진 P일간지에 광고를 게재하기로 하였다. 그런데 제품광고에 대한 고객의 반응율이 $\frac{1}{50,000}$이라고 할 때, 기대되는 반응 고객이 5명 이상일 확률을 구하라.

풀이 반응율 $p = 0.00002$이므로, 성공확률 p와 실패확률 q의 차이가 극단적인 이항분포의 문제이므로, 반응 고객의 수 X는 $P(X=x) = \dfrac{e^{-\lambda}\lambda^x}{x!}$ 의 포아송분포에 가깝다고 볼 수 있다.

그러므로 $n = 100{,}000,\ p = 0.00002$가 되므로, [부표 4]의 누적포아송분포표를 이용하면, 쉽게 값을 구할 수 있다.

$$\lambda = np = 100{,}000 \times 0.00002 = 2$$

$$\begin{aligned} P(X \geq 5 \mid \lambda = 2.0) &= 1 - P(X \leq 4 \mid \lambda = 2.0) \\ &= 1 - 0.947 \\ &= 0.053 \end{aligned}$$

2. 특징

포아송분포는 다음과 같은 특징이 있다.

① 기대값과 분산이 같은 이산형 확률분포이다.

② $\lambda \geq 5$일 때는 정규분포에 가까워지는 분포이다.

③ 평균 λ가 작을 때는 왼쪽으로 기울어진 비대칭 분포이나, λ가 커짐에 따라 좌우 대칭의 분포에 가까워진다.

④ 이항분포에서 p가 0에 가깝고 n이 크면, 포아송분포에 가까와진다.

3. 확률의 계산

포아송분포의 유일한 모수는 평균 λ이다. 확률변수 X는 측정단위당 발생하는 성공의 수로서 정수이어야 하지만, 평균 λ는 그 값이 측정단위당 평균이므로 반드시 정수일 필요는 없다. 포아송분포의 기대값과 분산은 모두 평균과 같다.

$$E(X) = \lambda \qquad (5-14)$$

$$Var(X) = \lambda \qquad (5-15)$$

S공장의 기계수리부에 수선을 요구하는 전화가 시간당 평균 5통화씩 걸려오고 있다. 임의로 선택된 어느 한 시간동안 꼭 3통화가 걸려올 확률은 식 (5-13)을 이용하여 다음과 같이 계산할 수 있다.

$$P(X=3 \mid \lambda=5.0)= \frac{e^{-5}(5)^3}{3!}$$
$$= \frac{(0.00674)(125)}{6}$$
$$= 0.1404$$

한편, 포아송 확률의 합 $\sum_{x=0}^{r} P(x;\lambda)$은 [부록 4]의 누적포아송분포표를 이용하여 쉽게 구할 수 있다. 그리고 이항분포에서와 같이 'x 이상' 혹은 'x 이하'의 성공확률을 구하고자 할 때는 상호배반사상의 덧셈법칙이 적용될 수 있다. 또, 평균 λ는 시간이나 공간의 측정단위에 따라 비례하므로 이용되는 λ값은 관심 있는 구간에 따라 적용되어야 한다.

예제 5.7

S시에서 주민의 학력수준을 조사한 결과, 경영학 박사학위 소지자가 500명 중 1명이라고 알려졌다. 시의 경영자문을 위하여 지역 주민 100명을 임의로 추출할 때, 이 가운데 경영학 박사학위 소지자가 있을 가능성은 얼마인가?

풀이 경영학 박사학위 소지자의 확률 $p=0.002$, 표본 $n=100$으로부터, 경영학 박사학위 소지자의 수 X를 확률변수로 하는 포아송분포를 생각하면, 확률함수는 다음과 같으며, [부표 4]의 누적포아송분포표를 이용하면, 쉽게 값을 구할 수 있다.

$$\lambda = np = 100 \times 0.002 = 0.2$$

$P(X=x)= \frac{e^{-\lambda}\lambda^x}{x!}$ 에 대입하면, (5-13)

$$P(X \geq 1)= \sum_{x=1}^{\infty} = \frac{e^{-0.2}0.2^x}{x!}$$

$$P(X \geq 1 \mid \lambda=0.2)=1-P(X=0 \mid \lambda=0.2)$$
$$=1-0.819$$
$$=0.181$$

■

연습문제

5-1. 초기하분포의 개념을 설명하라.

5-2. 베르누이 시행과 이항분포의 관계를 설명하라.

5-3. 포아송분포의 개념을 설명하라.

5-4. 초기하분포, 이항분포, 포아송분포의 특징을 비교 설명하라.

5-5. 운동선수 50명 가운데 육상선수가 45명, 배구선수가 5명이라고 한다. 임의로 6명을 뽑을 때, 배구선수가 1명도 포함되지 않을 확률을 초기하분포로 구하라.

5-6. 동전을 3번 던질 때 확률분포는 다음 표와 같다. 변수의 기대값과 분산을 구하라.

X	0	1	2	3
$P(X=x)$	$\frac{1}{8}$	$\frac{3}{8}$	$\frac{3}{8}$	$\frac{1}{8}$

5-7. $p=\frac{2}{3}$이고, $n=20$인 이항분포의 평균과 분산을 구하라.

5-8. 다음을 얻을 확률은 얼마인가?

a) 하나의 동전을 9번 던져, 앞면이 4번 나올 확률

b) 하나의 주사위를 3번 던져, '5'가 2번 나올 확률

5-9. 서울에 거주하는 TV시청자의 70%가 S방송국에서 방영하는 금요일 10시 연속사극 프로그램을 시청하는 것으로 밝혀졌다. 어느 대학생이 서울시의 20가구를 임의로 선택하여 실제로 금요일 10시에 연속사극 프로그램을 보고 있는지, 그 여부를 조사하였다. 실제, 프로그램을 시청하였다고 대답할 가구 수가 다음과 같을 확률은 얼마인가?

a) 10가구 이상

b) 16가구 혹은 17가구 중의 어느 하나

5-10. 5개의 균형 잡힌 동전을 동시에 던져 다음과 같이 앞면이 나타날 확률을 구하라. 단, 확률변수 X는 앞면의 개수를 나타낸다.

a) 앞면이 하나도 나오지 않을 확률

b) 최소한 한 번 나올 확률

5-11. S항공사는 지난 경험에 비추어 평균 100회의 비행 중 한 번은 비행기의 조그마한 부속품으로 인한 고장이 발생하는 것으로 보고 있다. 100회의 비행에서 고장횟수가 다음과 같을 확률의 포아송 근사치는 얼마인가?

a) 단 2회

b) 1회 이상

5-12. 경부고속도로에서 주말에 교통사고가 일어나는 사고의 수는 평균 0.7인 포아송분포를 이룬다고 한다. 교통사고가 적어도 3건 일어날 확률을 구하라.

5-13. 500페이지 되는 영어책의 원고가 모두 50군데 오타가 있는 것으로 나타났다. 그런데 이 오타는 영어책 전체를 통하여 임의로 분포되어 있다고 가정할 때, 50 페이지가 되는 어느 장에서 2개 이상의 오타가 나올 확률은 얼마인가?

5-14. 사람에게 혈청을 주사한 결과, 나쁜 반응을 보일 확률은 0.001이다. 1,000명의 사람에게 이 혈청을 주사하여 2명 이상이 나쁜 반응을 보일 확률은 얼마인가?

5-15. P기업에서 만든 100대의 세탁기 중에서 10대를 임의로 표본 추출하였다. 만약, 세탁기의 불량률이 8%라고 가정한다면, 1개의 불량 세탁기가 10대의 표본 가운데 있을 확률은 얼마인가?

5-16. 1상자에 약품 30병씩 들어 있는 상자에서 임의로 3병의 약품을 뽑았다. 만약, 이 1상자의 약품에 10%의 불량품이 있다면, 임의로 뽑은 3병의 표본 가운데 1병의 불량 약품이 있을 확률은 얼마인가?

제 6 장 연속확률분포

제1절 정규분포

정규분포(normal distribution)는 기술통계에서 뿐만 아니라 추측통계에서 가장 널리 사용되는 기본이 되는 분포이다. 이 분포는 도박에서 성공의 출현확률을 설명하기 위하여 1730년대 프랑스의 드 무아브(De Moivre, 1667~1754)에 의하여 처음으로 제시되었다.

통계학 발전의 초기단계 학자들은 모든 자료의 막대그래프가 분포의 곡선과 가까운 형태이어야만 옳다고 믿었으며, 이러한 경우에 '정규(normal)라는 이름을 붙이게 되었고, 그렇지 않은 경우에는 자료의 수집과정에 잘못이 있다고 생각하였다.

그 후 라플라스(P. Laplace)에 의해 함수관계가 정립되었으나, 이와는 별도로 독일의 가우스(Carl F. Gauss, 1776-1855)는 각종 물리학 실험을 행할 때 수반되는 계측 오차에 대한 확률분포로, 연속확률분포인 가우스 분포(Gauss distribution)를 제시하였다. 이 분포가 바로 정규분포와 일치하게 되어 그 후부터 정규분포를 가우스 분포라고 부르기도 한다.

1. 정의

정규분포는 연속적인 확률분포의 대표적인 형태로서, 이항분포의 시행횟수 n을 무한히 큰 값으로 하면, 정규분포에 가까워진다. 그리고 정규분포는 이항분포에서와 같이 수학적 기대값 μ와 표준편차 σ에 의하여 결정된다. 정규분포의 확률밀도함수는 다음과 같다.

$$f(x)=\frac{1}{\sigma\sqrt{2\pi}}e^{-(x-\mu)^2/2\sigma^2},\ (-\infty < x < \infty) \qquad (6-1)$$

여기서, π : 3.1416

e : 2.7183

μ : 수학적 기대값(분포의 평균)

σ : 분포의 표준편차

$f(x)$: 정규곡선을 나타내는 함수

이 식에서 정규곡선을 결정하는 것은 분포의 평균과 표준편차임을 알 수 있다. 그리고 확률변수 X가 평균 μ, 표준편차 σ인 정규분포를 따를 때, $X \sim N(\mu, \sigma^2)$으로 나타낸다. 그리고 이항분포에서 n의 값이 아주 커지면, $\dfrac{X-np}{\sqrt{npq}}$의 분포가 $N(0, 1)$에 가까워진다.

이산확률분포를 나타내는 식은 $P(X=x)$가 직접 확률을 나타내어 확률함수라고 할 수 있으나, 연속확률분포를 나타내는 $f(x)$는 확률이 아니라 확률곡선의 높이를 나타내기 때문에 이 높이를 밀도라 하고, 그 수식을 밀도함수라 한다. 그러므로 밀도함수는 x값에 특정한 폭을 갖게 하고, 그 넓이로 확률을 나타낸다.

예제 6.1

확률변수 X가 다음과 같은 밀도함수를 가질 때, 평균과 표준편차를 계산하라.

$$f(x)=\frac{1}{2\sqrt{2\pi}}e^{-(x+4)^2/8},\ (-\infty < x,\ \infty)$$

풀이 밀도함수를 갖는 확률변수가 정규분포를 하므로, 아래의 정규곡선을 나타내는 확률밀도함수와 비교한다.

$$f(x)=\frac{1}{\sigma\sqrt{2\pi}}e^{-(x-\mu)^2/2\sigma^2},\ (-\infty < x < \infty) \qquad (6\text{-}1)$$

따라서 평균 $\mu=-4$, 표준편차 $\sigma=2$의 값을 구할 수 있다.

■

2. 특징

정규분포가 통계학에서 가장 중요한 이유는, 첫째 일상생활에서 관찰할 수 있는 모든 측정치(몸무게, 키, 지능지수 등)가 정규분포의 양상을 띠고 있고, 둘째 정규분포가 이항분포나 포아송분포와 같이 다른 확률분포의 근사값으로 이용될 수 있으며, 셋째 표본평균분포나 표본비율분포와 같은 통계적 분포가 모집단분포와 관계없이 대부분 정규분포에 가깝기 때문이다.

이와 같은 정규분포의 특성은 다음과 같은 몇 가지로 설명될 수 있다.

① 정규곡선의 모양과 위치는 분포의 평균과 표준편차로 결정된다.

② 정규곡선은 분포의 평균을 중심으로 좌우대칭의 분포를 한다.

③ 정규곡선은 X축과 맞닿지 않으므로 가능한 x의 범위는 $-\infty < x < \infty$ 이다.

④ 분포의 평균과 표준편차에 관계없이 정규곡선 아래의 면적은 1이다.

⑤ 중심극한정리를 이용하여 통계적 검정과 추정에 많이 사용된다.

정규분포는 μ와 σ의 값에 따라 여러 가지 모양을 나타낸다.

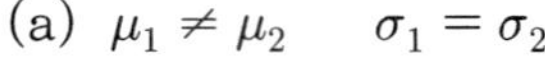

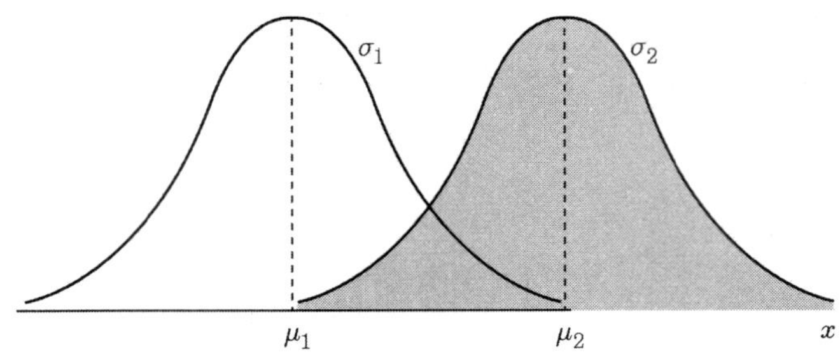

(b) $\mu_1 = \mu_2$ $\sigma_1 \neq \sigma_2$

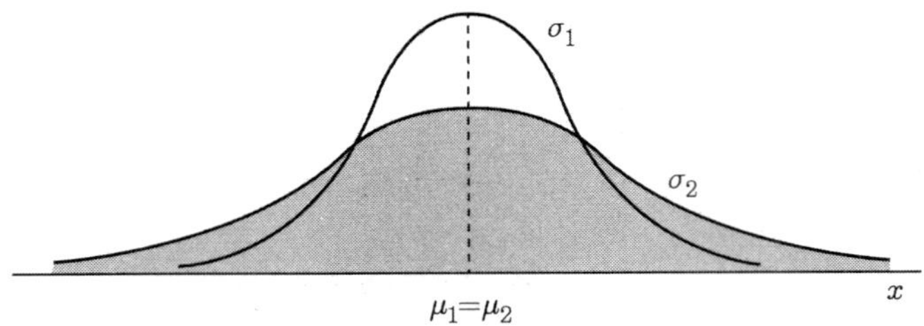

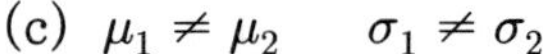
(c) $\mu_1 \neq \mu_2 \quad \sigma_1 \neq \sigma_2$

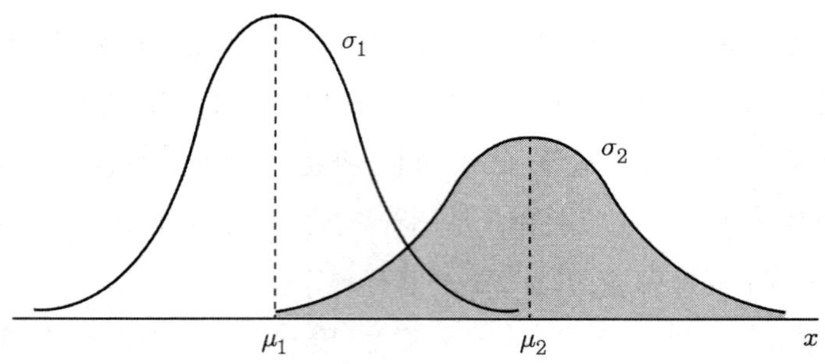

〈그림 6-1〉 여러 가지 정규분포 모양

〈그림 6-1〉에서 보는 바와 같이 평균(μ)은 분포의 위치를 나타내며, 표준편차(σ)는 분포의 모양을 나타낸다. 비록 분포의 위치나 모양이 다를지라도 모든 정규분포는 위에서 언급한 특징들을 모두 지니고 있다.

3. 확률의 계산

1) 정규분포에서의 확률

이산확률분포와 연속확률분포의 확률 측정방법은 서로 다르다. 어떤 점 x를 갖는 확률은 이산확률분포에서는 가능하지만, 연속확률분포에서의 특정한 점에 대한 확률은 0이 된다.

$$P(X=x)=0$$

그러므로 그래프상의 높이는 확률과 직접적인 관계가 없다고 보아도 무방하다. 즉, 연속적 확률분포에서는 어떤 범위를 가지고 확률을 계산하여야 된다.

(a) 동전을 2번 던질 때의 앞면의 분포

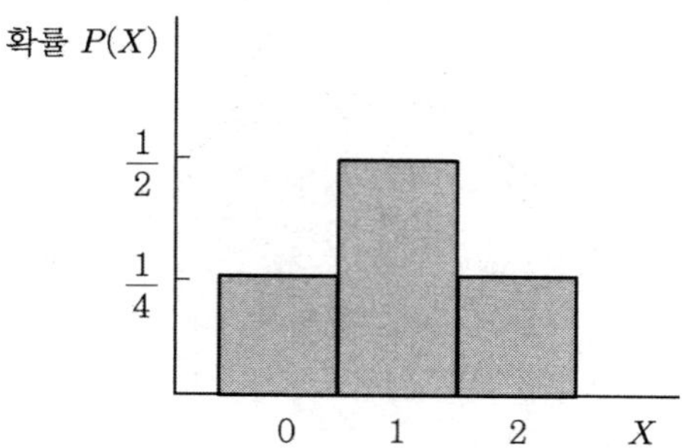

(b) 우리나라 국민의 몸무게 분포

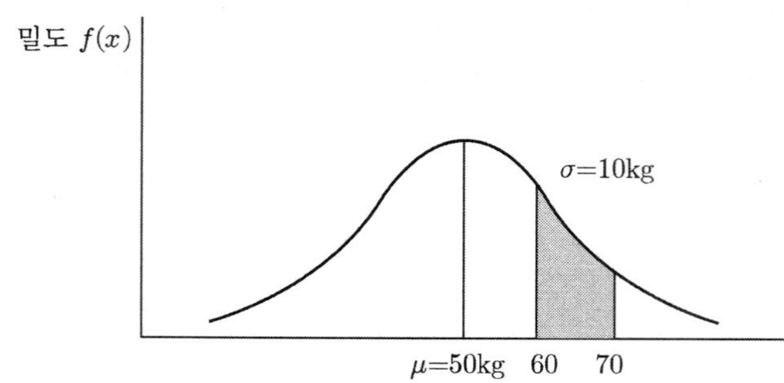

〈그림 6-2〉 이산확률분포와 연속확률분포

위의 〈그림 6-2〉에서 보면 이산확률분포는 높이로 확률을 나타낸다. 그러나 연속확률분포는 높이가 아니라 면적으로 확률을 나타내게 된다. 만약, 우리나라 여성의 몸무게 분포가 평균 $\mu = 50$kg, 표준편차 $\sigma = 10$kg이라고 한다면, 우리나라 여성 중에서 60-70kg의 비율은 〈그림 6-2〉의 (b)에서 전체 면적 중에 점무늬 부분이 차지하는 비율로서 나타낼 수 있다.

그러나 전체면적을 계산하고, 또 점무늬 부분의 밀도함수를 계산하여 비율을 나타낸다는 것은 쉬운 일이 아니다. 그러므로 정규분포에 모두 적용할 수 있는 표준정규분포(standard normal distribution)를 이용하여 분포의 모양을 통일한 다음, 확률을 계산한다.

2) 표준정규분포

표준정규분포(standard normal distribution)는 모든 정규분포를 평균 $\mu = 0$, 표준편차 $\sigma = 1$로 표준화한 것이다. 그리고 어떤 관측치 x의 값이 그 분포의 평균으로부터 어느 정도 떨어졌는가를 Z로 나타내기 때문에 표준정규분포를 Z분포라고도 한다.

$$Z = \frac{X - \mu}{\sigma} \tag{6-2}$$

그러므로 Z분포의 특성은 정규분포의 모든 특성을 가지며, 곡선과 X축 사이의 면적의 합이 1인 것도 마찬가지이다. 그리고 $\mu = 0$이며, 곡선의 모양이 좌우대칭이기 때문에 Z가 0보다 크거나 작을 확률은 각각 50% 씩이다.

정규분포의 확률은 바로 이 표준정규분포의 Z값에 의하여 쉽게 계산된다. 즉,

변수 X가 평균(μ)으로부터 어떤 특정한 값까지의 범위를 가질 확률은 표준편차(σ) 단위로 표시된 범위로 보는 것이 편리하다. 예컨대, $\mu=5$, $\sigma=2$인 정규분포에서 평균 μ로부터 특정한 값 $x=8$까지의 범위를 Z에 의한 표준편차로 표시하면, 다음과 같다.

$$\begin{aligned} z &= \frac{x-\mu}{\sigma} \qquad (6\text{-}2) \\ &= \frac{8-5}{2} \\ &= 1.5(\sigma\text{의 } 1.5\text{배}) \end{aligned}$$

이와 같이 정규분포의 면적은 표준편차로 표시된 평균으로부터의 편차와 관련된다. 그러므로 μ를 중심으로 σ의 ±1배, ±2배, ±3배 범위에 대한 정규분포의 면적비율은 다음과 같다. 즉,

$$\mu \pm 1\sigma = 68.26\%$$
$$\mu \pm 2\sigma = 95.44\%$$
$$\mu \pm 3\sigma = 99.74\%$$

이와 같이 선정된 어느 범위에 대한 정규곡선면적의 값들이 [부록 1] 정규분포표에 주어져 있다. 그리고 정규분포는 좌우대칭이기 때문에 표는 분포의 한쪽 값만을 나타내고 있다.

따라서 $\mu \pm 1\sigma$에 해당하는 면적은 $z=\frac{x-\mu}{\sigma}=1.0$에서 찾을 수 있는데, 표에서 이 값은 0.3413이므로 양쪽 면적은 $(0.3413)(2)=0.6826$이다. 또한, $\mu \pm 2\sigma$에 해당하는 면적은 $z=\frac{x-\mu}{\sigma}=2.0$에서 볼 수 있는데, 부록에서 이 값은 0.4772이므로 양쪽 면적은 $0.9544(=0.4772\times 2)$이다. 그리고 $\mu \pm 3\sigma$에 해당하는 면적은 $z=\frac{x-\mu}{\sigma}=3.0$에서 그 값을 구할 수 있으며, 이 값은 0.4987이므로 양쪽 면적은 0.9974이 된다.

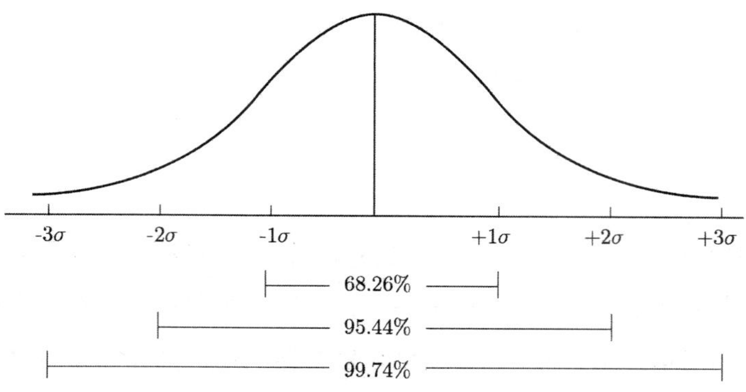

〈그림 6-3〉 정규분포의 면적

예제 6.2

$\mu = 80$, $\sigma = 10$인 정규분포에 있어서 다음 값의 구간에 대한 확률면적을 구하라.

1) $80 \le x \le 90$, 2) $x \ge 95$, 3) $x \le 55$

풀이 x값의 하한값을 x_1, 이에 대한 표준단위를 Z_1, 상한값을 x_2, 이에 대한 표준단위를 Z_2라고 두고, Z에 대한 확률면적은 부록의 정규분포표를 이용한다.

1) $80 \le x \le 90$

$$Z_2 = \frac{90-80}{10} = 1.0,\ Z_1 = \frac{80-80}{10} = 0 \qquad (6-2)$$

$$P(0 \le Z \le 1.0) = 0.341$$

2) $x \ge 95$

$$Z_2 = \infty,\ Z_1 = \frac{95-80}{10} = 1.5$$

$$\begin{aligned} P(Z \ge 1.5) &= 0.5 - P(0 \le Z \le 1.5) \\ &= 0.5 - 0.43319 \\ &= 0.06681 \end{aligned}$$

3) $x \le 55$

$$Z_1 = -\infty,\ Z_2 = \frac{55-80}{10} = -2.5$$

$$P(Z \le -2.5) = 0.5 - P(-2.5 \le Z \le 0)$$

$$= 0.5 - 0.49379$$
$$= 0.00621$$

■

어떤 정규분포라도 표준정규분포로 전환하여 그 확률을 구할 수 있는 이유는 〈그림 6-4〉에서 점무늬 부분의 넓이가 모두 같기 때문이다. 정규분포 곡선 아래의 전체 넓이가 1이므로, 점무늬 부분의 넓이는 전체 넓이에서 차지하는 비율과 같다.

〈그림 6-4〉의 정규분포(A)에서 평균으로부터 1σ만큼 떨어진 사이의 넓이, 즉 70과 80 사이의 넓이는 표준정규분포에서 0과 1 사이의 넓이와 같다. 마찬가지로 정규분포(B)에서 60과 65 사이의 넓이는 표준정규분포 Z값의 0과 1사이의 넓이와 같다.

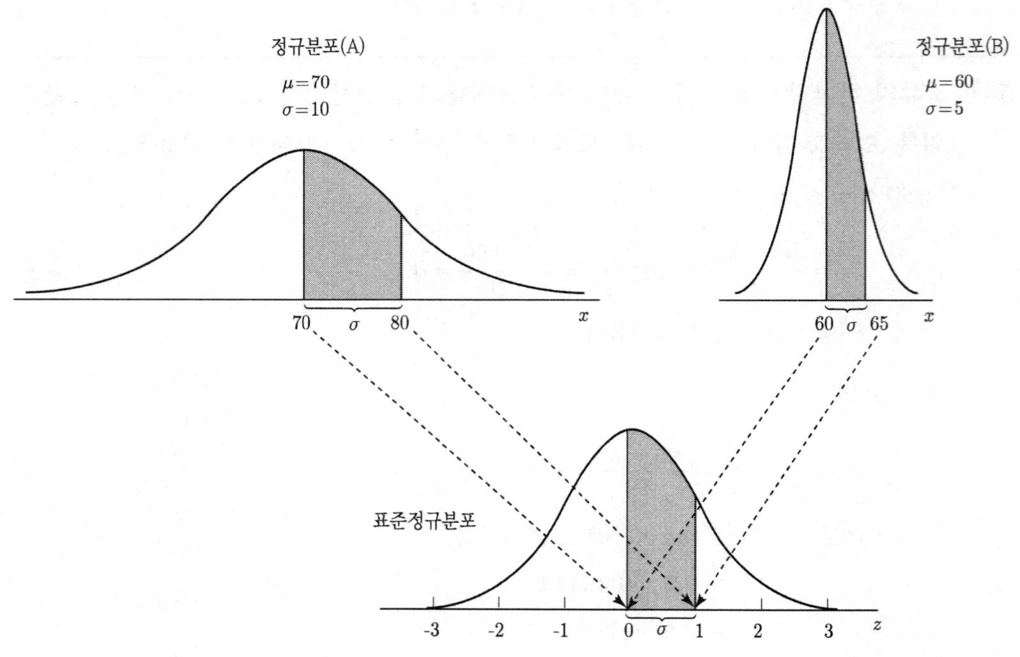

〈그림 6-4〉 정규분포와 표준정규분포의 관계

[부록 1]의 정규분포표는 $Z = 0$에서 어떤 특정 Z점까지의 넓이를 나타내고 있다. $Z = 1.00$이 0.3413이란 것은 $Z = 0$에서 $Z = 1.00$ 사이의 넓이가 0.3413임을

뜻한다. $Z=1.04$에서 0.3508이란 것은 $Z=0$에서 $Z=1.04$ 사이의 넓이, 즉 확률은 0.3508이 된다. 그리고 Z의 값이 1과 2 사이의 면적을 알고 싶다면, 다음과 같은 과정을 거치면 된다.

① $Z=0$과 $Z=1$ 사이의 면적을 부록에서 알아본다.
② $Z=0$과 $Z=2$ 사이의 면적을 부록에서 알아본다.
③ ②의 면적에서 ①의 면적을 뺀다.

이를 그림으로 나타내면, 〈그림 6-5〉와 같다.

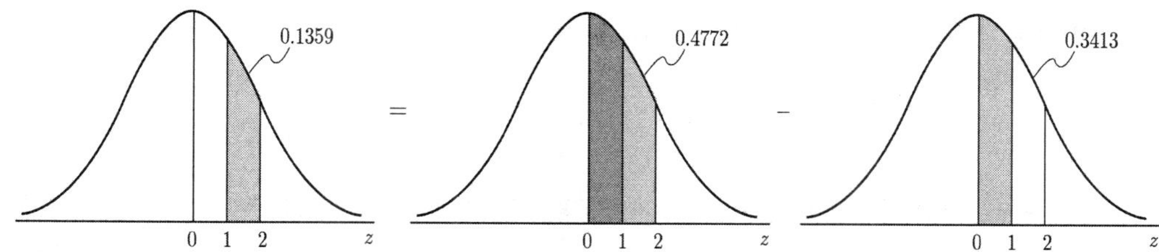

〈그림 6-5〉 표를 이용한 확률 $P(1 \le Z \le 2)$의 계산

예제 6.3

S기성복 판매회사에서 판매원들의 판매실적을 조사한 결과, 판매원들의 1일 평균 판매액은 65,000원, 표준편차 4,000원으로 정규분포형태를 보였다.
1) 1일 75,000원의 판매실적을 올린 판매원 A의 실적을 평가하라.
2) 1일 60,000원의 판매실적을 올린 판매원 B의 실적을 평가하라.

풀이 $Z=\dfrac{x-\mu}{\sigma}$ 에서, $\mu=65{,}000$, $\sigma=4{,}000$ 이므로

1) 1일 75,000원 실적의 판매원 A

$$Z=\frac{75{,}000-65{,}000}{4{,}000}=2.5$$

정규분포표에서 표준단위 2.5에 대응하는 확률면적은 0.49379로, 판매원 A는 판매원 가운데 상위 99.379%(=0.5+0.49379)에 속하는 뛰어난 능력을 가진 판매원으로 평가된다.

$$P(0 \le Z \le 2.5)=0.49379$$

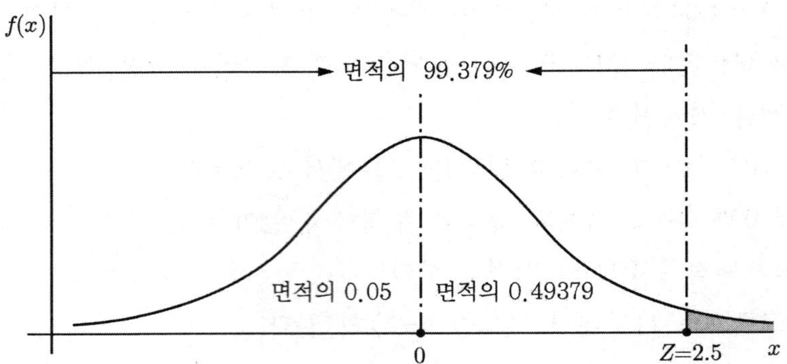

2) 1일 60,000원 실적의 판매원 B

$$Z = \frac{60,000 - 65,000}{4,000} = -1.25$$

정규분포표에서 표준단위 -1.25에 대응하는 확률면적은 0.1525(= 0.5 − 0.3475)로, 판매원 B는 판매원 가운데 하위 15.25%(= 0.5 − 0.3475)에 속하는 무능한 판매원으로 평가된다.

$$P(0 \leq Z \leq 1.25) = 0.3475$$

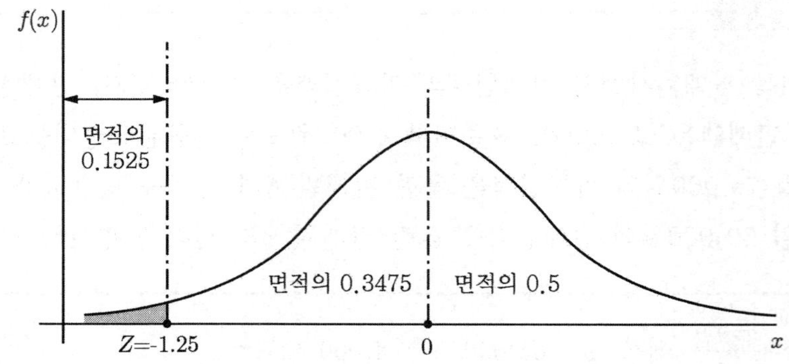

3) 이항분포의 정규근사

이항분포의 정규근사도 중심극한정리에서 비롯된다. 확률변수 X가 이항분포 $B(n, p)$를 따를 때, $\bar{p} = \dfrac{X}{n}$의 분포는 n이 클 때

$$Z = \frac{\bar{p} - p}{\sigma_p} \qquad (6\text{-}3)$$

$$= \frac{\bar{p} - p}{\sqrt{p(1-p)/n}} \qquad (6\text{-}4)$$

여기서, p : 모비율

$\bar{p}$: p의 추정치

의 분포가 $N(0, 1)$에 가까워진다.

실제로, 표본으로부터 모비율을 추정할 경우, 모비율은 알 수 없으므로, 이 문제점을 해결하기 위하여 모비율 p 대신에 이 값의 추정치인 $\bar{p}(=\frac{x}{n})$를 사용한다. 그러나 이때, 주의하여야 할 점은 $\bar{p}$가 0이나 1에 가까운 값이 아니어야 한다.

$$\sigma_p = \sqrt{\frac{\bar{p}(1-\bar{p})}{n}} = \sqrt{\frac{\bar{p}\bar{q}}{n}} \quad (\text{단}, \bar{p}+\bar{q}=1) \qquad (6\text{-}5)$$

제2절 t 분포

1. 정의

t분포는 대칭형 연속확률분포로서 정규분포와 같이 추측통계학에서 중요한 분포이며, 영국의 고셋(William Sealey Gosset, 1876~1937)이 'Student'라는 필명으로 발표한 논문에 처음 제시되었다. 그러므로 t분포는 흔히 'Student t분포'라고 불리기도 한다.

X_1, X_2, ⋯, X_n이 정규모집단 $N(\mu, \sigma^2)$으로부터의 확률표본(random sample)일 때, $\overline{X} = \frac{1}{n}\sum_{i=1}^{n} X_i$의 분포는 $N(\mu, \frac{\sigma^2}{n})$이 되고, $\frac{\overline{X}-\mu}{\sigma/\sqrt{n}}$의 분포는 $N(0, 1)$이 된다. 이 때, σ를

$$\hat{\sigma} = \sqrt{\frac{1}{n-1}\sum_{i=1}^{n}(X_i - \overline{X})^2} = s \qquad (6\text{-}6)$$

로 바꿔 넣으면,

$$T= \frac{\overline{X}-\mu}{s/\sqrt{n}} \tag{6-7}$$

는 자유도 $n-1$인 t분포를 따른다.

t분포는 자유도(degree of freedom) df와 임계치에 의하여 결정된다. 그리고 t분포의 모양은 0에 대해서 좌우대칭이며 자유도의 값에 따라 변하는데, 표준정규분포 $N(0,1)$의 모양에 비해서 두터운 꼬리를 갖고 더 평평한 형태를 취한다.

그리고 자유도가 커지면 커질수록 정규분포에 가까워지며, 자유도가 ∞이면 정규분포와 일치하지만, 실제로는 자유도가 30이상이면 정규분포를 이용한다. 다음 〈그림 6-6〉은 이러한 관계를 나타낸 것이다.

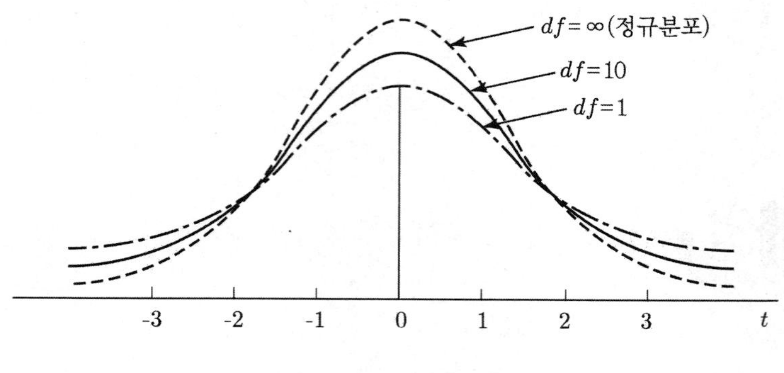

〈그림 6-6〉 t분포의 모양

2. 특징

t분포는 다음과 같은 특징이 있다.

① 1차 연속형 확률변수 $\overline{X}$에서 σ를 모를 때 σ의 추정치인 표본편차 s를 대신 사용한 좌우대칭의 종모양 분포이다.

② 자유도에 따라 분포의 폭이 결정되는 연속확률분포이다.

③ 정규분포보다 정확도가 떨어지는 분포로, 분포의 폭이 상대적으로 넓게 형성된다.

3. 확률의 계산

t분포의 확률계산은 적분에 의한 면적으로 계산될 수 있으나, 계산이 복잡하므로 일반적으로 [부록 2]의 t분포표를 이용한다. 그리고 우측 꼬리부분의 면적이 α가 되는 t의 값을 임계치(critical value) $t_{\alpha,df}$라고 표시하며, t분포표는 유의수준 α와 자유도 df의 값에 따라 계산하여 나열한 것이다. 예컨대, 자유도 $df=15$인 t분포에서 우측 5% 점(임계치)에 해당되는 t의 값을 찾으려면, [부록 2]에서 자유도 15에 대한 가로줄과 유의수준 0.10(= 0.05×2)에 대한 세로줄이 교차하는 곳의 수치 1.753을 읽으면 된다.

한편, t의 좌측에서의 면적(확률)을 구하려면, 0에 대한 좌우대칭의 성질을 이용하여 쉽게 구할 수 있다. 즉,

$$P(t<-t_{\alpha,df})=P(t>t_{\alpha,df}) \tag{6-8}$$

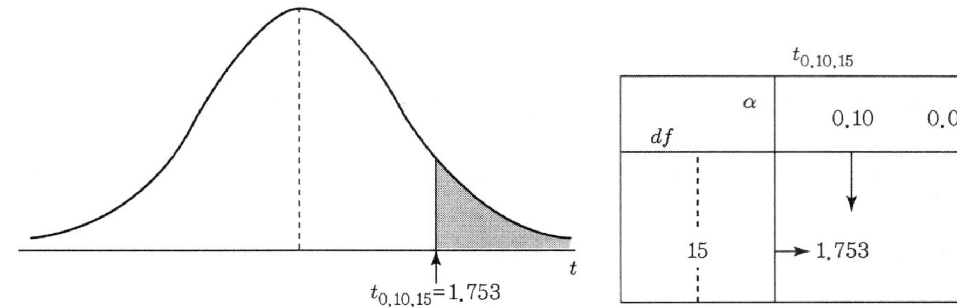

〈그림 6-7〉 t분포표

예제 6.4

t분포가 다음과 같이 확률을 가질 때, 유의수준 α의 값을 구하라.

1) 자유도는 17이고, 확률이 1.740보다 크다.

2) 자유도는 21이고, 확률이 −1.323보다 작다.

풀이 1) $df=17$, 확률이 1.740보다 크다.

$P(t_{\alpha,17}>1.74)$이 값을 알고자 하므로, [부록 2]의 t분포표에서 $df=17$의 오른쪽 항에서 1.740과 같은 값을 찾고, 상단의 α값이 0.05임을 알 수 있다.

2) $df = 21$, 확률이 −1.323보다 작다.

$P(t_{\alpha, 21} < -1.323)$의 값을 알고자 하므로, t분포표에서 $df = 21$의 오른쪽 항에서 1.323과 같은 값을 찾고, 상단의 α값에서 0.1임을 알 수 있다. 그리고 이를 이용하여 다음과 같이 반대영역의 값을 구할 수 있다.

$$P(t_{\alpha, 21} > -1.323) = P(t_{\alpha, 21} < 1.323) = 1 - 0.1 = 0.9$$

제3절 χ^2 분포

1. 정의

X_1, X_2, $\cdots$, X_n이 정규모집단 $N(\mu, \sigma^2)$으로부터의 확률표본(random sample)일 때, $(\frac{X_1 - \mu}{\sigma})^2 + (\frac{X_2 - \mu}{\sigma})^2 + \cdots + (\frac{X_n - \mu}{\sigma})^2$의 분포를 자유도 n인 χ^2(카이제곱)분포라 한다. 그리고 μ를 몰라도 $\hat{\mu} = \overline{X}$로 바꿔 넣으면,

$$W = \frac{1}{\sigma^2}\sum_{i=1}^{n}(X_i - \overline{X})^2 \qquad (6-9)$$

의 분포는 자유도 $n-1$인 χ^2분포가 된다.

χ^2분포는 약간 왼쪽으로 치우진 모양의 비대칭형 연속분포로서 자유도 $df(=n-1)$에 의해 분포의 모양이 변하는데, 자유도가 크면 클수록 정규분포에 가까워진다. χ^2분포(χ^2 distribution)는 표본분산의 분포로서 추측통계학에서 많이 이용되며, 다음과 같은 식을 갖는다.

$$\chi^2 = \frac{(n-1)s^2}{\sigma^2} \qquad (6-10)$$

여기서, χ^2 : 카이제곱분포
n : 표본크기
σ^2 : 모집단의 분산
s^2 : 표본의 분산

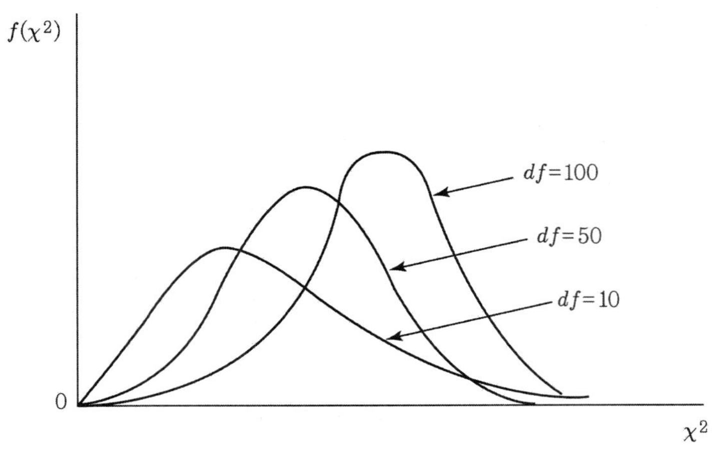

〈그림 6-8〉 χ^2분포의 모양

2. 특징

χ^2분포는 다음과 같은 특징이 있다.

① χ^2분포는 음의 값을 취할 수 없다.

② χ^2분포는 자유도 df에 따라 분포의 모양이 정의된다.

③ 자유도가 커지면, 좌우대칭에 가까워진다.

④ 자유도가 증가할수록 χ^2분포는 오른쪽으로 꼬리가 길어지는 분포가 형성된다.

⑤ 자유도 df_1인 χ^2분포와 df_2인 χ^2분포의 합성분포는 자유도 df_1+df_2인 χ^2 분포를 따른다.

3. 확률의 계산

χ^2분포는 기대치와 분산은 다음과 같다. 즉, χ^2분포의 평균은 자유도 df와 같다.

$$E(\chi^2) = df \tag{6-11}$$

$$Var(\chi^2) = 2df \tag{6-12}$$

〈그림 6-9〉는 자유도 $df=10$인 χ^2분포에서 우측 5% 점 $\chi^2(0.05, 10)$은 [부록 6]에서 $df=10$인 가로줄과 $\alpha=0.05$인 세로줄의 교차점에서 18.307로 주어진다.

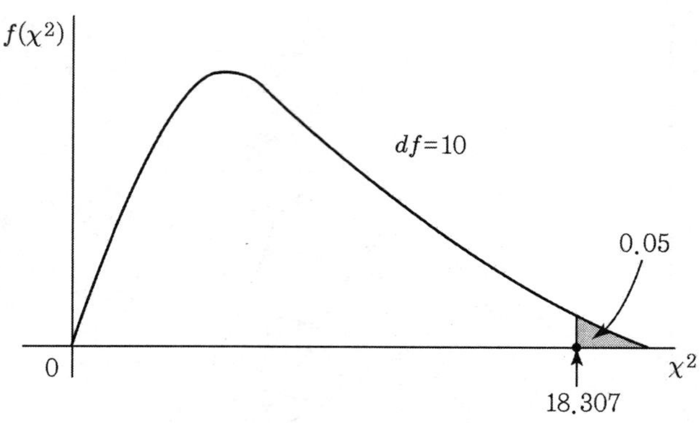

〈그림 6-9〉 χ^2분포표

예제 6.5

자유도 5인 χ^2분포표가 다음과 같이 주어졌을 때, χ^2값은 얼마인가?

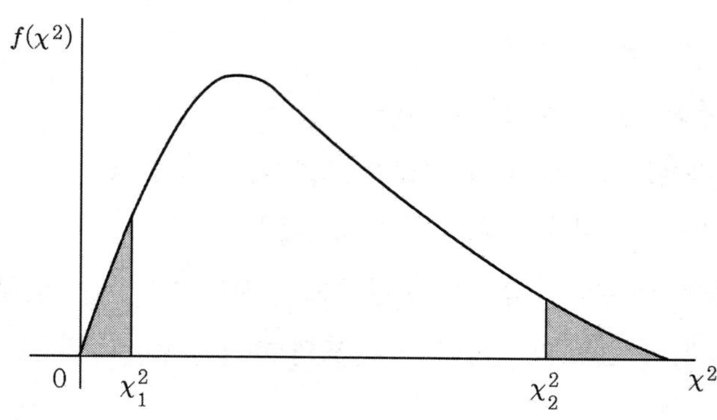

1) 우측의 확률면적이 5%인 χ^2값
2) 좌측과 우측의 확률면적이 각각 1%인 χ^2값

풀이 부록의 χ^2분포표는 우측단의 확률면적에 대한 χ^2값을 표시하고 있다.

1) 우측의 확률면적이 5%인 χ^2값

$\chi^2(0.05, 5) = 11.070$

2) 좌측과 우측의 확률면적이 각각 1%인 χ^2값

$\chi^2(0.01, 5) = 15.086$

$\chi^2(0.99, 5) = 0.554$

제4절 F 분포

1. 정의

추측통계학에서 자주 사용하는 F 분포(F distribution)는 영국의 통계학자 피셔(Ronald Aylmer Fisher, 1890~1962)에 의해 발견된 분포이다.

$N(\mu_1, \sigma_1^2)$으로부터의 확률표본이 X_1, X_2, $\cdots$, X_n, $N(\mu_2, \sigma_2^2)$으로부터의 확률표본이 Y_1, Y_2, $\cdots$, Y_n일 때,

$$\overline{X} = \frac{1}{n_1}\sum_{i=1}^{n_1} X_i, \quad \overline{Y} = \frac{1}{n_2}\sum_{j=1}^{n_2} Y_j$$

$$\widehat{\sigma_1^2} = s_1^2 = \frac{1}{n_1 - 1}\sum_{i=1}^{n_1}(X_i - \overline{X})^2$$

$$\widehat{\sigma_2^2} = s_2^2 = \frac{1}{n_2 - 1}\sum_{j=1}^{n_2}(Y_j - \overline{Y})^2$$

으로 하면, $\frac{(n_1-1)s_1^2}{\sigma_1^2}$은 자유도 $n_1 - 1$인 χ^2분포를 따르고, $\frac{(n_2-1)s_2^2}{\sigma_2^2}$은 자유도 $n_2 - 1$인 χ^2분포를 따른다. 이 때, 각각의 자유도 $n_1 - 1$와 $n_2 - 1$로 나눈 χ^2의 비, 즉 분산비(variance ratio)를 변수 F로 정의한다.

$$F=\frac{\dfrac{(n_1-1)s_1^2}{\sigma_1^2}/(n_1-1)}{\dfrac{(n_2-1)s_2^2}{\sigma_2^2}/(n_2-1)} \tag{6-13}$$

$$=\frac{\sigma_2^2}{\sigma_1^2}\cdot\frac{s_1^2}{s_2^2} \tag{6-14}$$

그러므로 자유도 n_1-1, n_2-1인 F분포가 된다. 그리고 $\sigma_1^2=\sigma_2^2$이면,

$$F=\frac{s_1^2}{s_2^2},\ (\text{단},\ s_1^2 \geq s_2^2) \tag{6-15}$$

의 분포는 자유도 n_1-1, n_2-1인 F분포가 된다.

이 식에서 보듯이 Z분포나 t분포와는 달리 F분포는 언제나 양(+)의 값을 갖는다. 왜냐하면, s_1^2과 s_2^2이 모두 양의 값을 갖기 때문이다. 그리고 두 분산 s_1^2과 s_2^2의 자유도 df_1과 df_2에 따라 F분포의 양상은 달라진다. df_1은 첫 번째 표본 n_1에서 1을 뺀 것이며 df_2는 두 번째 표본 n_2에서 1을 뺀 것이다. 그러므로 F분포가 자유도의 함수인 점은 x^2분포와 같다.

분자에 해당되는 분산의 자유도와 분모에 해당되는 자유도에 따라 달라지는 F분포의 모양을 그려보면, 〈그림 6-10〉과 같다.

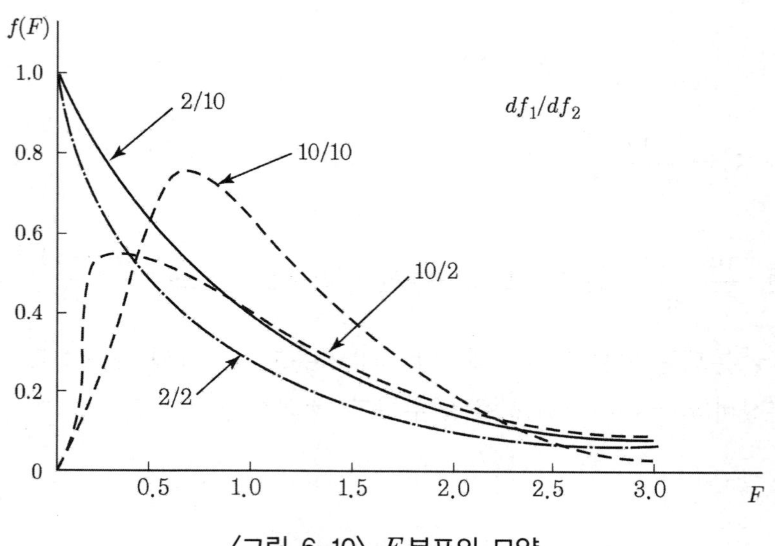

〈그림 6-10〉 F분포의 모양

2. 특징

F 분포는 다음과 같은 특징이 있다.

① 확률변수 F 값은 음의 값을 취할 수 없다($0 \leq F \leq \infty$).

② n_1을 고정시키고 n_2를 무한대로 증가시키면, F 값은 상대적으로 작은 값을 취하게 되며, 좌우대칭의 분포에 가까워진다.

③ n_1, n_2에 따라 변하는 좌우비대칭 분포로, 두 개의 자유도 중에서 어느 하나가 증가해도 분포의 폭은 좁아진다.

④ n_1에 비해 n_2가 분포에 상대적으로 더 큰 영향을 미친다.

3. 확률의 계산

F 분포는 분산 σ^2이 같고 정규분포를 이루는 두 모집단에서, 첫 번째 모집단에서는 n_1의 크기를 가진 표본을 뽑고, 두 번째 모집단에서 n_2인 표본을 뽑아 각 표본으로부터 분산을 계산하였을 때 나타나는 분산 비율이 어떠한 모양으로 분포되어 있는가를 말한다.

분자와 분모에 각각 어떤 자유도를 가진 분산이 놓여 지는가에 따라 F 분포의 양상은 달라진다.

두 자유도가 정해지면 그에 해당되는 F 분포가 결정되는데, 한 모집단으로부터 n_1개로 구성된 한 개의 표본을 뽑고 다른 모집단에서는 n_2개로 구성된 한 개의 표본을 뽑아, 그 표본들의 분산의 비가 F 분포에서 어떤 위치에 있는가를 파악한다. 만일, 두 표본의 분산 비율이 우연히 생길 수 있는 정도가 아니라 상당히 큰 값이나 작은 값이면, 이 표본들은 모집단의 분산 σ^2이 서로 다른 것에서 뽑혀졌다고 할 수 있다. 그리고 큰 값이 아니고 작은 값도 아니면, 두 표본의 분산 비율은 우연히 생길 수 있는 표본의 오차라고 할 수 있다.

그러면 얼마만큼 크거나 작아야 분산이 다른 것으로 생각할까? F 분포는 위에서 말한 바와 같이 두 개의 자유도에 의해 결정되는 확률분포이므로 두 모집단에서 뽑힌 표본의 크기 n_1과 n_2에 따라 가설검정의 임계치가 달라진다. 그러므로 가설검정에서는 의사결정기준이 되는 기각역, 즉 임계치가 중요하다. 그리고 연구의 성격에 따라 유의수준이 결정되면, 이에 따라 채택영역과 기각영역이 결정된다.

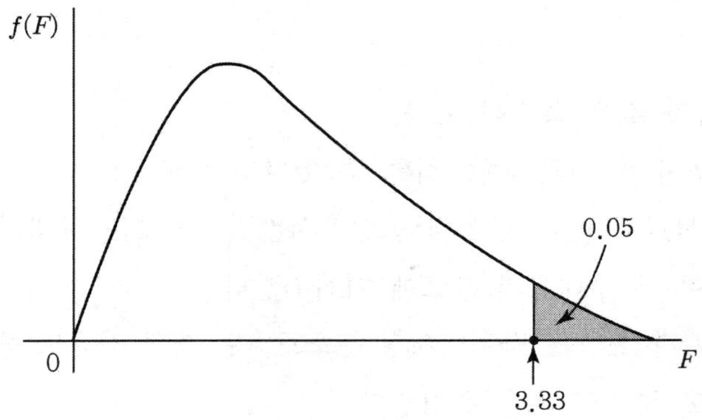

〈그림 6-11〉 F분포의 확률값

F분포표는 우측의 5% 점이나 1% 점에 해당되는 F변수의 값 $F_{0.05}(df_1, df_2)$와 $F_{0.01}(df_1, df_2)$가 자유도 df_1과 df_2에 따라 정해진다. 그리고 F분포는 s_1^2/s_2^2으로 계산되므로, 두 정규분포가 서로 같은 분산을 갖는다면 F비율은 1에 가깝게 된다. 그러므로 이를 중심으로 하여 자유도가 클수록 대칭형으로 되는데, Z분포나 t분포 또는 x^2분포를 이용하였을 때와는 달리 양측검정이 필요 없다. 왜냐하면, 두 표본 중에서 큰 수치의 분산을 분자에 놓고 작은 수치의 분산을 분모에 놓으면, F는 언제나 오른쪽에 해당되는 단측검정이 되기 때문이다.

예제 6.6

S영어학원의 두 학급 A, B에서 임의적으로 표본을 추출하여 나이를 조사한 결과, 다음과 같은 결과를 얻었다.

학급	표본크기	나 이
A	7	17, 18, 18, 18, 20, 24, 26
B	6	22, 24, 24, 26, 30, 38

두 학급의 모평균차이를 추정하기 위하여 모분산의 동일성을 검정하고자 한다. 위의 자료에 의하여 계산된 F_0값을 구하고, F분포표에서 확률면적 5%에 대응하는 $F_{0.05}$값과 비교하라.

풀이 1) F_0값의 계산

번호	A반(x_1)	x_1^2	B반(x_2)	x_2^2
1	17	289	22	484
2	18	324	24	576
3	18	324	24	576
4	18	324	26	676
5	20	400	30	900
6	24	576	38	1,444
7	26	676		
합계	141	2,913	164	4,656

$$s_1 = \sqrt{\sum \frac{x_1^2}{n_1} - (\sum \frac{x_1}{n_1})^2}$$

$$= \sqrt{\frac{2,913}{7} - (\frac{141}{7})^2}$$

$$= \sqrt{\frac{73}{7}}$$

$$\Rightarrow s_1^2 = \frac{73}{7} = 10.429$$

$$s_2 = \sqrt{\sum \frac{x_2^2}{n_2} - (\sum \frac{x_2}{n_2})^2}$$

$$= \sqrt{\frac{4,656}{6} - (\frac{164}{6})^2}$$

$$= \sqrt{\frac{173}{6}}$$

$$\Rightarrow s_2^2 = \frac{173}{6} = 28.833$$

여기서, $s_1^2 > s_2^2$이 되도록, 두 분산값 가운데 큰 것을 반드시 분자로 한다.

$$F_0 = \frac{s_2^2}{s_1^2} = \frac{28.833}{10.429} = 2.765 \qquad (6-15)$$

2) $F_{0.05}$값과의 비교

F분포표에서 자유도 (n_2-1, n_1-1), 즉 (5, 6)에 대하여

$$F_{0.05}(5,6)=4.39$$

이므로, 계산된 F_0값이 $F_{0.05}(5,6)$값보다 작다는 결론을 내릴 수 있다.

$$F_0 < F_{0.05}(5,6)$$

■

연습문제

6-1. 연속확률분포의 개념을 설명하라.

6-2. 표준정규분포의 개념을 설명하라.

6-3. t분포의 특징을 설명하라.

6-4. F분포의 개념을 설명하라.

6-5. χ^2분포와 F분포를 비교 설명하라.

6-6. P공장에서 생산되는 파이프 10,000개의 평균 길이가 20.0피트와 표준편차 0.2 피트를 가지고 정규분포 되어 있다.

a) 길이 20.0피트와 20.4피트 사이에는 몇 개의 파이프가 있겠는가?

b) 길이 19.7피트와 20.2피트 사이에 파이프가 있을 확률은 얼마인가?

6-7. S전자회사에서 전기 부속품을 다량으로 제조하여 100개씩 한 상자에 넣어 공급하고 있다. 그런데 한 상자에 평균 6개가 불량품이라면,

a) 한 상자가 2개의 불량품을 포함하게 될 포아송 근사값은 얼마인가?

b) 한 상자가 2개의 불량품을 포함하게 될 확률의 정규분포 근사값은 얼마인가?

6-8. S종합상사는 무주택사원들을 위해 도시 근교에 사원 주택단지를 마련하여 입주시켰다. 각자 시내버스편을 이용하여 출근하는 데 걸리는 시간을 조사하였더니 평균 45분, 표준편차 5분인 정규분포에 따르는 것으로 나타났다. 출근시간을 오전 8시 30분이라 할 때, 다음 확률을 구하라.

a) 7시 50분에 출발할 때, 지각할 확률은 얼마인가?

b) 7시 40분에 출발할 때, 지각할 확률은 얼마인가?

6-9. P회사에서 생산된 타이어의 평균 수명이 30,000km이고, 표준편차가 2,000km인 정규분포를 따른다고 한다.

a) 한 타이어를 적어도 20,000km 이상 사용할 수 있는 확률은 얼마인가?

b) 한 타이어를 35,000km 이상 사용하게 될 확률은 얼마인가?

6-10. K시 시민들의 정책제안에 대한 찬성비율은 50%로 나타났다. 시민 가운데 100명을 임의추출하여 K시의 정책제안에 대한 찬반을 조사할 때, 찬성자의 비율이 60% 이상이 될 확률을 구하라.

6-11. P항에는 평균 한 척의 선박이 이틀에 한 번씩 부두에 정박한다. 임의로 선택된 어느 날에 두 척 이상의 선박이 P항에 도착하게 될 확률은 얼마인가?

6-12. S수출업자가 생산한 많은 선적품 가운데 1%가 불량품으로 밝혀졌다. 임의로 10개의 표본을 뽑을 때, 2개의 제품이 불량품이 될 확률은 얼마인가?

6-13. $\mu = 50$이고, $\sigma = 10$인 정규분포에서 X가 45와 62 사이에 있을 확률을 구하라.

6-14. K회사에서 생산되는 전구를 조사한 결과, 전구의 평균수명은 900시간, 표준편차는 42시간이며, 정규분포를 이루는 것으로 나타났다. 만약, 1,000개의 전구를 임의로 추출할 경우, 840시간 이하의 수명을 가진 전구는 몇 개나 되겠는가?

제 7 장 표본의 추출과 표본분포

제1절 표본의 추출

1. 표본연구의 필요성

사회과학의 연구 대상은 사회 현상과 개인의 행위가 중복되어 생성된다. 그러므로 사회과학에서는 개인과 기업, 사회 등의 상태, 행동, 사고 방식 등을 조사하고, 그것을 모아서 데이터화 한 것을 분석한다. 따라서 사회가 개인에 의해 구성되므로, 사회의 전반적인 부분을 폭 넓게 알고 싶을 경우, 가능한 한 많은 사람을 조사해야 한다.

사실, 조사 대상 인원수가 적으면, 조사 대상 모두를 알아내는 것은 그다지 어렵지 않다. 그러나 조사 대상의 인원수가 많을수록 조사 인력과 비용, 시간도 매우 많이 소요된다. 예를 들면, 5년에 한 번씩 실시하는 전국 인구총조사는 국내에 거주하는 모든 사람과 가구를 대상으로 하는 조사로, 한번 조사를 하는데 드는 비용은 엄청나다. 실제로 2010년에 실시된 우리나라의 인구총조사를 위하여, 1,808억원의 비용이 들었으며, 조사원 11만 3천명과 관련 공무원 6천명이 참여하였다고 한다.

이런 엄청난 작업을 간단하게 실시할 수 없으므로, 그 집단에 속하는 모든 대상자 가운데 그 일부를 조사하는 것이 일반적이다. 그리고 조사의 대상이 되는 집단 전체를 '모집단(母集團)', 모집단 중에서 선정된 조사 대상을 '표본(標本)'이라고 한다. 이러한 표본연구의 필요성을 열거하면, 다음과 같다.

1) 시간과 비용의 절약

모집단 전체를 관찰하는 것보다 일부분인 표본을 관찰하는 것이 시간이나 비용면에서 부담이 적다.

2) 조사가 불가능한 모집단

모집단이 무한히 큰 무한모집단이거나 유한모집단이라 하더라도 그것이 불투명한 경우에는 모집단 전체를 조사하는 것이 불가능하므로 표본을 뽑아 조사할 수밖에 없다.

3) 정확성

표본을 뽑아 조사하는 것이 모집단 전체를 관찰하는 것보다 더 정확할 수 있다. 실제로 모집단 전체에 대한 분석은 표본검사보다 정확하지 않을 경우가 많은데, 100% 수작업에 의한 검사는 표본검사보다 부정확하다는 것으로 밝혀졌다. 이는 검사자의 지루함이나 피로 때문에 검사물을 형식적으로 합격·불합격을 판정할 수 있기 때문이다.

4) 파괴적인 검사

때때로 조사하는 행위가 조사 대상(물)의 형질을 변형시켜야 할 경우에는 표본조사를 한다. 예컨대, 어느 자동차회사에서 매월 수십만 개의 부품을 하청업자로부터 공급받는데, 이들의 품질을 검사하려고 부품을 모두 분해하여 시험하면 부품을 못쓰게 되므로, 이때 검사자는 부득이 표본을 뽑아 검사하게 된다.

2. 표본오차

통계자료를 산정하여 이를 근거로 의사결정을 내리는 데에는 여러 가지 오류가 발생할 수 있다. 이러한 오류는 흔히 모집단을 근거로 한 완전한 정보보다는 표본을 근거로 한 부분적인 정보를 근거로 조치를 취하는 데 기인한다. 표본오차(sampling error)는 이와 같이 표본추출상의 오류로서 완전한 모집단에서 유도된 결과와 부분적인 표본에서 유도된 결과 사이의 차이를 말한다.

이와 같은 표본추출상의 오류는 두 가지 요인으로부터 발생되는데 하나는 우연(by chance)에 의한 오류이고, 다른 하나는 편의(bias)에 의한 오류이다. 우연에 의한 오차는 표본추출과정에서 적은 표본 가운데 예외적인 구성분자가 우연히 포함되는 경우에 흔히 나타나기 쉬우며, 편의에 의한 오차는 표본추출 계획이 불완전하여 의사결정모수를 잘못 규정하거나, 연구자의 고의적이고 의식적인 행동에 의하여 특정 구성분자를 선호하는 데에서 발생된다. 전자는 표본의 크기를 증가시

킴으로서 어느 정도 감소 내지 해소시킬 수 있다. 왜냐하면, 예외적인 구성분자가 우연히 포함된다고 하여도 표본이 크면 전체적으로 볼 때 그 영향이 작아지기 때문이다. 후자는 표본의 크기를 늘린다고 해서 줄어들지 않는다.

3. 표본추출방법

매스컴에서 수행하는 여론조사는 기본적으로 표본 조사이며, 설문 조사의 경우, 2,000명 안팎의 표본을 조사하는 것이 일반적이다. 그럼, 우리나라의 인구는 2010년 전국 인구총조사 결과, 48,580,293명(통계청, 국가통계포털)으로 집계되었다. 이러한 인구를 대변하기 위해 2,000명을 표본 조사하여 얻은 지지율을 우리나라의 국민 모두의 지지율과 일치한다고 생각해도 좋은 것일까? 결론부터 말하면, 괜찮다. 그러나 한 가지 중요한 조건이 붙게 되는데, 그것은 모집단에서 표본을 선택하는 방법이 적절하여야 한다는 것이다.

표본추출방법은 크게 확률표본추출법과 비확률표본추출법으로 구분할 수 있다.

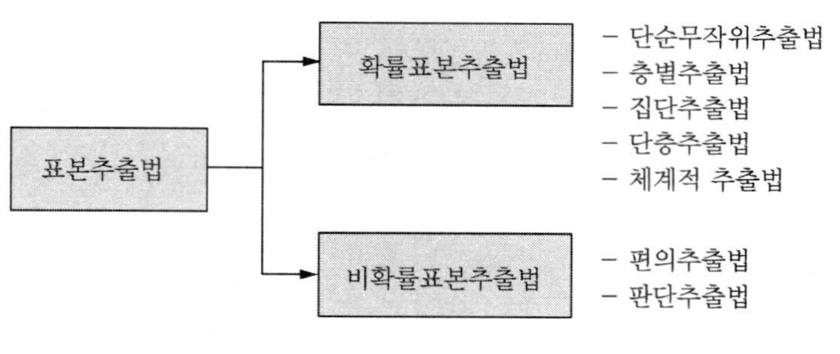

〈그림 7-1〉 표본추출방법

1) 확률표본추출법

확률표본추출(probability sampling)이란 모집단 속에 있는 모든 구성분자들이 똑같이 표본으로 선택될 가능성이 있도록 하는 표본추출방법이다. 즉, 선정된 표본이 모집단에서 확률적으로 공정하게 대표할 수 있도록 임의로 추출하는 방법을 무작위표본추출(random sampling)이라고도 일컫는다.

통계학에서는 일반적으로 표본을 뽑을 때 확률표본추출을 전제로 하고 있다. 왜냐하면, 이 방법은 모집단의 각 구성분자가 표본에 포함될 확률이 얼마인가를 알 수 있게 해 줌으로써 추출과정에서 생길 수 있는 오차의 정도를 예측할 수 있기 때

문이다.

이와 같은 확률표본추출의 방법은 여러 가지가 있는데, 그 중 대표적인 것 몇 가지를 들면 다음과 같다.

(1) 단순무작위추출법

단순무작위추출법(simple random sampling)은 임의의 표본추출법으로서 가장 기본적인 방법이다. 난수표를 사용하거나 추첨 등의 방법으로 모집단에 포함되어 있는 모든 구성분자가 뽑힐 확률이 같도록 추출하는 방법을 말한다.

(2) 층별추출법

층별추출법(stratified sampling)은 표본을 뽑기 전에 모집단을 동질적인 몇 개의 집단 또는 계층적으로 분할한 다음, 각 층으로부터 일정한 비율로 표본을 추출하는 방법이다. 즉, 〈그림 7-2〉에서와 같이 모집단을 층으로 나눈 다음, 각 층을 1층에서와 같이 다시 입방체로 나눈다. 그리고 이 입방체로부터 일정하게 표본을 뽑는다. 이때 모집단을 층으로, 층을 다시 입방체로 나누는 과정은 검사자의 재량에 따라 적절히 수행될 수 있다.

층별추출법은 유사한 특징을 가진 모집단으로부터 표본을 선정할 때 사용하는 방법으로, 표본오차를 줄일 수 있다는 장점이 있다.

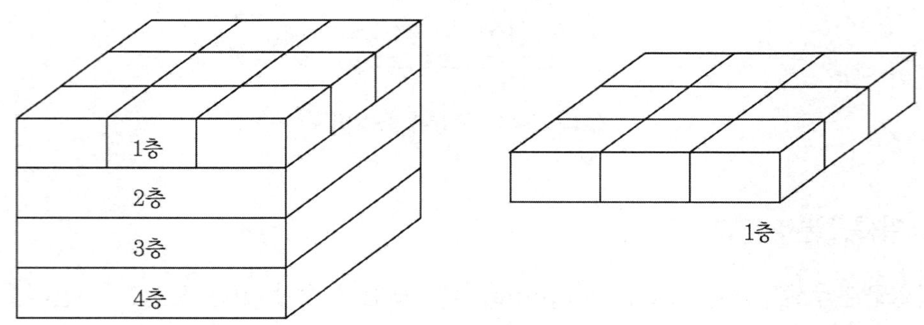

〈그림 7-2〉 층별추출을 위한 모집단의 분할

(3) 군집추출법

군집추출법(cluster sampling)은 표본을 뽑을 때 직접 개별적인 구성요소를 선택하는 것이 아니라 모집단을 자연적 또는 인위적인 집단으로 나누고, 이 집단들

중에서 무작위추출법으로 몇 개의 집단을 추출하여 각 집단 안에 있는 개별단위를 전부 조사하는 방법으로, 경비를 절감시키는 장점이 있다. 예컨대, 서울시내 초등학교 6학년 학생들의 평균 지능을 알기 위해서 모든 초등학교를 모집단으로 하고, 그 중에서 무작위로 몇 개의 학교를 뽑은 다음, 그 학교 학생 모두 또는 특정 학급의 학생 모두를 조사하는 경우가 된다.

그러나 군집추출법은 선정된 특정집단이 독특한 성격을 가질 경우, 조사결과가 잘못될 수가 있기 때문에 가능한 한 집단을 작게 나누어 표본을 작게 선정하는 것이 바람직하다.

(4) 단계추출법

단계추출법(stage sampling)은 군집추출법의 문제점을 보완하기 위해 나온 방법으로, 표본추출과정을 몇 단계 거쳐서 최종 표본이 선택되도록 하는 방법이다. 예컨대, 전국의 농가소득을 조사하고자 할 때, 1단계로 전국에서 몇 개의 군을 추출하고, 2단계에서 추출된 군에서 몇 개의 면을 추출한다. 그리고 3단계로 추출된 면에서 몇 개의 농가를 무작위로 추출하는 방법이다.

(5) 체계적 추출법

체계적 추출법(systematic sampling)은 모집단의 배열이 무작위로 되어 있을 때, 이를 체계적으로 정리하여 표본을 일정한 간격으로 추출하는 방법이다. 예를 들어 100명의 모집단에서 20명의 표본을 추출한다고 가정하자. 출발점으로 5번을 선택하고, 표본추출 간격을 5번째 사람으로 정하였다면, 5, 10, 15, 20, 25번째 순으로 20명의 표본을 추출한다. 이 방법은 전화번호부와 같은 명부를 이용하여 전화조사를 할 때, 유용하게 사용되는 방법이다.

체계적 추출법은 표본추출이 간편하고 시간이 절약될 뿐만 아니라, 표본이 모집단에 고르게 퍼져 있다는 장점이 있다. 그러나 추출간격이 소수점으로 나타나면, 나머지 추출단위는 표본에서 제외되어야 한다. 그리고 모집단에 어떤 주기성이 있을 때에는 체계적 추출법의 변형인 지그재그 추출법(zigzag sampling)을 사용하여야 한다.

2) 비확률표본추출법

비확률표본추출법(non-probability sampling)이란 연구자의 경험이나 직관 또는 논리적 사고에 비추어 모집단을 대표할 만하다고 인정되는 추출단위를 뽑아서 조사하는 방법이다. 그러므로 비확률표본추출법은 연구자가 임의로 모집단과 비슷하다고 생각되는 성격의 표본을 추출해 내는 것인데, 이것은 주로 확률추출이 불가능하거나 비경제적일 경우에 이용된다.

따라서 비확률표본추출법이라고 무조건 배척할 필요는 없으며, 비확률표본추출법은 편의추출법과 판단추출법이 있다.

(1) 편의추출법

편의추출법(convenience sampling)은 연구자 자신이 모집단으로부터 가장 손쉽게 얻을 수 있는 구성분자를 선택하여 표본으로 간주하는 방법이다. 가령, 한 나라를 대표하는 청소년의 표본을 뽑는 경우, 어느 대학의 신입생 한 반만을 선정한다든지, 사회적 저명인사만을 대상으로 면담을 하는 것 등을 예로 들 수 있다. 이와 같이 선택된 모든 표본은 공정하게 모집단을 대표하지 못하고, 그야말로 모집단의 편의적인 일부분에 불과하므로 이를 근거로 연구한 결과는 오차가 크고 신빙성이 없기 마련이다.

그러나 연구목적이 모집단의 성질을 계략적으로 알아보기 위한 것일 때에는 사용될 수도 있는데, 시간이나 비용면에서는 가장 경제적인 방법이다.

(2) 판단추출법

판단추출법(judgement sampling)은 모집단의 성격에 대하여 전문지식이 있는 사람이 자신의 판단에 따라 가장 효과적이라고 생각되는 표본을 찾는 방법이다. 즉, 개인의 판단에 따라 중요하다고 생각되는 표본을 의도적으로 선정하려는 것이므로, 이를 의도적 추출법(purposive sampling)이라고도 한다.

그러므로 판단추출법은 모집단의 성격이 매우 이질적이거나 표본을 아주 적게 뽑을 때 효과적으로 이용된다. 가령, 물가의 변동을 대표하는 소비자 물가지수나 도매 물가지수 등은 판단추출법에 의해 산출된다. 물론, 판단추출법에 의한 연구결과는 큰 오차를 내포할 수 있지만, 전문가의 지식을 잘 활용하면 효과적일 수 있다.

제2절 표본분포

1. 모집단과 표본의 차이점

모집단의 특성인 모평균(μ), 모분산(σ^2), 모비율(P) 등과 같은 모수를 추정하기 위해서는 표본평균($\overline{X}$), 표본분산(s^2), 표본비율(p) 등과 같은 표본통계량(sample statistic)을 알아야 한다. 모수는 흔히 모르고 있는 어떤 고정된 상수이지만, 표본통계량은 표본에 따라 여러 가지 다른 값을 가진다. 즉, 표본통계량은 확률변수로서 일정한 확률분포를 이루게 되는데, 이러한 표본통계량의 확률분포를 표본분포라고 한다.

모집단의 특성치인 모수와 표본으로부터 얻은 통계량은 다음과 같이 기호를 달리 사용한다.

〈표 7-1〉 모수와 통계량의 수식 비교

모 수	수 식	통계량	수 식
모평균(μ)	$\mu = E(X)$	표본평균($\overline{X}$)	$\overline{X} = \frac{1}{n}\Sigma x_i$
모분산(σ^2)	$\sigma^2 = Var(X)$	표본분산(s^2)	$s^2 = \frac{1}{n-1}\Sigma(x_i - \overline{X})^2$
모표준편차(σ)	$\sigma = \sqrt{\sigma^2}$	표본표준편차(s)	$s = \sqrt{s^2}$

모집단의 특성치는 표본 통계량으로부터 추정되므로, 표본의 평균과 분산의 계산은 매우 중요하다. 먼저, 분산에 대하여 살펴보도록 하자. 표본을 통한 개별요소의 분산추정을 위한 식은 다음과 같다.

$$s^2 = \frac{1}{n-1}\Sigma(x_i - \overline{X})^2 \qquad (7\text{-}1)$$

$$= \frac{\Sigma(x_i - \overline{X})^2}{n-1}$$

$$s = \sqrt{\frac{\sum (x_i - \overline{X})^2}{n-1}} = \hat{\sigma} \quad (7-2)$$

식의 분모에서 표본 수 n으로 나누지 않고 $n-1$로 나누는 이유는, 표본분산은 모분산을 추정하기 위한 도구로 사용되기 때문이며, 만약, 표본 수 n으로 나눈다면, 모분산의 추정에 약간의 편의(bias)가 발생하게 된다. 그러므로 표본분산(S^2)을 계산할 때, 분모가 $n-1$임을 주의하여야 한다.

그리고 표본을 통한 표본평균의 분산과 표준편차를 추정하는 식은 다음과 같다.

$$s_{\overline{x}}^2 = \frac{s^2}{n} \quad (7-3)$$

$$s_{\overline{x}} = \sqrt{s_{\overline{x}}^2} = \frac{s}{\sqrt{n}} \quad (7-4)$$

예제 7.1

대학생들의 월 평균 용돈을 추정하기 위하여 100명을 무작위로 추출한 결과, 평균 $\overline{x} = 10$만원, 표준편차 $s = 2.5$만원을 얻었다. 이에 근거하여 $n = 1600$인 표본평균의 표준편차를 추정하라.

풀이 $\overline{x} = 10$만원, $s = 2.5$만원이므로,

$$s_{\overline{x}} = \frac{s}{\sqrt{n}} \quad (7-4)$$

$$s_{\overline{x}} = \frac{2.5}{\sqrt{1600}} = 0.0625$$

2. 표본통계량

1) 표본평균의 분포

한 모집단에서 여러 표본으로 구성된 몇 개의 집단을 뽑아 각 표본 집단의 평균($\overline{X}$)을 계산하면, 그 값은 모집단에서 어떤 표본이 선택되었는가에 따라 달라진다. 그리고 한 모집단에서 표본이 뽑혀지는 방법은 무수히 많기 때문에 이들 각 표

본으로부터 계산되는 평균값($\overline{X}$)도 무수히 많으며, 이들은 각기 일정한 확률값을 가진다.

그러므로 가능한 모든 표본평균($\overline{X}$)들이 어떤 확률분포를 이루게 되는데, 이것을 $\overline{X}$의 표본분포(sampling distribution)라고 한다. 통계조사에서는 확률표본을 이용하여 모집단 분포에 대한 추론을 하게 된다. 모평균 μ의 추론에 사용되는 표본평균은,

$$\overline{X} = \frac{\sum_{i=1}^{n} x_i}{n} = \hat{\mu} \tag{7-5}$$

으로 정의된다.

$\overline{X}$의 표본분포란 한 모집단에서 뽑힐 수 있는 가능한 모든 표본의 평균($\overline{X}$)이 각각 어떤 확률을 갖고 있는가를 말해주는 $\overline{X}$ 들의 확률분포이다. 〈표 7-2〉는 모집단이 2, 4, 6, 8일 때 표본평균들의 분포를 보여준다.

〈표 7-2〉 평균의 표본분포 예

표본평균($\overline{X}$)	도수(fi)	확 률
2.0	1	1/16
3.0	2	2/16
4.0	3	3/16
5.0	4	4/16
6.0	3	3/16
7.0	2	2/16
8.0	1	1/16
계	16	1.00

위의 표를 그림으로 나타내면, 〈그림 7-3〉과 같다. 즉, 관측값 2, 4, 6, 8을 연속적인 자료라 가정하고, 막대그림표를 붙여서 그렸다. 그리고 모집단의 분포를 $\overline{X}$의 분포 아래에 그려 두 분포의 모양을 비교하였다.

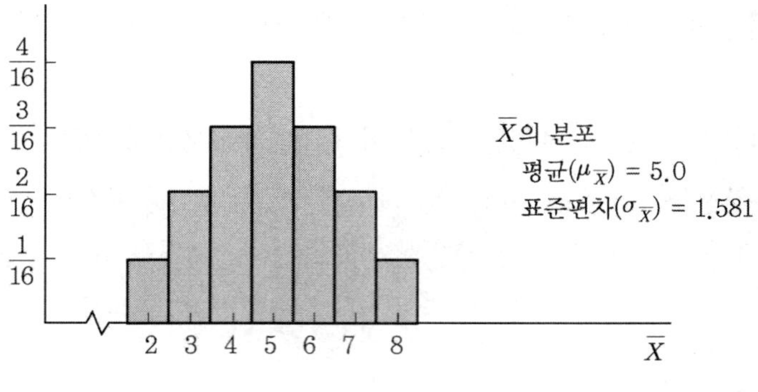

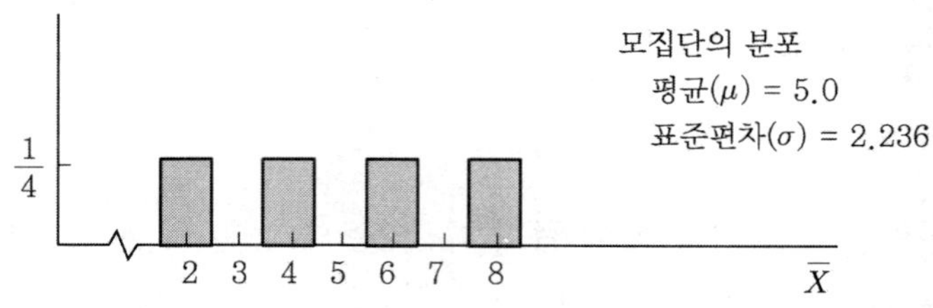

〈그림 7-3〉 모집단분포와 $n = 2$인 표본평균의 분포

2) 표본평균 분포의 특성

다음은 표본평균 분포의 평균과 표준편차를 산출하고, 비교해 봄으로써 표본평균 분포의 특성을 알아보자.

(1) 표본평균의 기대값

앞의 간단한 예의 경우에는 표본평균 분포의 평균과 모집단 분포의 평균이 같다.

$$E(\overline{X}) = \mu \qquad (7\text{-}6)$$

중심극한정리에 의하면, 모집단의 분포모양에 관계없이 평균 μ, 분산 σ^2인 모집단에서 크기가 n인 모든 가능한 표본을 뽑는다면, 표본평균들의 분포는 n을 증가시킬수록 정규분포에 접근하게 되며, 다음의 관계가 성립된다.

$$E(\overline{X}) = E\left(\frac{X_1 + X_2 + \cdots + X_n}{n}\right)$$

$$= \frac{1}{n} \cdot \{E(X_1) + E(X_2) + \cdots + E(X_n)\}$$

$$= \frac{1}{n} \cdot (n\mu) = \mu$$

(2) 표본평균의 표준편차

표본평균 $\overline{X}$는 모집단의 평균 μ를 알기 위한 추정치(표본통계량)이다. 그러므로 추정치는 모수와 똑같지 않고 항상 오차를 내포한다. 그리고 한 모집단에서 뽑힐 수 있는 가능한 표본평균($\overline{X}$)들의 분포는 결국 오차를 포함한 추정치들의 분포를 나타낸다. 그러므로 이 $\overline{X}$들의 표준편차($\sigma_{\overline{x}}$)는 표본평균의 표준오차(standard error)라고도 불린다.

표본평균의 표준오차 $\sigma_{\overline{x}}$는 모집단의 표준편차 σ를 표본크기 n의 제곱근($\sqrt{n}$)으로 나누어 준 것이다.

$$\sigma_{\overline{x}} = \frac{\sigma}{\sqrt{n}} \tag{7-7}$$

그러므로 $\sigma_{\overline{x}}$의 값은 모집단의 성격인 σ와 표본크기 n에 따라 달라진다. 그러나 모집단의 표준편차 σ는 고정되어 있는 것이므로, 연구자가 임의로 크게 하거나 작게 할 수 없다. 그러므로 $\overline{X}$의 표준오차를 조정하기 위해서는 표본크기 n을 증가시켜야 한다. 그리고 표본의 크기 n이 커질수록 표본평균 분포의 표준편차, 즉 표준오차는 더욱 더 작아진다.

예제 7.2

분포가 정규분포를 이루고, 표준편차 $\sigma = 10{,}000$일 때, 표본크기 $n = 25$와 $n = 100$일 때의 표준오차 $\sigma_{\overline{x}}$를 구하고, 표본평균 분포의 모양을 그림으로 나타내어라.

풀이 1) $n = 25$ 일 때 :

$$\sigma_{\overline{x}} = \frac{\sigma}{\sqrt{n}} \tag{7-7}$$

$$= \frac{10{,}000}{\sqrt{25}}$$

$$= 2{,}000$$

2) $n = 100$일 때 :

$$\sigma_{\overline{x}} = \frac{\sigma}{\sqrt{n}} \tag{7-7}$$

$$= \frac{10,000}{\sqrt{100}}$$

$$= 1,000$$

표본평균 분포의 모양은 표본크기가 증가함에 따라 표본평균들이 모집단평균에 가까이 모이는 경향을 보여주고 있으며, 아래 그림에서 세 개의 곡선이 모두 똑같은 면적을 보유하는 정규분포의 모양이지만 산포도는 크게 다르다.

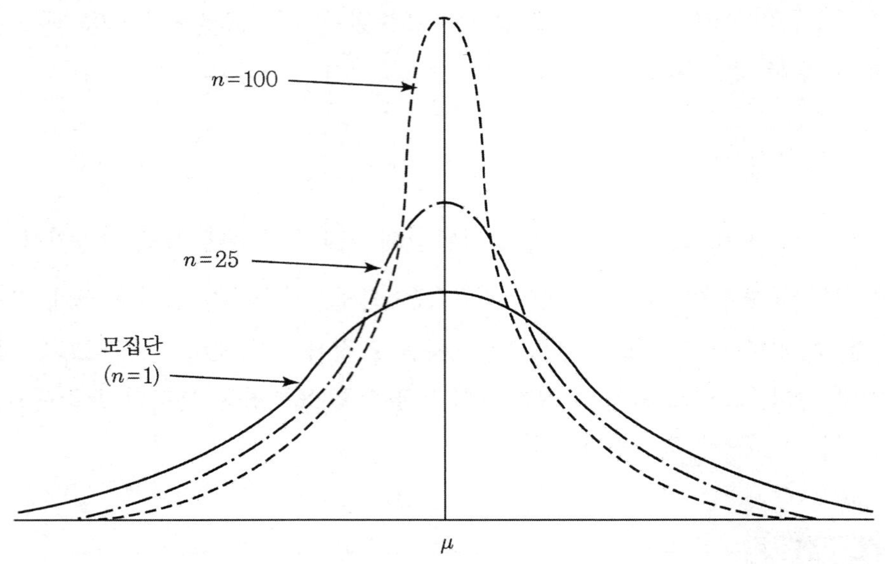

$n = 25$와 $n = 100$의 **표본분포**

(3) 중심극한정리

모집단이 정규분포를 이룰 때, 표본평균의 분포는 언제나 정규분포를 이루는 것은 말할 것도 없고, 모집단이 정규분포를 따르지 않는다고 하여도 표본평균의 분포는 정규분포에 가까운 형태를 취하며, 표본의 크기가 커지면 커질수록 표본평균의 분포는 점점 더 정규분포에 접근하게 된다. 이를 중심극한정리(central limit theorem)라 한다. 특히, 표본의 크기가 30개 이상인 경우, 거의 모든 표본평균의 분포는 모집단 분포와 관계없이 정규분포형태를 띠게 된다. 이 경우에도 표본분포의 평균은 모집단의 평균과 일치하고($\mu_{\overline{x}} = \mu$), 표본평균 분포의 표준편차는 모집단의 표준편차를 표본크기의 제곱근으로 나눈 것이 된다.

중심극한정리는 추측통계학에서 가장 중요하고 기본이 되는 개념이다. 그 이유는 모집단의 분포모양과는 상관없이 표본의 크기가 크면, 표본평균 분포의 모양이 정규분포에 가까워지므로 대부분의 문제를 표준정규확률로 전환시켜 쉽게 풀이할 수 있기 때문이다.

3) 표본평균 분포의 형태

앞에서 $\overline{X}$의 평균과 표준편차가 어떤 값을 갖게 되며, 또 그 분포가 어떤 모양을 이루었는지를 살펴보았다. 다음은 이러한 모집단분포와 표본분포 사이의 관계를 분석하여 표본평균의 분포가 과연 어떤 모양을 이루는지를 좀 더 명확히 알아본다. 이를 위해 모집단의 분포가 정규분포를 이룰 때와 이루지 않을 때 그리고 모집단이 아주 작을 때로 나누어 설명한다.

(1) 모집단이 정규분포일 때

모집단이 정규분포일 때는 표본평균 분포는 표본 크기 n에 관계없이 언제나 정규분포를 이루며, $\overline{X}$의 평균 $\mu_{\bar{x}}$와 표준편차 $\sigma_{\bar{x}}$는 다음과 같이 나타낸다.

$$\mu_{\bar{x}} = \mu \qquad (7-8)$$

$$\sigma_{\bar{x}} = \frac{\sigma}{\sqrt{n}} \qquad (7-7)$$

즉, $\overline{X}$의 평균 $\mu_{\bar{x}}$는 모집단의 평균 μ와 같으며, $\overline{X}$의 표준편차는 모집단의 표준편차를 표본크기 n의 제곱근으로 나눈 것과 같다.

예제 7.3

S마트의 직원들의 일당은 평균 56,000원이고, 표준편차 40,000원인 정규분포를 이루고 있다. 이 마트의 직원들 가운데 100명을 임의로 뽑아 평균 일당을 조사하면 어떤 모양이 되겠는가?

풀이 모집단의 분포가 $\mu = 56,000$, $\sigma = 40,000$인 정규분포를 이루고 있으므로, $n = 100$인 표본평균의 분포 역시 다음과 같은 $\mu_{\bar{x}}$와 $\sigma_{\bar{x}}$값을 갖는 정규분포를 이룬다.

$$\mu_{\bar{x}} = \mu = 56,000 \qquad (7-8)$$

$$\sigma_{\bar{x}} = \frac{\sigma}{\sqrt{n}} = \frac{40,000}{\sqrt{100}} = 4,000 \qquad (7-7)$$

그러므로 이 모양을 모집단분포와 비교하여 그림으로 나타내면, 다음 그림과 같다.

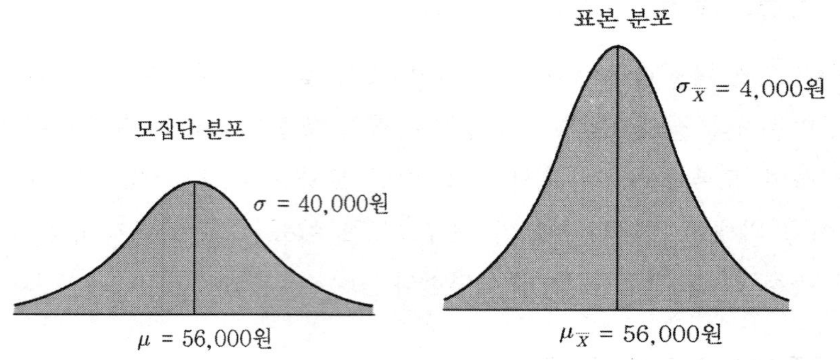

(2) 모집단이 정규분포를 이루지 않을 때

우리 주변의 인간, 자연, 사회 등에 대한 현상을 계수화하여 분포로 나타내면, 그 모양이 정규분포가 되는 경우는 흔치 않다. 그렇지만 실제로 통계적 분석을 위하여 이들 현상으로부터 표본을 대규모로 추출하면, 그 표본평균의 분포는 정규분포에 가깝다. 그러므로 모집단의 분포가 어떠한가에 대해서는 아무 걱정을 하지 않아도 된다.

다시 말하면, 모집단이 정규분포를 이루지 않을 때에도 중심극한정리를 이용하여 통계적 처리를 쉽게 할 수 있다. 즉, 모집단의 분포모양에는 상관없이 평균 μ, 표준편차 σ인 모집단에서 크기가 n인 가능한 모든 표본을 뽑는다면, 이때 표본평균 분포의 평균 $\mu_{\bar{x}}$는 모집단분포의 평균 μ와 같으며, 표본평균 분포의 표준편차 $\sigma_{\bar{x}}$는 모집단의 표준편차를 표본크기 n의 제곱근으로 나눈 것과 같다.

예제 7.4

K대학에서 기초통계학 수강학생들의 시험점수가 평균 72점, 표준편차 9점을 나타내고 있다. 10명의 학생을 임의적으로 뽑았을 때, 그들의 성적이 평균 80점 이상이 될 확률은 얼마인가?

풀이 모집단이 정규분포라는 말이 없으므로 중심극한정리에 의하여 표본평균 $\overline{X}$의 분포는 모평균 μ와 표준편차 $\sigma/\sqrt{n}$을 가진 정규분포에 접근한다. 그러므로 확률은 $\overline{X}$를 Z값으로 표준화하여 다음과 같이 구할 수 있다.

$$\begin{aligned} P(\overline{X} \geqq 80) &= P(\frac{\overline{X}-\mu}{\sigma/\sqrt{n}} \geqq \frac{80-72}{9/\sqrt{10}}) \\ &= P(Z \geq 2.81) \\ &= 0.5 - 0.4975 \\ &= 0.0025 \end{aligned}$$

따라서 임의 추출된 학생 10명의 기초통계학 성적이 평균 80점 이상이 될 확률은 0.25%이다.

(3) 모집단이 작을 때(유한모집단)

표본의 크기 n이 30이상이면, 모집단의 분포가 정규분포이건 비정규분포이건 상관없이 표본평균의 분포는 정규분포에 접근하게 되며, 평균 $\mu_{\overline{x}}$는 모집단 평균 μ와 같고 표준편차는 $\sigma_{\overline{x}} = \sigma/\sqrt{n}$임을 알 수 있었다.

이와 같은 결과는 모집단이 매우 크거나 무한하다는 가정 하에서 나온 것이며, 모집단의 크기 N이 작은 유한모집단(finite population)에서는 표준편차에 대한 조정이 필요하게 된다. 모집단이 작더라도 복원추출(with replacement)을 한다면 무한모집단과 같은 효과를 얻을 수 있으므로 조정이 필요 없지만, 비복원추출(without replacement)일 때에는 조정을 해야 한다. 그러므로 표본평균 분포의 조정된 표준편차는 다음과 같다.

$$\sigma_{\overline{x}} = \frac{\sigma}{\sqrt{n}} \times \sqrt{\frac{N-n}{N-1}} \qquad (7\text{-}9)$$

여기서, N: 모집단의 크기
n: 표본의 크기

위의 식에서 $\sqrt{\frac{N-n}{N-1}}$ 또는 $\sqrt{1-\frac{n-1}{N-1}}$을 유한모집단에서의 표준편차 계산을 위한 유한모집단수정계수(finite population correction factor)라 한다.

모집단이 아주 크거나, 또는 모집단의 크기에 비하여 표본의 크기가 작은 때는 $\sqrt{1-\frac{n-1}{N-1}}$ 은 1에 가깝게 되므로 $\sigma_{\overline{x}}$는 $\frac{\sigma}{\sqrt{n}}$와 차이가 없으나, 모집단 크기에 비하여 n의 크기가 클수록 그 값이 1보다 점점 작아진다. 이러한 경우에는 표본평균 분포의 표준편차를 위의 식에 의하여 조정하여야 한다. 대체로 표본의 크기가 모집단 크기의 5% 미만($n<0.05N$)일 때에는 수정계수를 무시하더라도 큰 차이가 없다.

모집단 표준편차 σ가 알려지지 않은 경우에는, 표본평균 분포의 표준편차는 모집단 표준편차의 추정치로서 표본의 표준편차 s를 이용하여 구한다. 이때, 표본평균 분포의 표준편차는 σ가 알려진 경우와 구별하기 위하여 $\sigma_{\overline{x}}$ 대신 $s_{\overline{x}}$를 사용한다.

모집단의 표준편차가 알려지지 않은 때의 표본평균 분포의 표준편차를 구하는 식은 다음과 같다.

$$s_{\overline{x}}=\frac{s}{\sqrt{n}} \tag{7-4}$$

그리고 유한모집단수정계수를 갖는 식은 다음과 같다.

$$s_{\overline{x}}=\frac{s}{\sqrt{n}}\sqrt{\frac{N-n}{N-1}} \tag{7-10}$$

모집단이 {2, 4, 6, 8}일 때 비복원추출로 $n=2$인 표본을 뽑을 때 $\overline{X}$의 평균과 표준편차를 구해 보자. 비복원추출을 할 경우 가능한 표본수는 ${}_4C_2=6$이다. 즉, 표본은 (2,4), (2,6), (2,8), (4,6), (4,8), (6,8)이다. μ와 $\sigma_{\overline{x}}$를 구하면, 다음과 같다.

$$\mu_{\overline{x}}=\mu=5 \tag{7-8}$$

$$\begin{aligned}\sigma_{\overline{x}}&=\frac{\sigma}{\sqrt{n}}\cdot\sqrt{\frac{N-n}{N-1}} \qquad (7\text{-}9)\\ &=\frac{2.236}{\sqrt{2}}\sqrt{\frac{4-2}{4-1}}\\ &=1.291\end{aligned}$$

여기서 모집단의 크기는 4인데 표본의 크기는 2이므로 수정계수를 무시할 수 없다.

예제 7.5

K기업의 회계감사를 위하여 총 100개의 수취계정에서 임의로 16개의 계정을 뽑았다. 모집단인 100개의 계정에 대한 받을 액수의 표준편차는 알려지지 않았으나 표본의 표준편차는 5,700원으로 계산되었다. 표본평균의 표준오차는 얼마인가?

풀이 표본평균의 표준오차는 표본의 표준편차 s를 근거로 추정되며, $16 > 0.05(100)$이므로 유한모집단수정계수가 요구된다. 그러므로 이 예제의 계산과정은 다음과 같다.

$$s_{\bar{x}} = \frac{s}{\sqrt{n}}\sqrt{\frac{N-n}{N-1}} \qquad (7\text{–}10)$$

$$= \frac{5{,}700}{\sqrt{16}}\sqrt{\frac{100-16}{100-1}}$$

$$= 1{,}312.61$$

그러므로 이와 같은 표본평균의 표준오차는 알려지지 않은 모집단 평균에 관한 통계적 추론의 기초가 된다.

3. 비율의 표본분포

앞에서 모집단으로부터 추출되는 표본평균들의 표본분포를 살펴보았다. 그러나 표본의 평균보다 표본의 특정비율에 관심을 두는 경우가 많다. 가령, 어느 회사의 제품이 불량률이 10%라든지 어느 고등학교의 대학학력고사 합격률이 60%라든지 등의 비율을 따지게 된다.

여기서는 이항분포를 표본과 모집단의 개념을 관련시켜 비율의 표본분포를 알아보기로 한다.

1) 비율의 표본분포의 개념

K대학의 신입생이 1,000명이고, 이 가운데 여학생이 400명이라 한다. 이 비율을 모르는 사람이 여학생의 비율을 알고 싶어 100명을 표본으로 뽑은 결과, 여학생이 30명이었다고 하자. 이들의 비율은 표본에 따라 각기 다른 값을 가질 것이

다. 즉, ${}_{1,000}C_{100}$개의 표본이 가능하며, ${}_{1,000}C_{100}$개의 각기 다른 표본비율을 얻을 수 있을 것이다. 물론 표본으로부터 얻은 비율은 모집단의 여학생 비율에 가까운 수치가 많을 것이다. 이 가능한 모든 표본에서 각각 구해진 비율의 분포를 비율의 표본분포(sampling distribution of proportion)라고 한다.

관찰한 결과, 두 개의 사상으로 구분할 수 있는 구성을 갖는 모집단을 이항모집단이라고 하는데, 이항모집단에서 하나의 사상을 성공이라고 하고, 전체 모집단에서 성공비율을 p라 하자.

이항모집단에서 크기가 n인 표본을 뽑을 때, p의 추정값으로 그 표본의 성공비율 $\hat{p}$는 다음과 같이 구한다.

$$\hat{p} = \bar{p} = \frac{x}{n} \tag{7-11}$$

여기서, $\bar{p}$: 표본 성공비율
n : 표본의 크기
x : 성공횟수

위의 예에서 모집단 성공비율 p는 $0.4(=400 \div 1,000)$이며, 모집단에서 100명을 뽑아 여학생이 30명일 때, 표본비율은 $\bar{p}=0.3$이 된다. 표본비율의 분포는 모집단의 성공비율이 p인 상황에서 크기가 n인 표본들을 뽑을 때, 그 표본들로부터 구해진 비율들의 분포, 즉 $\bar{p}$의 분포를 말한다.

〈표 7-3〉 표본비율의 분포

x(성공횟수)	$\bar{p}$(성공비율)	확 률*	x(성공횟수)	$\bar{p}$(성공비율)	확 률*
0	0.00	0.031	3	0.60	0.312
1	0.20	0.156	4	0.80	0.156
2	0.40	0.312	5	1.00	0.031

* ${}_nC_x(p)^x(1-p)^{n-x}$로 계산되었음.

동전을 다섯 번 던질 때 앞면이 나오는 것을 성공이라고 하고, 표본비율의 분포를 작성하여 보자. 모집단의 성공률은 $p = 0.5$이다. 그러나 실제로 다섯 번을 던질 때, 앞면이 한 번도 안 나오거나 또는 한 번, 두 번, 세 번, 네 번, 다섯 번 나올 가능성이 있으며, 이때 성공비율은 각각 0, 0.2, 0.4, 0.6, 0.8, 1.0가 되어, 다음과 같은 표본분포를 이룬다.

〈표 7-3〉에서 각 표본비율과 그에 따른 확률이 표본비율의 분포가 된다. 이 분포를 그림으로 나타내면, 〈그림 7-4〉와 같다.

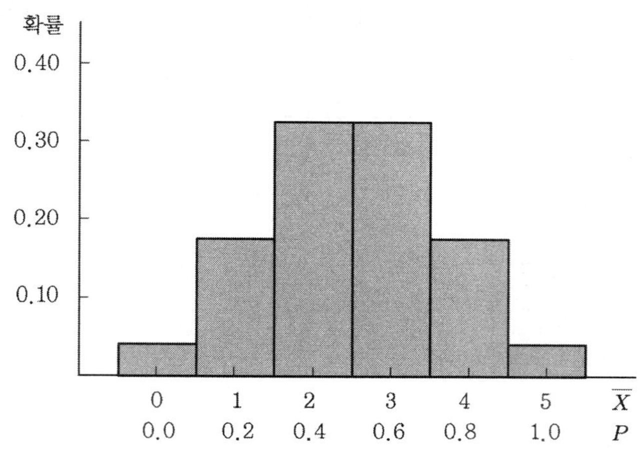

〈그림 7-4〉 표본비율의 분포

2) 비율 표본분포의 평균과 표준편차

모집단의 성공확률이 p일 때, 표본비율 $\overline{p}$의 일반적인 변화양상을 살펴보자. 이미 이항분포에서 설명한 바와 같이 모집단의 성공확률이 p이고, 표본 크기가 n, 성공횟수를 X라고 하면, 다음과 같은 식이 성립된다.

$$E(X) = np \tag{5-11}$$

$$Var(X) = np(1-p) \tag{5-12}$$

위의 식을 비율로 표현하여 표본비율 분포의 평균과 분산 그리고 표준편차를 구하면, 다음과 같다.

$$E(\overline{p}) = p \tag{7-12}$$

$$\sigma_{\bar{p}}^2 = \frac{p(1-p)}{n} \tag{7-13}$$

$$\sigma_{\bar{p}} = \sqrt{\frac{p(1-p)}{n}} = \sqrt{\frac{pq}{n}} \tag{7-14}$$

예제 7.6

K대학교의 신입생 1,000명에 대한 성별을 조사한 결과, 여학생의 수가 350명으로 나타났다. 신입생 가운데 무작위로 100명을 뽑을 경우, 여학생 비율의 평균과 분산을 구하라.

풀이 1) 평균

$$E(\bar{p}) = p \tag{7-12}$$

$$= \frac{350}{1,000}$$

$$= 0.35$$

2) 분산

$$\sigma_{\bar{p}}^2 = \frac{p(1-p)}{n} \tag{7-13}$$

$$= \frac{(0.35)(1-0.35)}{100}$$

$$= 0.0023$$

제3절 편향된 표본의 위험

1. 1936년 미국 대통령 선거 예측

'모집단에서 표본을 무작위로 추출한다'는 원칙이 지켜지지 않으면, 아무리 표본을 많이 추출하여도 좋은 결과를 얻을 수 없다. 이것을 나타내는 유명한 예는 1936

년에 실시된 미국 대통령 선거의 예측조사 결과이다.

1936년 미국 대통령 선거는 공화당의 랜던(Alf Landon) 후보와 민주당 루즈벨트(F.D. Roosevelt) 후보의 대결이었다. 당시의 유력한 주간지 '리터러리 다이제스트(Literary Digest)'는 약 240만명의 표본을 바탕으로 선거 결과를 예측하고, 랜던의 승리를 예상했다. 한편, 여론조사 회사인 갤럽은 약 5만 명의 표본을 바탕으로 루즈벨트의 승리를 예상했다. 실제, 선거는 루즈벨트의 승리로 끝났다.

표본의 수가 많은 편이 정확한 데이터를 얻을 수 있을 것인데, 이러한 결과의 이유는 무엇일까? 그 이유는 '리터러리 다이제스트' 표본의 선택이 무작위 추출의 원리에서 조금 멀어져 있었기 때문이었다. 따라서 데이터에 편향이 존재하고, 잘못된 예측으로 이어졌다. 이와 같이 표본의 선택이 적절하지 않기 때문에 생기는 데이터의 편향을 '선택 편향(selection bias)'이라고 한다.

'리터러리 다이제스트'는 잡지 구독자와 전화번호부 등을 기초로 표본을 추출하였다. 그런데 여기에 포함된 사람들은 경제적으로 풍부한 층에 치우쳐 있었다. 전통적으로 공화당을 지지하는 것은 경제적으로 부유한 계층이다. 따라서 공화당의 랜던 후보가 실제보다 많은 지지를 받는 결과가 되었다.

반대로 표본추출 방법이 적절한 경우, 표본의 수가 많지 않아도 비교적 정확한 결과를 얻을 수 있다. 갤럽은 '할당법'으로 불리는 당시의 최신 표본추출법으로 조사를 실시하였다. 할당법은 완벽하게 표본의 무작위 추출을 하지는 않지만, 제대로 사용하면 무작위 추출보다 더 좋은 표본을 얻을 수 있다. 갤럽의 성공 이유는 표본추출 방법의 적절성에 있었던 것이다.

그러나 갤럽은 1948년도 대선 예측에서는 실패하였으며, 이 때 갤럽이 사용한 표본추출법도 할당법이었다. 이 실패 이후, 갤럽은 할당법보다 무작위 추출이 더 뛰어난 것으로 널리 알려진 단순무작위추출법이 현재 표준이 되어 사용되고 있다.

2. 선택 편향과 인과 추론

표본의 편향은 데이터의 왜곡을 가져올 뿐만 아니라 인과관계의 추론(인과 추론)에도 악영향을 미칠 수 있다. 선택 편향(selection bias)에 관한 유명한 말로, '담배는 건강에 좋다'라는 이야기가 있다. 어디 까지나 가상의 이야기이지만, 노인의 건강 상태와 흡연의 관계를 조사한 결과, 흡연하는 사람의 평균 건강 상태는 흡연하지 않는 사람보다 양호하다는 결과를 얻을 수 있었다. 이 때문에 '담배는 건강에 좋다'라는 판단을 해도 될 것인가?

그런 판단은 매우 위험하다. 왜냐하면, 이것은 선택 편향을 반영한 결과이기 때문이다. 담배는 건강에 다양한 영향을 미친다. 장기간 담배를 피운 사람은 그렇지 않은 사람에 비해 일찍 사망할 가능성이 높다. 이미 죽어 버린 사람들은 당연히 조사 대상이 되지 않으므로, '담배로 건강을 해친 사람이 조사 대상으로의 선정이 어렵다'라는 선택 편향이 발생한다.

이러한 점을 놓치면, 조사 결과에서 '담배는 건강에 좋다'라는 잘못된 결론에 도달할 수 있다. 담배를 피우고 있는 건강한 노인은 담배 덕분에 건강하게 된 것이 아니라, '담배를 피우더라도 건강할 정도로 원래부터 몸이 건강한 사람이었다'는 것이다. 이와 같이 선택 편향은 인과관계의 판단을 오도하는 위험을 가지고 있으므로, 모집단에서 표본을 제대로 선택하는 것이 매우 중요하다.

연습문제

7-1. 표본연구의 필요성을 설명하라.

7-2. 표본추출방법을 설명하라.

7-3. 중심극한정리를 설명하라.

7-4. 다음 자료는 동일한 모집단으로부터 추출된 26개의 표본평균 $\overline{X}$이다. 이 자료를 이용하여 $\overline{X}$의 표본오차 $\sigma_{\overline{x}}$를 구하라.

4	5	3	1	3	5	5	6	7	4	4	2	4
2	6	4	5	3	4	6	3	5	4	3	4	2

7-5. P전자회사 제품인 TV 브라운관의 평균수명이 9,000시간이고, 표준편차가 500시간으로 알려지고 있다. 표본의 크기가 25로 주어질 때, 그 표본평균분포의 기대값과 표준오차를 구하라.

7-6. D공장에서 생산되는 나사못의 10%가 불량품이라면 400개의 나사못에서 불량품 갯수 X의 표본분포의 평균과 표준편차를 구하라.

7-7. K대학 학생 3,000명의 하루 저금액을 조사한 결과, 평균이 500원이고 표준편차가 400원이라 한다. 만약, 100명의 학생들을 표본으로 뽑는다면, 표본분포의 평균과 표준편차는 각각 얼마인가?

7-8. 회계감사자가 $N=100$의 수표 뭉치로부터 임의의 표본 $n=16$을 뽑았다. 전체 수표에 대한 액수의 표준편차는 알려지지 않았지만, 표본의 표준편차는 57원이다. 표본분포에 대한 평균의 표준오차를 구하라.

7-9. S공장에서 한 작업자가 제품 한 개를 만드는데 소요되는 시간은 60분, 표준편차가 8분으로 알려져 있다. 64명의 작업자를 임의로 추출하여 소요시간을 조사했을 때, 표본평균이 62분 이상일 확률은 얼마인가?

7-10. K초등학교 5학년 학생의 전체성적을 조사한 결과, 평균이 68점, 표준편차 4인 정규분포를 따른다고 한다. 한 학생을 임의로 뽑았을 때, 평균성적이 80점 이상일 확률을 구하라.

7-11. $\mu = 12$, $\sigma_{\overline{x}} = 3$일 때 부표를 사용하여 아래의 두 점간에 $\overline{X}$가 놓일 확률을 계산하라.

a) 9와 12

b) 12와 16

c) 10과 13

7-12. 평균값 $\mu = 10$, 표준편차 $s = 4$로 정규분포를 이루는 $\overline{X}$에 대하여 다음 x_i를 계산하라.

a) $P(X \geq x_i) = 0.9495$

b) $P(X \geq x_i) = 0.0256$

7-13. 지난 국회의원선거에서 S당의 P씨는 선거결과 46%의 지지를 받고 낙선하였다. 만일, 유권자 중에서 임의로 400명을 뽑아 투표권을 주었을 때, P씨가 과반수 이상의 지지를 받고 당선될 가능성은 얼마인가?

7-14. A, B 두 정당이 경쟁하는 어느 지역구에서 100명의 유권자를 표본으로 뽑았을 때, 적어도 60%가 A당을 지지할 확률은 얼마인가? 단, A당을 지지하는 모집단의 비율을 56%로 가정한다.

제8장 통계적 추정

제1절 통계적 추정의 개념

1. 추정의 형태

통계적 추정(estimation)이란 표본통계량에 의해 모수를 추측하는 것으로, 모평균은 그에 상응하는 표본통계량인 표본평균에 의해 추정하게 된다. 모집단의 추정에는 크게 점추정과 구간추정으로 나눌 수 있다. 점추정(point estimation)은 알려지지 않은 모수를 추정하여 하나의 수 값으로 나타내는 것이다. 그리고 구간추정(interval estimation)은 알려지지 않은 모수를 추정하여 기대되는 범위로써 나타내는 것이다.

경우에 따라서는 점추정이 구간추정보다 효과적일 때도 있지만, 더욱 중요한 것은 구간추정을 하기 위해서는 점추정이 선행되어야 한다는 것이다.

2. 추정량과 추정치

모집단 변수를 추정하기 위하여 사용되는 표본통계량을 추정량(estimator)이라고 부른다. 표본평균 $\overline{X}$는 모평균 μ의 추정량이 되며, 표본비율은 모비율의 추정량으로 사용될 수 있다. 그리고 모집단구간의 추정량으로 표본구간을 사용할 수 있다. 그리고 추정량의 특정한 수 값을 관측치 또는 추정치(estimate)라고 부른다. 즉, 미지의 모수를 추정하기 위하여 사용되는 통계량을 추정량이라 하고, 이 추정량의 관측값을 관측치 또는 추정치라고 한다.

3. 적정 추정량의 결정기준

추정치에 불편성, 효율성, 일치성, 충분성의 4가지 기준을 사용함으로써, 추정량에 대한 통계의 질을 측정할 수 있다.

1) 불편성

추정량 $\hat{\theta}$의 기대값이 모수 θ일 것을 요구하는 것으로서, 이러한 성질을 갖는 추정량을 불편추정량(unbiased estimator)이라고 한다.

$$E(\hat{\theta}) = \theta \tag{8-1}$$

불편추정량이 아닌 추정량을 편의추정량(biased estimator)이라고 하며, 〈그림 8-1〉은 불편추정량과 편의추정량의 분포상태를 나타낸 것이다.

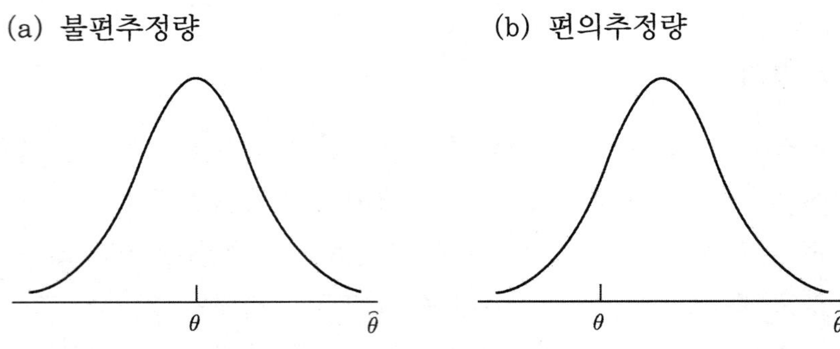

〈그림 8-1〉 불편추정량과 편의추정량의 분포

2) 효율성

효율성(efficiency)이란 표준오차의 크기에서 나온 용어이다. 만약, 동일한 표본크기의 추정량을 비교하여 그 중 어느 것이 더 효율적인 추정량인가를 결정하려고 한다면, 표준오차가 더 작은 추정량이나 표본분포의 표준편차가 더 작은 추정량을 취할 것이다. 이때, $\widehat{\theta_1}$이 $\widehat{\theta_2}$보다 효율적인 추정량이라고 할 수 있다.

$$Var(\widehat{\theta_1}) < Var(\widehat{\theta_2}) \tag{8-2}$$

이러한 생각은 같은 불편추정량이라도 보다 작은 표준오차나 보다 작은 분산을 가진 추정량이, 모수에 가까운 값을 가질 기회가 보다 많기 때문이다. 그러므로 점추정량으로서 그의 효율성을 묻는 것은 당연하다. 그리고 두 추정량의 분산비율을 가리켜 상대효율(relative efficiency)이라고 한다.

〈그림 8-2〉는 θ에 대한 불편추정량 $\widehat{\theta_1}$과 $\widehat{\theta_2}$의 분포상태를 나타내고 있다. 이 그림에서 추정량 $\widehat{\theta_1}$의 분포가 $\widehat{\theta_2}$의 분포에 비해 모수 θ근처에 더욱 밀접해 있으므

로, 더욱 유효하다고 한다. 즉, 두 개의 불편추정량 가운데 표준오차가 작은 추정량을 더 유효한 불편추정량(more efficiency of unbiased estimator)이라고 한다.

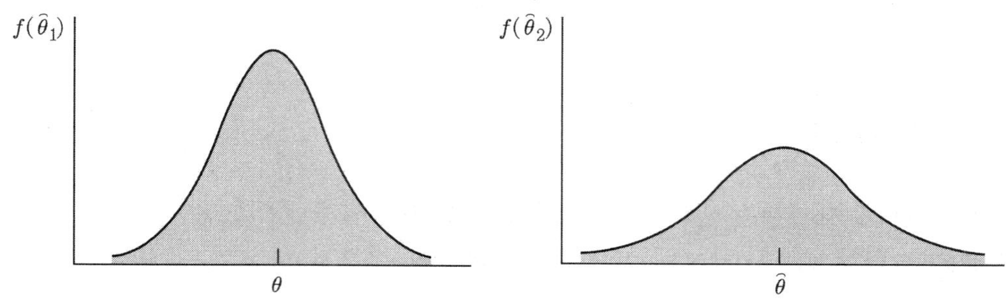

〈그림 8-2〉 두 불편추정량 $\hat{\theta}_1$과 $\hat{\theta}_2$의 분산

3) 일치성

일치성(consistency)이란 표본의 크기를 증가시킴에 따라 추정량이 모수의 값에 더욱 가깝게 되는 것을 말하며, 이 추정량을 모수의 일치추정량이라고 한다. 즉, 어떤 추정량 $\hat{\theta}_1$의 표본크기를 무한히 증가시켰을 때, 그 분산 $Var(\hat{\theta}_1)$과 편향(bias)이 모두 0에 수렴하는 추정량을 일치추정량(consistent estimator)이라고 한다.

$$\lim_{n\to\infty}\hat{\theta}=\theta \tag{8-3}$$

4) 충분성

충분성(sufficiency)이란 동일한 표본으로부터 얻은 추정량 $\hat{\theta}$가 모수 θ에 관한 모든 정보와 지식을 가지고 있을 때, 이 추정량은 충분성이 있다고 할 수 있다.

제2절 추정의 이론적 배경

표본평균을 그 모평균으로 간주해도 좋은 추정의 이론적 배경 설명을 하고자 한다.

1. 표준정규분포

정규분포에 대해서는 앞의 장에서 분포의 형상만 쉽게 확인했지만, 그 성질 및 확률과 대응 관계를 이해하는 것은 추측 통계학을 배우는 데 매우 중요하다. 그러므로 정규분포 가운데 한 형태인 표준정규분포에 대해 그 특징을 설명하고자 한다.

정규분포의 일반 형태는 다음 〈그림 8-3〉과 같다.

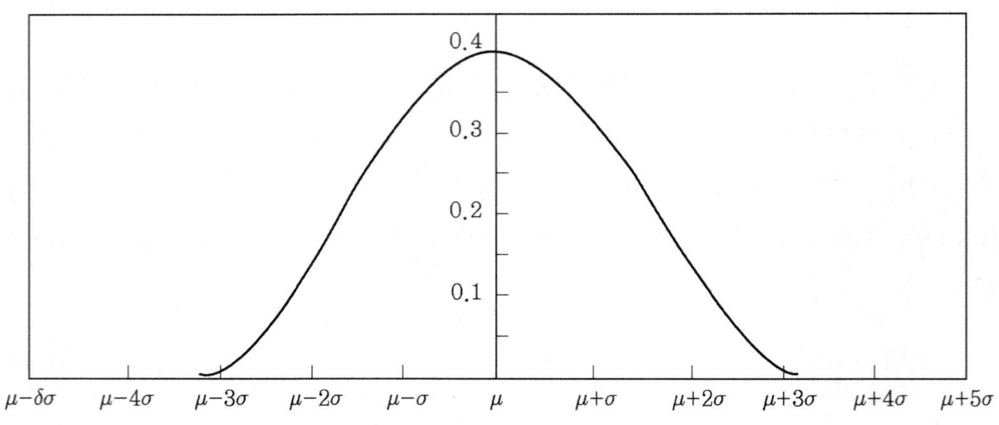

〈그림 8-3〉 정규분포의 일반 형태

이 그림의 가로축은 변수 값의 위치를 나타내며, 세로축은 확률 밀도를 나타낸다. 즉, '변수의 각 값은 어느 정도의 확률로 일어나는 것인가'를 보여 주며, μ는 모평균, σ는 모표준편차를 나타낸다. 그리고 이 곡선의 오른쪽과 왼쪽을 비교하면, 대칭형으로 되는 것을 이해하여야 한다. 정규분포는 평균을 중심으로 한 좌우 대칭의 곡선을 그리기 때문에, 각 경우 변수의 값으로부터 평균치를 빼고 그것을 표준편차로 나누면, 표준화 점수가 된다. 이 절차를 표준화라고 한다. 정규분포를 갖는 변수를 표준화하면, 평균 0, 표준편차 1의 정규분포로 바뀌며, 이를 '표준정규분포'라고 부른다.

표준정규분포를 이용하면, 변수의 값이 출현할 확률을 쉽게 구할 수 있다. 다만, 한 점의 출현 확률은 0(제로)이다. '특정 값 이상을 받은 확률'이나 '특정 값에서 다른 값까지 범위가 될 확률' 등을 구할 수 있다.

표준화된 변수의 값이 -1과 +1 사이에 들어갈 확률은 약 0.68(68%)이 된다. 여기에서 '1'은 표준편차 1개 분량을 나타낸다. −2와 +2 사이에 들어갈 확률은 약 0.95(95%)이다. 그리고 -3과 +3사이에 들어갈 확률은 약 0.997(99.7%)이다. 즉, 변수의 값이 평균에서 벗어날수록, 그 값이 출현할 확률은 낮아진다. 〈그림 8-4〉는 이러한 설명을 그림으로 나타낸 것이다.

이상의 예는 수치가 표준편차의 몇 배 인지의 구분이 정해지면, 그것에 대응할 확률이 나타나는 예이다. 앞의 예와는 반대로, 특정 확률이 되려면, 표준편차의 몇 배의 위치가 되면 좋을지를 요구하는 것도 가능하다. 평균을 중심으로 한 0.99(99%)의 확률이 되는 것은 -2.58과 +2.58 사이의 구간이다. 마찬가지로 평균을 중심으로 한 0.95(95%)의 확률이 되는 것은 −1.96과 +1.96 사이의 구간이다. 게다가 −1.96보다 작거나 +1.96보다 큰 값으로 될 확률은 0.05(5%)가 된다. 특정 값으로 구간의 안쪽 확률이나 바깥쪽 확률도 이와 같이 계산한다.

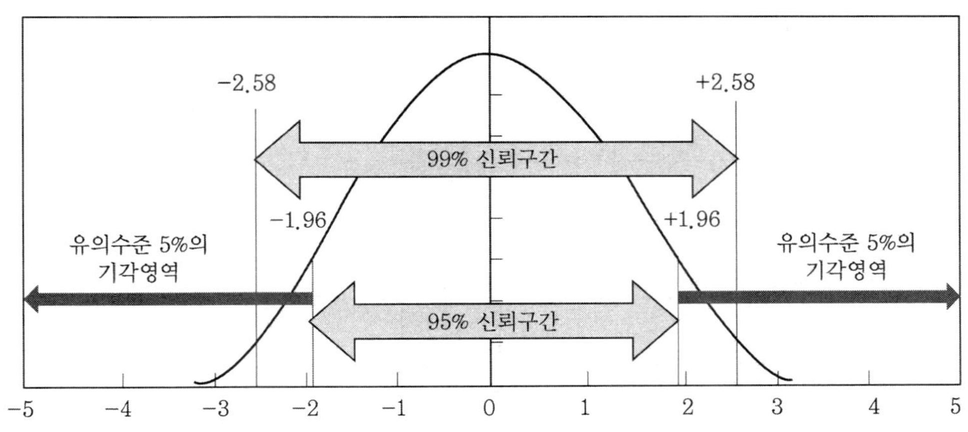

〈그림 8-4〉 표준정규분포의 확률밀도

구간추정에서는 '95% 신뢰구간' 등을 구하지만, 그 발상의 배경에는 95%의 값에 들어갈 확률이다. 또한, 통계적 검정에서는 '유의수준 5%로 가설을 기각했다'와 같은 판단을 갖지만, 이런 배경의 양끝에 있는 5% 영역은 평균에서 동떨어진 위치이다. 이와 같이 추측 통계학의 핵심인 추정 및 검정에는 표준정규분포의 확률밀도가 이용된다.

보다 자세한 값과 표준 정규분포의 확률밀도와의 관계를 알고 싶을 경우, [부록 1]의 정규분포표를 이용하면 된다. 표준정규분포표에는 평균 0에서 해당 값 Z까지의 확률밀도를 구하기 위한 표이다.

2. 추정의 가능성 : 중심극한정리

점추정치는 비율, 평균, 분산의 3개 표본 통계량을 그대로 모수의 추정량으로 볼 수 있다. 그 이유는 '중심극한정리'의 성질을 이용하기 때문이다. 중심극한정리는 '표본의 규모가 충분히 크면, 표본평균의 분포는 평균 μ, 분산 $\frac{\sigma^2}{n}$의 정규분포를 따른다'는 것이다(여기서 μ는 모평균, σ^2은 모분산, n은 표본 크기이다).

중심극한정리는 '모집단에서 표본을 추출해 표본평균을 계산한다'라는 조작을 여러 차례 실시하는 것을 전제로 하고 있다. 즉, '표본평균의 분포'는 〈그림 8-5〉와 같이 1차 추출한 표본에서 얻은 표본평균, 2차 추출한 표본에서 얻은 표본평균, 그리고 n차에서 추출한 표본에서 얻은 표본평균 등에 의해 만들어지는 분포이다.

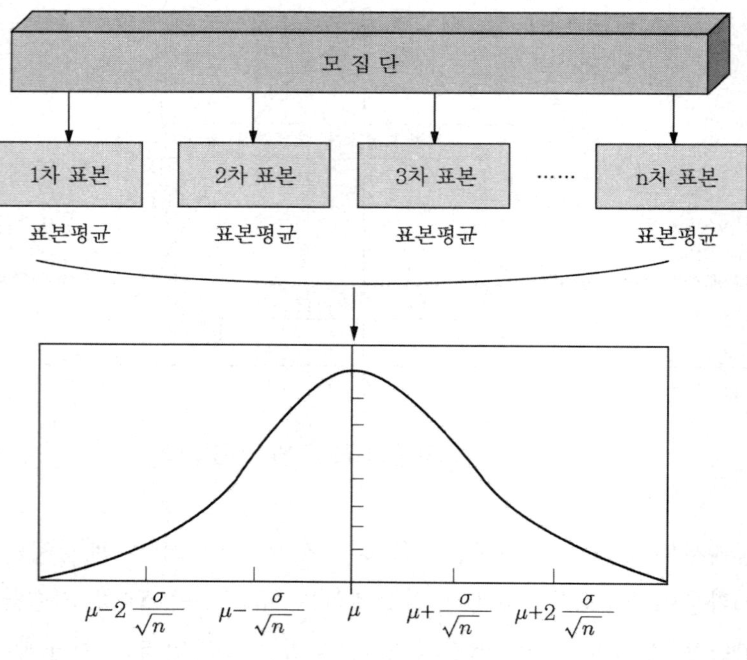

〈그림 8-5〉 표본평균 분포의 개념

이렇게 몇 번의 표본평균을 계산하면, 그것들의 표본평균의 평균은 모집단 평균 μ에 한없이 다가가 표본평균의 분포는 분산 $\frac{\sigma^2}{n}$의 정규분포에 다가간다는 것이 중심극한정리이다. 이 성질을 이용하여 표본평균을 그 모평균으로 간주한다는 점추정이 가능하며, 또 구간추정을 행하는 경우 구간도 '표본평균의 분포'의 구간처럼 요구된다.

이 정리의 좋은 점은 분석의 대상이 되는 변수가 모집단에서 정규분포를 한 경우는 물론이며, 정규분포를 하지 않은 경우에도 잘 맞아 들어간다는 것이다. 사회과학 조사에서 주목할 변수 값의 분포가 정규분포에 따르지 않는 경우가 종종 있지만, 이러한 변수도 표본평균의 분포는 정규분포에 가까우므로 추정이 가능하게 된다.

중심극한정리는 비율과 분산에도 해당되며, 비율과 분산이 평균에서 나온 것이기 때문이다. 또, 비율은 0이나 1중 하나를 취하므로 변수의 평균으로 볼 수 있다. 이에 따라 비율과 분산도 평균과 똑같이 점추정과 구간추정으로 추정할 수 있다.

예제 8.1

A대학 경영학과 학생 중 49명의 학점평균이 2.45였다. 모집단 표준편차가 0.7이라고 할 때, 이 표본에 대하여 99.7% 신뢰할 수 있는 구간을 결정하라.

풀이 $\overline{X}=2.45$, $\sigma=0.7$, $n=49$에 대하여, 먼저 평균의 표준오차를 구한다.

$$\sigma_{\overline{x}}=\frac{\sigma}{\sqrt{n}} \qquad (7-7)$$

$$=\frac{0.7}{\sqrt{49}}$$

$$=0.1$$

그리고 99.7%의 신뢰구간은 정규분포표에서 $0.4985=0.5-0.0015$의 값을 구하면, 2.96을 얻을 수 있다.

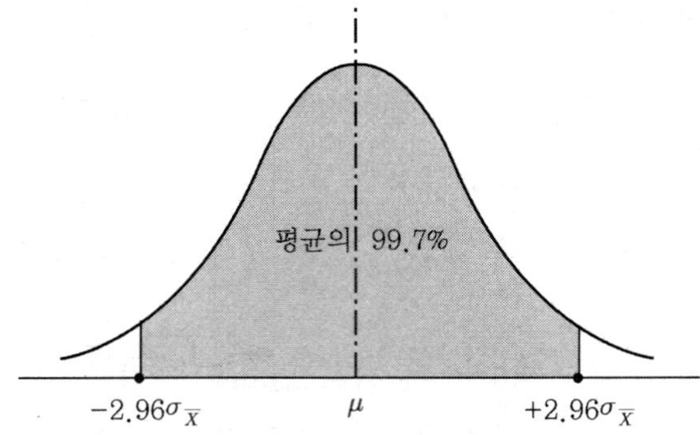

그러므로 신뢰구간은 다음과 같다.

$$2.45 \pm 2.96 \times \frac{\sigma}{\sqrt{n}} = 2.45 \pm 2.96 \times 0.1$$

$$= 2.45 \pm 0.296$$

따라서 상한값 $= 2.45 + 0.296 = 2.746$

하한값 $= 2.45 - 0.296 = 2.154$

제3절 점추정

〈표 8-1〉은 모집단의 모수를 점추정 하는데 자주 사용되는 기호들을 나타낸 것으로, 아래의 표본통계량은 모수의 적절한 추정량이라 할 수 있다.

〈표 8-1〉 모집단과 표본의 기호

	모집단 모수	추정량
평 균	μ	$\overline{X}$
두 모집단 평균의 차이	$\mu_1 - \mu_2$	$\overline{X_1} - \overline{X_2}$
비 율	p	$\overline{p}$
두 모집단 비율의 차이	$p_1 - p_2$	$\overline{p_1} - \overline{p_2}$
분 산	σ^2	s^2
표준편차	σ	s

1. 모평균의 점추정

표본평균 $\overline{X}$는 모평균 μ의 가장 좋은 추정량이다. 이것은 불편성, 효율성, 일치성, 그리고 충분성의 추정량이며, 표본의 수가 증가함에 따라 $\overline{X}$의 분포는 정규분포에 가까워진다. 만약, $\overline{X}$의 분포를 알고 있다면, 표본정보에서 얻어진 추정치에 관한 설명을 할 수 있다.

예로서, S고등학교 남학생들의 신장은 평균이 μ이고, 표준편차가 σ인 정규분포를 따른다고 하자. 이제, μ와 σ에 대한 값을 알기 위하여 학생 가운데 임의로 10명을 뽑아 신장을 측정한 결과, 다음과 같이 나타났다. 이를 이용하여 남학생들의 평균 신장 μ를 구해보자.

(단위 : cm)

172.3	169.8	176.4	170.5	174.0
173.6	168.7	172.2	173.5	170.0

$$\overline{X} = \frac{\Sigma x_i}{n} \tag{7-5}$$

$$= \frac{1,721}{10}$$

$$= 172.1\,(\text{cm})$$

따라서 남학생 신장의 모평균 μ의 점추정치는 172.1cm가 된다.

2. 모분산과 모표준편차의 점추정

모표준편차 σ의 추정량 s는 다음과 같이 계산된다.

$$\hat{\sigma} = s = \sqrt{\frac{\Sigma(x_i - \overline{X})^2}{n-1}} \tag{7-2}$$

그리고 표본의 크기가 n인 표본평균의 분산과 표준편차(표준오차)는 다음의 식에 의하여 추정된다.

$$\text{표본평균의 분산 : } s_{\bar{x}}^2 = \frac{s^2}{n} \tag{7-3}$$

표본평균의 표준편차 : $s_{\overline{x}} = \dfrac{s}{\sqrt{n}}$ (7-4)

S고등학교 남학생들의 신장 자료를 이용하여 모표준편차를 추정해 보자.

$\Sigma(x_i - \overline{X})^2 = 50.18$, $\dfrac{\Sigma(x_i - \overline{X})^2}{n-1} = \dfrac{50.18}{9} = 5.58$ 이므로, 모든 표준편차는 다음과 같다.

$$s = \sqrt{\frac{\Sigma(x_i - \overline{X})^2}{n-1}} \quad (7\text{-}2)$$
$$= \sqrt{5.58} = 2.36$$

그리고 표본평균의 표준편차는 다음과 같다.

$$s_{\overline{x}} = \frac{s}{\sqrt{n}} \quad (7\text{-}4)$$
$$= \frac{2.36}{\sqrt{10}} = 0.75$$

예제 8.2

표본 크기 10, $\sum x_i = 400$, $\sum(x_i - \overline{X})^2 = 25$인 확률표본에 의해 모평균 μ를 추정하고자 한다. 모평균과 모표준편차를 점추정하고, $n = 10$인 표본평균의 표준편차를 점추정하라.

풀이 1) 모평균의 추정

$$\hat{\mu} = \frac{\Sigma x_i}{n} \quad (7\text{-}5)$$
$$= \frac{400}{10}$$
$$= 40$$

2) 모표준편차의 추정

$$\hat{\sigma} = s = \sqrt{\frac{\Sigma(x_i - \overline{X})^2}{n-1}} \quad (7\text{-}2)$$

$$= \sqrt{\frac{25}{10-1}} = 1.67$$

3) 표본평균 표준편차 추정

$$s_{\overline{x}} = \frac{s}{\sqrt{n}} \quad (7-4)$$

$$= \frac{1.67}{\sqrt{10}} = 0.53$$

만약, 표본의 분산을 계산하기 위하여 $s^2 = \dfrac{\Sigma(x_i - \overline{X})^2}{n}$의 식을 이용한다면, 모분산의 추정에 편향(bias)을 갖게 된다. 그러나 $n-1$로 나눔으로써 σ^2의 불편추정량을 얻을 수 있다. 즉, $s^2 = \dfrac{\Sigma(x_i - \overline{X})^2}{n-1}$은 표본의 분산을 계산할 때 사용하여야 한다. 특히, 이 점에 유의하여야 하며, σ^2과 σ를 추정하기 위하여 반드시 $n-1$로 나눈 s^2과 s를 사용하여야 한다.

예제 8.3

S대학에서 학생 140명을 차출하여 대학생들이 하루동안 공부하는 시간을 조사한 결과, $\Sigma\, x_i = 1{,}653$, $\Sigma(x_i - \overline{x})^2 = 464$의 값을 구하였다. 이 값을 이용하여 모평균 μ의 추정치와 표본평균의 표준편차 $s_{\overline{x}}$를 구하라.

풀이 1) 모평균의 추정

$$\hat{\mu} = \frac{\Sigma x_i}{n} \quad (7-5)$$

$$= \frac{1{,}653}{140}$$

$$= 11.81(\text{시간})$$

2) 표본평균의 표준편차 추정

$$s_{\overline{x}} = \frac{s}{\sqrt{n}} \quad \left(\text{여기서, } s = \sqrt{\frac{\Sigma(x_i - \overline{x})^2}{n-1}} = \sqrt{\frac{464}{139}} = 1.83\right) \quad (7-4)$$

$$= \frac{1.83}{\sqrt{140}}$$

$$= 0.155$$

3. 모비율의 점추정

주어진 모집단에서 독특한 특성을 가지는 단위의 비율은 p로 나타낸다. 만약, 동일한 특성을 가지고 있는 표본에서 단위의 비율을 알고자 한다면, p의 추정량으로써 $\overline{p}$를 사용할 수 있다. $\overline{p}$는 앞에서 언급한 불편성, 일치성, 효율성 그리고 충분성의 모든 특성을 가지고 있다.

만약, 주류공장에서 다른 판매처로 운송하는 과정에서 파손되는 상자의 비율을 추정하기 원한다고 가정하자. 그래서 공장으로부터 판매처에 도착한 상자 가운데 50개를 표본 추출하여 파손된 상자를 조사한 결과, 파손된 상자의 비율이 0.08이었다면, 다음과 같이 말할 수 있다.

$\overline{p} = 0.08$ ← 파손된 표본비율

여기서 표본비율 $\overline{p}$는 모비율 p의 좋은 추정량이므로, 모집단에서 파손된 상자의 비율은 0.08이라고 추정할 수 있다.

표본으로부터 모비율 p를 추정함에 있어 표본비율 $\frac{x}{n} = \overline{p}$를 사용할 때, 그 기대값은 다음 식과 같음을 7장에서 다루었다.

$$E(\overline{p}) = p \tag{7-12}$$

이와 동시에 $\overline{p}$는 표본의 크기 n이 커질 때, 이들의 분산

$$\sigma_{\overline{p}}^2 = \frac{p(1-p)}{n} \tag{7-13}$$

의 값이 0에 접근하므로 일치추정량이라고 할 수 있다. 현실적으로 모비율 p는 대부분 모르므로 표본 크기 n이 충분히 클 경우, 표본비율 $\overline{p}$의 표준오차는 p대신 $\overline{p}$를 사용한다.

$$\sigma_p = \sqrt{\frac{\overline{p}(1-\overline{p})}{n}} = \sqrt{\frac{\overline{p}\,\overline{q}}{n}} \quad (\text{단, } \overline{p} + \overline{q} = 1) \tag{7-14}$$

여기서 $\bar{p} = \dfrac{x}{n}$ (7-12)

예제 8.4

P사는 자사 제품을 사용하는 소비자 1,000명 가운데 100명을 임의 추출하여, 제품의 품질에 대한 여론을 조사하였다. 그 결과, 70명의 소비자로부터 P사의 제품 품질이 우수하다는 답변을 받았다고 할 때, 모비율과 표준편차를 점추정하라.

풀이 1) 모비율 추정

$$\bar{p} = \frac{x}{n} \tag{7-11}$$

$$= \frac{70}{100} = 0.7$$

2) 표준편차 추정

$$\sigma_p = \sqrt{\frac{\bar{p}\,\bar{q}}{n}} \tag{7-14}$$

$$= \sqrt{\frac{0.7 \times 0.3}{100}} = 0.046$$

점추정은 매우 단순하고 편리하지만 분명한 약점이 있다. 그것은 데이터에 오차가 포함되어 한 점으로 꼭 들어맞는 경우는 현실적으로 거의 없으며, 오차가 어느 정도 있는지도 알 수 없기 때문이다. 그러므로 구간추정이 이용된다.

제4절 구간추정과 신뢰구간

1. 기본개념

추정의 또 한 가지 방법은 '구간추정'이다. 구간추정은 추정하는 값이 폭(구간)을 갖게 하고, 그 안에 모수가 있다고 예상하는 것이다.

비율의 구간추정의 예로 대학생들의 유학 희망 비율을 생각해 보자. 1,440명의 표본에서 유학을 가고 싶은 대학생의 비율은 80.7%, 비율의 표준오차가 0.01이라고 하자. 그러면 모비율의 점추정치는 0.807이다.

구간추정을 할 때는 예상한 구간에 모비율이 들어 있을 확률을 어느 정도로 할 것인지를 먼저 설정해 둘 필요가 있다. 그러므로 구간추정이 적중할 가능성을 '신뢰도'라고 부른다.

여기에서는 남학생의 유학 희망자 비율의 구간추정을 95% 신뢰도로 결정해 보자. 95% 신뢰구간의 하한값과 상한값은 각각 다음과 같다.

상한값 : 비율의 점추정치 + 1.96 × 비율의 표준오차
하한값 : 비율의 점추정치 - 1.96 × 비율의 표준오차

그러므로 비율의 점추정치와 비율의 표준오차를 대입하면, 다음과 같은 결과가 나타난다.

상한값 : $0.807+1.96\times0.01=0.83$
하한값 : $0.807-1.96\times0.01=0.79$

점추정치에 대해서는 이미 설명했지만, 1.96은 어디에서 나오는 숫자이며, 표준오차란 무엇인가? 라는 의문이 남을 것이다. 점추정치의 오차를 '표준오차'라고 한다. 표준오차의 특징은 점추정치의 주위에 좌우 대칭으로 달라붙는 것이다. 즉, 플러스 방향과 마이너스 방향으로 각각 같은 오차에 의해 대칭으로 퍼져 보인다.

2. 신뢰수준과 신뢰구간의 관계

구간추정을 할 때는 예상한 구간에 모비율이 들어 있을 확률을 어느 정도로 할 것인지를 먼저 설정해 둘 필요가 있다. 구간추정이 적중할 가능성을 '신뢰수준'이

라고 부른다. 신뢰수준은 관습적으로 90%, 95%, 99% 가운데 하나를 이용하는 것이 일반적이다.

모든 추정문제에 있어서 99%와 같은 높은 신뢰수준을 가져야 한다고 생각할지도 모른다. 왜냐하면 높은 신뢰수준은 추정에 있어서 보다 높은 수준의 정확성을 나타내기 때문이다. 다음의 예를 이용하여, 그 의미를 살펴보기로 하자.

어떤 고객이 K대리점에 세탁기의 운반을 요구하는 예를 살펴보도록 하자. 〈표 8-2〉는 고객의 질문과 그에 대한 K대리점 주인과의 대답을 몇 가지 나열한 것이다. 이 표는 어떤 추정에 대한 신뢰수준과 신뢰구간 사이에 존재하는 직접적인 관계를 나타낸 것이다. 고객은 보다 빈틈없는 신뢰구간을 요구하는 반면, 대리점 주인은 보다 낮은 신뢰수준을 받아들일 것이다. 또한, 이 예에서 1년 이내의 인도와 같이 신뢰구간이 너무 넓을 경우, 대리점에서 추정에 대하여 99%의 신뢰수준을 따른다고 하더라도 그 추정은 아무런 가치가 없을 것이다. 그리고 지금 곧 물품을 인도하는 경우처럼 신뢰구간이 너무 좁으면, 그 추정치는 1%의 낮은 신뢰수준을 갖게 되고, 고객들은 그 가치에 대해서 의문을 갖게 될 것이다.

〈표 8-2〉 신뢰수준과 신뢰구간의 관계

고객의 욕구	대리점의 대답	내포된 신뢰수준	내포된 신뢰구간
1년 이내에 세탁기 인도	확실히 그렇게 하겠다	99%	1년
1달 이내에 세탁기 인도	이달 내 인도 가능	95%	1달
1주 이내에 세탁기 인도	이번주 내 인도 가능	80%	1주
내일 중 세탁기 인도	불확실하다.	40%	하루
지금 곧 세탁기 인도	무척 어려움	1%	1시간

여기서 주의할 점은 신뢰수준을 높이 잡을수록, 계수가 커지는 것이다. 신뢰수준이 높다는 것은 설정된 구간 내에 모수가 들어갈 확률이 높다는 것이다. 그러므로 확률을 높이려면 범위를 넓게 취하면 되고, 그 때문에 계수가 커지게 된다. 만약, 신뢰수준을 100%로 한다면 완벽하겠지만, 그것은 아무 의미가 없다. 신뢰수

준 100%일 때에는 표준오차에 걸리는 계수가 무한대가 되므로, 마이너스(−) 무한대에서 플러스(+) 무한대까지의 범위에는 모든 값이 포함되기 때문에 예상은 빗나갈 수가 없다.

예를 들어 '내일 날씨는 화창하거나 흐리거나, 또는 비가 오거나 눈이 올 것이다'와 같이 모든 가능성을 열거한다면, 일기예보는 100% 꼭 맞지만, 전혀 도움이 되지 않는 일기예보가 될 것이다. 그것보다 '전환의 가능성은 있지만, 이 값부터 이 값까지의 범위에 들어갈 것'이라는 예상이 정보로서 유용하며, 이런 이유로 신뢰수준을 95%나 99%로 설정한다.

일반적으로 많이 사용되는 신뢰수준 α에 따른 Z값을 알고 있으면, 적용하기에 매우 편리하다. 물론 Z값은 양측검정을 하는지, 단측검정을 하는지에 따라 다음과 같이 달라진다.

〈표 8-3〉 신뢰수준에 따른 Z값의 크기

검정방법	신뢰수준	해당 면적	Z값
단측검정	$\alpha = 0.01$	0.49	$Z = 2.33$
	$\alpha = 0.02$	0.48	$Z = 2.05$
	$\alpha = 0.05$	0.45	$Z = 1.645$
	$\alpha = 0.2$	0.30	$Z = 0.85$
양측검정	$\alpha = 0.01$	0.495	$Z = 2.575$
	$\alpha = 0.02$	0.49	$Z = 2.33$
	$\alpha = 0.05$	0.475	$Z = 1.96$
	$\alpha = 0.1$	0.45	$Z = 1.645$

3. 표본의 사용과 신뢰구간 추정

모수의 추정을 위하여 주어진 모집단에서 반복적으로 표본을 추출하여야 한다. 그러나 실제로 모집단에서 많은 표본을 추출하는 것이 어려운 경우가 간혹 있다.

그러므로 적은 갯수의 표본을 바탕으로 모수를 추정하여야 하는 경우, 과정의 결과를 해석하는데 있어서 보다 주의를 기울여야 한다.

제5절 평균의 구간추정

1. 모표준편차를 알 때

정규모집단으로부터 임의추출한 크기 n인 표본의 표본평균 $\overline{X}$는 정규분포 $N(\mu, \frac{\sigma^2}{n})$을 따르므로, 이것을 표준화한 Z통계량은 표준정규분포 $N(0,1)$을 따른다.

$$Z = \frac{\overline{X} - \mu}{\sigma / \sqrt{n}} \tag{8-4}$$

그러므로 표준정규분포의 성질로부터 유의수준 $\alpha(0 < \alpha < 1)$에 대하여 다음의 식이 성립한다.

$$P(-Z_{\alpha/2} \le Z \le Z_{\alpha/2}) = 1 - \alpha \tag{8-5}$$

그리고 크기 n인 확률표본의 평균을 $\overline{X}$라고 하면, μ에 대한 $(1-\alpha)100\%$ 신뢰구간은 다음과 같이 주어진다.

$$\overline{X} - Z_{\frac{\alpha}{2}} \frac{\sigma}{\sqrt{n}} \le \mu \le \overline{X} + Z_{\frac{\alpha}{2}} \frac{\sigma}{\sqrt{n}} \tag{8-6}$$

위의 식을 다시 신뢰구간의 상한과 하한으로 구분하여 나타내면, 다음과 같다.

$\overline{x} + Z_{\frac{\alpha}{2}} \frac{\sigma}{\sqrt{n}}$ ← 신뢰구간의 상한

$\overline{x} - Z_{\frac{\alpha}{2}} \frac{\sigma}{\sqrt{n}}$ ← 신뢰구간의 하한

P기업 품질관리 담당자는 자사 제품 가운데 100개의 품질특성을 측정한 결과, 평균이 2.159임을 알았다.(모표준편차는 0.25) 95%의 신뢰수준으로, 신뢰구간을

추정해 보자.

95%의 신뢰수준은 표본분포의 평균에서 한쪽에 47.5%의 면적을 포함하고 있으므로, 정규분포표에서 0.475에 대한 값을 찾을 수 있다. 그러므로 정규분포 곡선 아래 0.475의 면적은 평균($\overline{X}$)과 평균의 오른쪽으로 표준오차의 1.96배인 점 사이인 것을 알 수 있다. 그리고 면적의 0.95(= 2×0.475)는 평균에서 ±1.96배의 표준오차 사이에 위치하며, 그 신뢰한계는 다음과 같다.

$$\overline{X}+1.96\frac{\sigma}{\sqrt{n}} = 2.159+1.96\times\frac{0.25}{\sqrt{100}}$$
$$= 2.208$$
$$\overline{X}-1.96\frac{\sigma}{\sqrt{n}} = 2.159-1.96\times\frac{0.25}{\sqrt{100}}$$
$$= 2.11$$

따라서 모평균의 신뢰구간은 2.208과 2.11 사이 임을 알 수 있다.

예제 8.5

대학생 100명에 대한 목욕시간을 조사한 결과, 평균과 모표준편차가 32분과 4분으로 나타났다. 평균 목욕시간에 대한 95% 신뢰구간을 구하라.

풀이 $\alpha = 0.05$이므로, $Z_{\frac{\alpha}{2}} = 1.96$이 된다.

그러므로 평균 목욕시간의 95% 신뢰구간은,

$$\overline{X} \pm 1.96\sigma_{\overline{x}} = 32 \pm 1.96\times\frac{4}{\sqrt{100}}$$
$$= 32 \pm 0.784(\text{분})$$

따라서 대학생의 평균 목욕시간은 31.216분에서 32.784분 사이가 된다.

예제 8.6

경영대학 학생들 가운데 49명의 기초통계학 점수를 임의로 추출한 결과, 평균이 3.35으로 나타났다.(모표준편차 0.3) 학급전체의 평균점수에 대한 99% 신뢰구간을 구하라.

풀이

$$\overline{X} - Z_{\frac{\alpha}{2}} \frac{\sigma}{\sqrt{n}} \le \mu \le \overline{X} + Z_{\frac{\alpha}{2}} \frac{\sigma}{\sqrt{n}} \qquad (8\text{-}6)$$

위의 식에 대입시키기 위한 99%의 신뢰수준은 표본분포의 평균에서 한쪽에 49.5%의 면적을 포함하고 있으므로, 정규분포표에서 0.495에 대한 값을 찾으면 된다.

$$3.35 - 2.575 \times \frac{0.3}{\sqrt{49}} \le \mu \le 3.35 + 2.575 \times \frac{0.3}{\sqrt{49}}$$

즉, μ에 대한 99% 신뢰구간은 다음과 같다.

$$3.240 \le \mu \le 3.460$$

2. 모표준편차를 모를 때

점추정과 같이 구간추정에서도 모집단의 표준편차를 모르고 비정규분포의 경우라도 일반적으로 표본의 크기가 충분히 크면($n \ge 30$), σ 대신 s를 사용하여 모평균 μ의 신뢰구간을 추정하여도 큰 오차를 수반하지 않는다.

예제 8.7

S공업사는 100개의 표본을 선정하여 종업원 1인당의 평균작업시간 $\overline{X}$와 표준편차를 조사한 결과, 평균작업시간은 600분, 표준편차는 3.3분이라는 사실을 알았다. 모평균의 99% 신뢰구간을 설정하라.

풀이

$$\overline{X} - Z_{\frac{\alpha}{2}} \frac{\sigma}{\sqrt{n}} \le \mu \le \overline{X} + Z_{\frac{\alpha}{2}} \frac{\sigma}{\sqrt{n}} \qquad (8\text{-}6)$$

$$600 - 2.575 \times \frac{3.3}{\sqrt{100}} \le \mu \le 600 + 2.575 \times \frac{3.3}{\sqrt{100}}$$

$\Rightarrow$ $599.150 \le \mu \le 600.850$

제6절 모비율의 구간추정

때때로 통계학자들은 모집단에서 일어날 수 있는 사건의 비율을 추정하기 위하여 표본을 사용한다. 예를 들면, 정부에서 유효 노동인구 가운데 실업률이 얼마인가를 표본에 의해서 추정하는 경우이다.

이항분포는 연속이 아닌 불연속적인 자료의 분포이며, 이항분포의 평균과 표준편차를 구하는 식을 나타내면 다음과 같다. 즉, 이항분포의 평균은,

$$\mu = np \tag{5-11}$$

여기서, n : 시행횟수
p : 성공확률
q : 실패확률$(1-p)$

이고, 표준편차는 다음과 같다.

$$\sigma = \sqrt{npq} \tag{5-13}$$

이론적으로 이항분포는 모비율을 추정하기 위한 신뢰구간을 정함에 있어서 사용하기에 좋은 분포이다. 그러나 이항확률을 계산하는 것은 매우 복잡하므로, 모비율을 추정하기 위하여 이항분포표를 이용하는 것이 편리하다. 그리고 다행스럽게도 표본의 크기가 증가함에 따라 이항분포는 정규분포에 근사하기 때문에, 표본분포의 대략적인 값으로 정규분포를 이용할 수 있다. 추정에 있어서 표본의 크기 n이 30개 보다 크고($n \ge 30$) np와 nq가 각각 적어도 5($np \ge 5$, $nq \ge 5$)일 경우, 이항분포에 대한 근사값으로써 정규분포를 사용할 수 있다고 통계학자들은 말한다.

표본의 성공확률을 $\bar{p}$로 나타내고, 성공비율에 대한 표본분포의 평균을 얻기 위

하여 식 (5-11)을 수정하도록 하자. 즉, $\mu = np$는 이항분포의 평균이 시행횟수 n과 성공확률 p의 곱과 같다는 것을 나타내며, np는 성공횟수의 평균이다. 그리고 성공횟수를 성공의 비율로 바꾸기 위하여 np를 n으로 나누면, 성공확률 p의 값을 얻을 수 있다. 식의 왼편에 있는 평균 $\mu_{\bar{p}}$는 성공비율에 대한 표본분포의 평균이 된다.

$$\mu_{\bar{p}} = p \qquad (8\text{-}7)$$

같은 방법으로 이항분포의 표준편차 $\sqrt{npq}$에 대한 식을 수정할 수 있으며, 성공횟수에 대한 표준편차를 측정한다. 성공횟수를 성공의 비율로 바꾸기 위하여, $\sqrt{npq}$를 n으로 나누어서 $\sqrt{pq/n}$를 얻게 된다. 그러므로 표본에 있어서 성공비율에 대한 표준편차는 다음과 같이 나타낼 수 있으며, 비율의 표준편차(standard deviation for the proportion)라고 부른다.

$$\sigma_{\bar{p}} = \sqrt{\frac{pq}{n}} \qquad (7\text{-}14)$$

모비율 p에 대한 신뢰구간 추정의 간편법은 모평균의 구간추정과 유사한 방법을 사용한다.

$$\bar{p} - Z_{\frac{\alpha}{2}}\sqrt{\frac{pq}{n}} \leq p \leq \bar{p} + Z_{\frac{\alpha}{2}}\sqrt{\frac{pq}{n}} \quad (단,\ p+q=1) \qquad (8\text{-}8)$$

여기서 p값을 추정하려는 것이나 $\sqrt{pq/n}$을 계산할 수 없으므로 p의 추정값으로 $\bar{p}$를 사용하며, 다음과 같이 신뢰구간을 나타낸다.

$$\bar{p} - Z_{\frac{\alpha}{2}}\sqrt{\frac{\bar{p}\,\bar{q}}{n}} \leq p \leq \bar{p} + Z_{\frac{\alpha}{2}}\sqrt{\frac{\bar{p}\,\bar{q}}{n}} \qquad (8\text{-}9)$$

P사는 75명의 종업원을 임의로 표본추출하여 그들 중의 0.4%가 퇴직수당에 대한 높은 관심을 갖고 있음을 알게 되었다. 경영자는 모비율을 포함하는 구간추정을 99% 신뢰할 수 있도록, 이 표본을 사용하여 구간추정을 하는 과정을 살펴보자.

모집단에 대한 p와 q의 값은 모수의 표준오차를 구하는 식에서 표본통계량 $\bar{p}$와 $\bar{q}$로 대체함으로써 모수를 추정할 수 있으며, 다음과 같은 값을 얻을 수 있다.

$$\hat{\sigma}_{\bar{p}} = \sqrt{\frac{\bar{p}\,\bar{q}}{n}} \qquad (8\text{-}10)$$

$$= \sqrt{\frac{(0.4)(0.6)}{75}}$$

$$= 0.057 \quad \leftarrow \text{추정된 비율의 표준오차}$$

이제, 앞에서 사용한 것과 동일한 방법을 이용함으로써 경영자가 필요로 하는 값을 추정할 수 있다. 99%의 신뢰수준은 표본분포에 있어서, 평균을 중심으로 한 쪽에 49.5%의 면적을 포함한다. [부표 1]의 정규분포표에서 정규곡선 아래 0.495의 면적은 평균에서 2.58배의 표준오차가 있는 점과 평균사이에 위치한다. 그러므로 99%의 면적은 평균에서 ±2.58배의 표준오차 사이에 있게 되며, 신뢰한계는 다음과 같이 계산된다.

$$\bar{p} + 2.58\sigma_{\bar{p}} = 0.4 + 2.58(0.057)$$

$$= 0.547 \quad \leftarrow \text{신뢰한계의 상한}$$

$$\bar{p} - 2.58\sigma_{\bar{p}} = 0.4 - 2.58(0.057)$$

$$= 0.253 \quad \leftarrow \text{신뢰한계의 하한}$$

그러므로 75명의 종업원에 대한 표본에서, 퇴직연금을 희망하는 종업원의 전체 종업원에 대한 비율은 0.253과 0.547 사이에 있음을 99% 신뢰할 수 있다.

예제 8.8

K대학은 남학생들의 학내 미용실 이용도를 조사하고자 한다. 남학생 500명을 임의로 선정하여 조사한 결과, 160명이 미용실을 이용한 적이 없다고 한다. 미용실을 이용하지 않는 남학생 비율에 대한 90%의 신뢰구간을 설정하라.

풀이 $\bar{p} = \frac{160}{500} = 0.32$ 이므로, 모비율에 대한 90% 신뢰구간은,

$$\bar{p} \pm 1.645 \times \sigma_{\bar{p}} = 0.14 \pm 1.645 \times \sqrt{\frac{0.32 \times 0.68}{500}}$$

$$= 0.14 \pm 1.645 \times 0.021$$

$$= (0.107,\ 0.173)$$

따라서 상한은 17.3%, 하한은 10.7%이다.

예제 8.9

K대학교에서 교내 신문의 구독률을 조사하고자 한다. 재학생 가운데 1,000명을 임의로 추출하여 조사한 결과, 600명이 교내 신문을 구독하는 것으로 나타났다. 교내 신문 구독에 대한 구독률의 90% 신뢰구간을 구하라.

풀이 $\bar{p} = \dfrac{600}{1,000} = 0.6,\ Z_{\frac{\alpha}{2}} = Z_{0.025} = 1.96$ 이므로

$$\bar{p} - Z_{\frac{\alpha}{2}}\sqrt{\frac{\bar{p}\,\bar{q}}{n}} \le p \le \bar{p} + Z_{\frac{\alpha}{2}}\sqrt{\frac{\bar{p}\,\bar{q}}{n}} \qquad (8\text{-}9)$$

$$0.6 - 1.96\sqrt{\frac{0.6\times0.4}{600}} \le p \le 0.6 + 1.96\sqrt{\frac{0.6\times0.4}{600}}$$

⇨ $0.6 - 1.96\times0.02 \le p \le 0.6 + 1.96\times0.02$

⇨ $0.561 \le p \le 0.639$

제7절 t 분포를 이용한 구간추정

정규분포가 표본분포에 적절하지 않을 경우에 어떻게 추정할 수 있는가? 즉, 모표준편차를 추정하고자 할 때, 표본의 크기가 30보다 작을 경우($n < 30$)이다. 다행스럽게도 이러한 경우에 적절한 분포가 바로 t분포(t distribution)이다. 그러므로 추정에 대한 t분포의 사용은 표본의 크기가 30보다 작고, 모표준편차가 알려지지 않았을 경우에는 언제나 사용된다.

그러나 t분포를 사용함에 있어서, 모집단이 정규분포를 이루거나 대략적으로 정규분포를 이루어야 한다는 것을 반드시 가정하여야 한다.

1. t 분포의 특성

t분포와 정규분포는 모두 좌우대칭이지만, 일반적으로 t분포곡선은 정규분포곡

선보다 평평하며, 표본의 크기에 따라 조금씩 다른 분포를 나타낸다.

그러나 표본의 크기가 증가함에 따라 t분포의 뾰족한 부분은, 그 평평함을 상실하게 되고 정규분포와 비슷하게 된다. 그러나 표본의 크기가 30개를 넘는 경우에 t분포는 정규분포 대신에 사용할 만큼 정규분포에 가까워진다.

〈그림 8-6〉은 정규분포 곡선과 표본크기가 다른 두 개의 t분포 곡선을 비교한 것이다. 이 그림은 t분포의 두 가지 특성을 나타낸 것으로, t분포는 정규분포보다 가운데 부분이 낮으며, 꼬리부분은 높다는 것을 보여 준다. 또한, 이 그림은 t분포가 정규분포에 비해서 비율적으로 꼬리부분에 보다 많은 면적을 갖는 이유를 나타낸다.

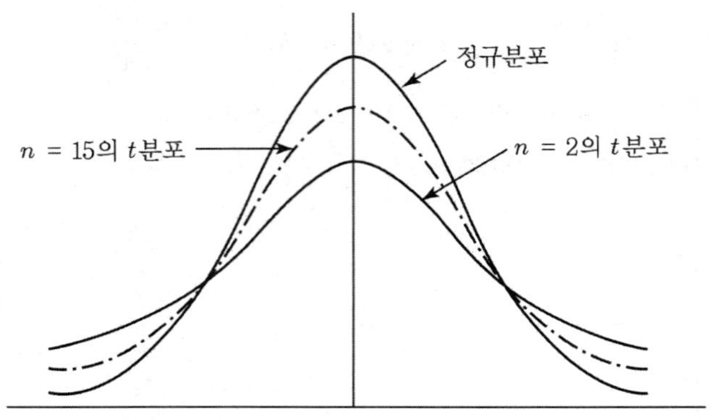

〈그림 8-6〉 $n = 2$와 15의 t분포와 정규분포의 비교

이것은 곡선아래 동일한 면적을 포함하기 위하여 t분포가 평균에서 보다 멀리 떨어져 있을 필요가 있기 때문이다.

2. 자유도

표본의 크기에 따라 t분포 곡선이 각각 다르게 나타나며, 통계적 표현으로 '자유도(degree of freedom)에 따라 다른 t분포곡선을 나타낸다.'라고 말할 수 있다. t분포의 자유도는 $n-1$이 되며, n은 표본의 크기를 나타낸다. 예를 들어 23개의 표본은 22개의 자유도를 갖는다.

3. t 분포표의 사용

t분포표는 정규분포표와 구조적인 면에서 다르며, t분포표는 단지 몇 개의 %

(10, 5, 2, 그리고 1%)에 대한 t값과 면적을 나타내어 한층 간결하다. 그리고 자유도의 값에 따라 t분포가 다르므로, 보다 완전한 t분포표는 길이가 아주 길다. 보다 완전한 t분포표에 대한 필요성을 상상할 수 있지만, [부록 2]의 t분포표는 t분포에서 일반적으로 사용되는 값만을 나타낸 것이다.

t분포표의 두 번째 차이는 추정된 모수가 신뢰구간 이내에 들어갈 확률에 중점이 있지 않으며, 추정한 모수가 신뢰구간 이내에 없을 확률을 추정하는 것이다. 즉, 신뢰구간의 바깥쪽에 놓여 있을 확률을 나타내는 것이다.

만약, 90%의 신뢰수준으로 추정하고자 한다면, 0.10열(100%−90%=10%) 아래의 t분포표에서 찾으면 된다. 그리고 이 오차의 확률 0.1은 α로 나타낸다. 그러므로 95%, 98%, 그리고 99%의 신뢰구간에 대한 t값을 찾는다면, α행의 0.05, 0.02, 그리고 0.01 아래의 값을 찾으면 된다.

t분포표를 사용하는데 있어 세 번째 차이는 자유도를 명시하는 것이다. 14개의 표본크기를 가지고 90%의 신뢰수준으로 추정한다고 가정하면, 자유도는 13이 된다. 그리고 t분포표에서 0.10의 열 아래에서 자유도 13의 행과 만나는 곳의 값을 발견할 수 있다. Z값과 같이 t값 1.771은 평균의 양쪽에 $\pm 1.771\frac{s}{\sqrt{n}}$($\overline{X}$의 표준오차)로 표시되며, 이 두 한계 사이의 곡선 아래 면적은 〈그림 8-7〉과 같이 90%가 되고, 이 한계의 바깥쪽 면적은 모두 10%가 된다.

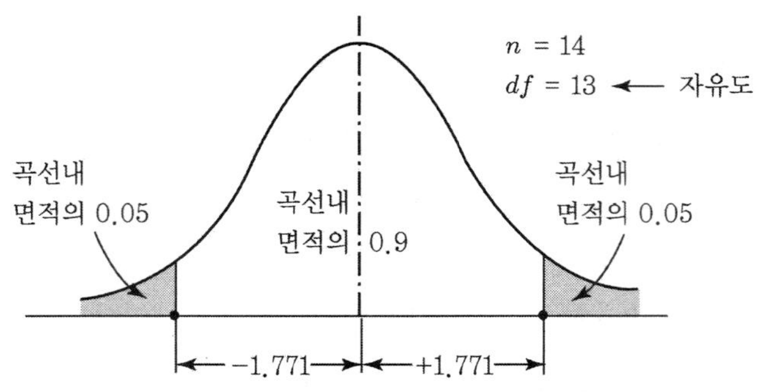

〈그림 8-7〉 신뢰구간 90%의 t분포

t분포에 의한 신뢰구간은 Z통계량에서 σ 대신 s를 대입한 t통계량을 사용하며, 다음과 같은 식으로 나타낸다.

$$\overline{X}-t_{(n-1,\frac{\alpha}{2})}\frac{s}{\sqrt{n}} \le \mu \le \overline{X}+t_{(n-1,\frac{\alpha}{2})}\frac{s}{\sqrt{n}} \qquad (8-10)$$

$$\Rightarrow \ -t_{(n-1,\alpha/2)} \le \frac{\overline{X}-\mu}{s/\sqrt{n}} \le t_{(n-1,\alpha/2)}$$

P사에서는 계측기의 정밀도를 조사하기 위하여 6개의 계측기를 표본 추출하여 조사한 결과, $\Sigma x_i = 3.6$이고, $\Sigma(x_i - \overline{X})^2 = 5.76$임을 알았다. 모평균에 대한 95%의 신뢰구간을 구해보자.

이 문제를 풀기 위한 첫 단계로써 평균을 구하고, 모표준편차를 추정하여야 한다.

$$\overline{X} = \frac{3.6}{6} = 0.6$$

$$\hat{\sigma} = s = \sqrt{\frac{\Sigma(x_i-\overline{X})^2}{(n-1)}} \qquad (7-2)$$

$$= \sqrt{\frac{5.76}{6-1}}$$

$$= 0.657$$

이제 [부록 2]의 t분포표에서 0.05의 열$(100-95\%=5\%)$과 자유도 $5(=6-1)$의 행이 만나는 점을 찾는다. 이 점의 t값은 2.571이며, 다음과 같은 신뢰한계를 나타낼 수 있다.

$$\overline{X}+2.571\hat{\sigma}_{\overline{x}} = 0.6+2.571\times\frac{1.073}{\sqrt{6}}$$

$$= 1.726 \quad \leftarrow \text{관리한계의 상한}$$

$$\overline{X}-2.571\hat{\sigma}_{\overline{x}} = 0.6-2.571\times\frac{1.073}{\sqrt{6}}$$

$$= -0.526 \quad \leftarrow \text{관리한계의 하한}$$

신뢰구간을 그림으로 나타내면, 다음과 같다.

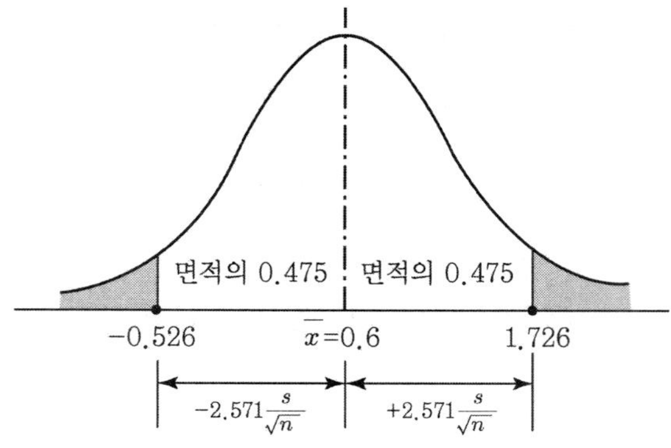

〈그림 8-8〉 $df = 5$, 95% 신뢰구간의 t분포

표본 크기가 30개보다 작고, 모표준편차가 알려져 있지 않은 추정문제는 t분포를 사용한다는 것을 반드시 기억하여야 한다.

예제 8.10

공구의 절삭단면에 대한 정밀도를 파악하기 위하여 10개의 샘플을 추출하여 설계도면과의 차이를 조사한 결과, 다음과 같은 값을 얻게 되었다. 정규모집단이라는 가정아래, 모평균에 대한 98% 신뢰구간을 구하라.

0.6, 1.2, 0.8, 0.9, 0.9, 0.9, 1.1, 1.2, 1.5, 1.0

풀이

$$\overline{X} = \sum \frac{x_i}{n} = \frac{10.1}{10} = 1.01$$

$$\hat{\sigma} = s = \sqrt{\frac{\sum (x_i - \overline{X})^2}{n-1}} \qquad (7-2)$$

$$= \sqrt{\frac{0.569}{10-1}} = 0.251$$

$$\hat{\sigma}_{\overline{X}} = \frac{\hat{\sigma}}{\sqrt{n}} \qquad (7-7)$$

$$= \frac{0.251}{\sqrt{10}} = 0.079$$

이 되고, [부록 2]의 t분포표에서 $df = 9$일 때 $t_{(9,\ 0.01)} = 2.821$이 되므로, 신뢰

구간의 상한값과 하한값은 다음과 같이 나타난다.

$$\overline{X}+2.821\hat{\sigma}_{\overline{X}}=1.01+2.821\times 0.079$$
$$=1.234 \quad \leftarrow \text{관리한계의 상한}$$

$$\overline{X}-2.821\hat{\sigma}_{\overline{X}}=1.01-2.821\times 0.079$$
$$=0.787 \quad \leftarrow \text{관리한계의 하한}$$

■

4. 다양한 상황에 대한 신뢰한계

신뢰한계를 정할 때, 유의할 점은 모집단이 유한모집단일 경우, 유한모집단에 대한 평균의 표준편차를 구하는 식을 이용하여야 한다.

$$\sigma_{\bar{x}}=\frac{\sigma}{\sqrt{n}}\times\sqrt{\frac{N-n}{N-1}} \tag{7-9}$$

〈표 8-4〉 신뢰한계 식의 요약

		유한모집단	무한모집단
모평균(μ)의 추정	σ를 알고 있을 경우	상한 : $\overline{X}+Z\frac{\sigma}{\sqrt{n}}\times\sqrt{\frac{N-n}{N-1}}$	$\overline{X}+Z\frac{\sigma}{\sqrt{n}}$
		하한 : $\overline{X}-Z\frac{\sigma}{\sqrt{n}}\times\sqrt{\frac{N-n}{N-1}}$	$\overline{X}-Z\frac{\sigma}{\sqrt{n}}$
	σ를 모르고, n이 30 보다 클 경우	상한 : $\overline{X}+Z\frac{\hat{\sigma}}{\sqrt{n}}\times\sqrt{\frac{N-n}{N-1}}$	$\overline{X}+Z\frac{\hat{\sigma}}{\sqrt{n}}$
		하한 : $\overline{X}-Z\frac{\hat{\sigma}}{\sqrt{n}}\times\sqrt{\frac{N-n}{N-1}}$	$\overline{X}-Z\frac{\hat{\sigma}}{\sqrt{n}}$
	σ를 모르고, n이 30보다 작을 경우	상한 : $\overline{X}+t\frac{\hat{\sigma}}{\sqrt{n}}\times\sqrt{\frac{N-n}{N-1}}$	$\overline{X}+t\frac{\hat{\sigma}}{\sqrt{n}}$*
		하한 : $\overline{X}-t\frac{\sigma}{\sqrt{n}}\times\sqrt{\frac{N-n}{N-1}}$	$\overline{X}-t\frac{\hat{\sigma}}{\sqrt{n}}$*
모비율(p)의 추정	n이 30보다 클 경우	상한 : $\hat{p}+Z\hat{\sigma}_{\hat{p}}\times\sqrt{\frac{N-n}{N-1}}$	$\hat{p}+Z\hat{\sigma}_{\bar{p}}$
		하한 : $\hat{p}-Z\hat{\sigma}_{\hat{p}}\times\sqrt{\frac{N-n}{N-1}}$	$\hat{p}-Z\hat{\sigma}_{\bar{p}}$

* t분포를 이용할 때의 자유도는 $n-1$

〈표 8-3〉은 추정을 위한 다양한 접근과 각각의 경우에 대한 신뢰한계를 요약한 것이다.

제8절 표본크기의 결정

이제까지 특정한 숫자 대신에 표본크기의 기호인 n을 사용하였으며, 표본의 크기 n이 클수록 그 신뢰도가 높아진다는 것을 알았을 것이다. 이와 같이 통계량을 근거로 얻어지는 추정치의 신뢰도는 적절한 표본의 크기에 의해 달라진다. 그러므로 사용하려는 표본의 크기를 어떻게 결정하는가를 알아야 한다.

사실, 전체 모집단을 다루지 못하기 때문에 약간의 표본오차는 발생하게 되며, 또한 표본을 추출할 때마다 모집단에 관한 도움이 되는 정보를 일부 빠뜨리게 된다. 만약, 추정을 하는데 있어 높은 수준의 정확성을 원한다면, 요구되는 정보를 얻기 위하여 모집단에서 보다 충분한 표본을 추출하여야 한다. 그리고 표본오차는 적절한 표본크기를 취함으로써 조정할 수 있다. 일반적으로 얻어진 정보의 정확성을 추구하면 할수록, 취해야 할 표본의 크기는 더욱 더 증가하게 된다.

K대학은 작년도 졸업생들의 취업 후, 월 평균소득을 조사하고자 한다. 과거의 경우에 따르면, 졸업생들의 모집단 1,000명의 월 평균소득에 대한 표준편차는 150만 원이었다. ±50만 원 사이에 있는 졸업생들의 평균소득을 95%의 신뢰수준으로 추정하기 위하여 대학은 표본의 크기를 몇 명으로 해야 하는지를 알아보자.

이 대학에서는 표본의 크기를 결정하고자 하며, 표본평균 $\bar{x}$를 결정하고 모평균의 추정치로써 이것을 사용하려고 하는 것이다.

작년도 졸업생들의 월 평균소득이 점추정치보다 50만 원이 많거나 50만 원이 적은 경우의 소득을 95% 확신하기를 바란다. 그러므로 이 두 개의 신뢰한계를 비교해 보면, 다음의 값을 추출할 수 있다.

$$Z\sigma_{\bar{x}} = 50\text{만원}$$

그리고 정규분포표에서 95% 신뢰수준의 Z값은 1.96이다.

$Z\sigma_{\bar{x}} = 50$만원, $Z = 1.96$이므로,

$$1.96\sigma_{\bar{x}} = 50\text{만원}$$

$$\Rightarrow \sigma_{\bar{x}} = \frac{50}{1.96}\text{만원}$$

$$= 25.5\text{만원} \leftarrow \text{평균의 표준오차}$$

알고 있는 모표준편차 150만원과 계산된 표준오차 25.5만원을 대입하면, 표본의 크기 n을 얻을 수 있다.

$$\sigma_{\bar{x}} = \frac{\sigma}{\sqrt{n}} \tag{7-7}$$

$$25.5 = \frac{150}{\sqrt{n}}$$

$$\Rightarrow \sqrt{n} = \frac{150}{25.5}$$

$$\Rightarrow n = 34.6 \quad \leftarrow \text{표본크기}$$

그러므로 정확하게 작년도 졸업생들의 월 평균소득을 추정하기 위하여 대학은 작년도 졸업생들 중에서 35명의 표본을 추출하면 된다.

일반적으로 다음의 식을 이용하면, 간단하게 표본의 크기를 구할 수 있다.

$$|Z| = \frac{|e|}{\sigma_{\bar{x}}} = \frac{|e|}{\frac{\sigma}{\sqrt{n}}}$$

$$\sqrt{n} = \frac{Z \times \sigma}{|e|}$$

$$\Rightarrow n = \frac{Z_{\alpha/2}^2 \times \sigma^2}{e^2} \tag{8-11}$$

여기서, e : 오차

예제 8.11

P사는 모표준편차 10에서 표본의 크기를 결정하고자 한다. 유의수준 4.56% 수준에서 오차범위 ±4 이내를 유지하기 위해 필요한 표본의 크기를 결정하라.

풀이 유의수준 0.0456이므로, 그래프의 한 쪽에서의 면적은 0.0228(= 0.0456 ÷ 2)가 된다. 정규분포표에서 0.0228(= 0.5 − 0.4772)이므로, 0.4772의 값 $Z = 2.00$을 찾을 수 있다.

$$n = \frac{Z_{\alpha/2}^2 \times \sigma^2}{e^2} \qquad (8-11)$$

$$= \frac{2.0^2 \times 10^2}{4^2}$$

$$= 25(\text{개})$$

연습문제

8-1. 적정 추정량의 결정기준을 설명하라.

8-2. 추정의 이론적 배경을 설명하라.

8-3. 점추정과 구간추정의 차이점을 설명하라.

8-4. t분포를 이용한 구간추정을 설명하라.

8-5. 다음과 같은 10개의 측정치로써 모평균 μ와 모분산 σ^2의 불편추정량을 구하라.

{4.2, 3.8, 5.2, 4.8, 3.9, 2.7, 4.1, 4.2, 4.7, 3.6}

8-6. 학생들 가운데 100명을 표본으로 평균체중을 조사한 결과, 평균체중 56Kg, 표본분산 36Kg이었다. 모평균의 95% 신뢰구간을 추정하라.

8-7. P기업이 일주일 동안 제작한 베아링에서 200개를 뽑아 직경을 재어보니 평균이 0.824㎝이고 표준편차는 0.042㎝이었다. 이 회사가 제작하는 전체 베아링의 평균직경에 대한 90%의 신뢰구간을 설정하라.

8-8. K산업에서 생산된 제품 가운데 표본 60개를 추출하여 조사한 결과, 표본평균은 8.0g, 표준편차는 1.4g으로 나타났다. 95%의 신뢰구간을 설정하라.

8-9. 모집단에서 50명의 표본을 뽑아 기초통계학 점수를 알아보았더니 평균이 75점이고, 표준편차는 10점이었다. 95%의 신뢰도를 가지고 모집단평균의 신뢰구간을 설정하라.

8-10. 30개의 확률표본으로부터 계산하여 구한 결과가 $\overline{X}=200$, $s=50$이었다. 모평균 μ의 95%에 대한 신뢰구간을 추정하라.

8-11. 경영학과 남학생 100명에 대한 신체검사를 실시하였다. 남학생 가운데 무작위로 추출하여 혈액형을 조사한 결과, 이중 12명이 AB형이었다. 모비율의 90%에 대한 신뢰구간을 추정하라.

8-12. 다음 각 항목은 표본크기와 신뢰도를 나타낸 것이다. 신뢰구간 설정을 위한 t값을 구하라.

a) $n=5, 99\%$

b) $n=18$, 99%

c) $n=27, 95\%$

8-13. A기업에서 임의로 뽑은 100명의 고객을 상대로 시장조사를 한 결과, 고객중 40%가 다른 회사제품보다 A사의 제품을 좋아하는 것으로 나타났다. A사 제품을 좋아하는 고객의 비율을 95% 신뢰구간으로 구간 추정하라.

8-14. 비누 제작용 플라스틱 틀의 용량은 10.2g, 9.7g, 10.1g, 10.3g, 10.2g, 9.8g, 9.9g, 10.4g, 10.3g, 9.8g 이다. 근사적인 정규분포를 가정하여 틀의 용량에 대한 95% 신뢰구간을 추정하라.

8-15. 부동산 중개업자인 S씨는 주택판매에 소요되는 평균날짜를 결정하기 원한다. 이전의 조사에서 모표준편차가 9일로 알려졌다고 가정할 때, 표본평균이 모평균의 ±2일 이내에 95%의 신뢰수준을 유지하기 위하여 표본의 크기를 얼마로 하여야 하겠는가?

제 9 장 가설검정

제1절 통계적 검정의 기초

1. 검정의 필요성

통계적 검정도 표본에서 모집단을 재는 절차라는 점에서 통계적 추정과 많이 닮았지만, 차이가 있다. 통계적 추정은 모수에 대해 아무 것도 예상을 하지 않고, 다만 점추정으로 얻은 1개의 값에서 모수의 추정값을 정하거나 또는 구간추정으로 결과를 얻는다. 이에 대해 통계적 검정은 모집단에 관한 어떠한 예상을 필요로 하며, 그 예상의 맞고, 틀림에 대하여 묻게 된다.

여기서 '예상'이란 다음과 같은 형태의 것이 해당된다. 가령, 기혼 남성의 하루 평균 가사 시간은 30분인지, 아니면 그것보다 긴(짧은) 것인지', '남성과 여성의 평균 수입은 같은지, 아니면 다른지', '출신지역의 도시 규모와 대학 진학률 사이에 관련이 있는지, 아니면 없는지' 등 이다. 이러한 예상을 '가설'이라고 부르며, 가설이라는 말은 과학 전반에 나오는 것이지만, 여기서 말하는 가설은 검정을 위한 통계적 의미의 가설에 불과하다.

그러므로 통계적 검정은 모집단에 관한 가설의 진위를 확률적으로 판정하는 방법으로, 통계적 검정도 추정과 마찬가지로 표본 데이터에서 나타난 경향이 모집단에도 맞는지를 검토한다. 그리고 모두가 공유할 수 있는 규칙에 따라 방식만 틀리지 않으면, 누구나 같은 결론에 도달할 수 있는 방법으로 가설을 검정하는 것이 통계적 검정의 기본이다. 그리고 통계적 검정에 있어서의 '객관적 근거' 혹은 '모두가 공유할 수 있는 규칙'이란 추정의 경우와 같이, 확률론이다.

우리가 이용하는 사회과학 데이터의 대부분은 표본에서 추출된 것이므로, 분석 결과에 오차를 피할 수는 없다. 데이터를 분석한 결과, 남자와 여자의 평균 수면시간이 다른 것으로 나타났다고 하자. 이때, 어느 정도의 차이는 오차 범위 내에 불과하다고 말할 수 있는 것인가? 혹은 약간의 차이가 있다고 하여도 오차일 수 없을까? 이렇게 오차의 크기를 고려하면서 가설을 옳다고 볼지의 여부를 검토할 필요가 있다.

2. 귀무가설과 대립가설

통계적 검정을 실시할 때는 항상 귀무가설과 대립가설의 2종류 가설을 이용한다. 귀무가설은 수식에서 H_0(Null Hypothesis)라고 표기하며, Null에는 '0'의 의미가 있다. 귀무가설은 '정당 지지의 모비율은 30%', '남학생의 시험 모평균과 여학생의 시험 모평균은 같다(모평균의 차이는 전혀 없다)', '교육을 받은 연수와 수입에는 상관이 없다(모상관계수는 0 이다)'와 같이 모수의 값을 구체적으로 지정하는 가설이다.

그리고 대립가설은 수식에서는 H_1으로 표기하며, 이것은 H_0와 구별하기 위해서 이다. 대립가설에서 '정당 지지의 모비율은 30%가 아니다', '남학생의 시험 모평균과 여학생의 시험 모평균은 같지 않다(모평균의 차이는 0이 아니다)', '교육을 받은 연수와 수입에는 서로 상관이 있다(모상관계수는 0이 아니다)'라는 귀무가설과는 정반대의 내용을 제시한 가설로, 마찬가지로 모집단의 성질에 관한 가설이다.

귀무가설과 대립가설은 어느 한쪽만 존재할 수 있는 것이 아니라 뗄 수 없는 관계의 것이다. 왜냐하면 통계적 검정은 대립가설이 귀무가설의 부정이 있어야 지지되는 성질을 지니고 있기 때문이다. 그러므로 사회과학을 포함한 과학적 연구에서는 신약 개발의 효과, 새로운 정책시행의 경제효과 등 기존의 방법과는 차이를 보인다고 주장하고 싶은 사회과학의 연구들이 해당한다. 그러나 안타깝게도 통계학에서는 '차이가 있다'는 것을 직접적으로 증명할 수 없다. 그렇게 되면 대립가설만으로는 그것이 맞는지 틀리는지 판단할 수 없게 되어 버린다. 왜 차이가 있음을 직접적으로 증명하지 않을까? 그것은 차이가 있는 상태를 수없이 검정할 수 없기 때문이다. 즉, 차이가 없다는 상태는 1개 밖에 없다. 그러나 차이가 있는 상태는 차이가 0.1의 경우, 1의 경우, −3.3의 경우 등 무한으로 나타날 수 있다. 이에 따라 차이가 있음을 직접적으로 증명하려면, 무한히 존재하는 '차이가 있다'는 상태를 모두 체크해야 하므로 그건 불가능하다.

그래서 통계적 검정에서는 귀무가설을 직접적인 검토의 대상으로 한다. '차이가

있다'는 상태는 무한히 있으므로 직접적으로 증명할 수 없지만, '차이가 없다'는 일이라면 쉽게 증명할 수 있다는 것이 통계학의 성질이다. 다시 말하면, 사실은 대립가설을 주장하고 싶은데, 그것을 증명할 방도가 없기 때문에 귀무가설을 검토한다. 검토 결과, 귀무가설이 잘못되었다고 생각되면, 그것과 정반대의 내용인 대립가설이 옳은 것으로 본다.

이것이 통계적 검정의 기본적인 사고방식 이다. 검토 결과에 따라 '검토 결과, 귀무가설은 틀리지 않다고 생각되므로 대립가설이 옳다고 할 수 없다는 것을 인정한다'라는 것도 있다. 우리가 통계적 검정에서 알고 싶은 것은 모집단의 특징이며, 귀무가설이 기각되지 않고도 모집단의 특징을 밝혔다는 점에서 그것은 정보로 동일한 가치를 가지고 있다.

그런데 어느 정도의 결과가 나오면 귀무가설을 틀렸다고 생각하는가? 귀무가설의 채용 여부의 기준이 되는 확률을 '유의수준'이라고 부른다. 사실 유의수준이란 귀무가설을 잘못 기각할 확률의 최대 허용한계를 의미한다.

대부분의 경우 유의수준은 5%를 사용한다. 그러나 5%란 숫자는 절대적인 근거가 없으며, 경우에 따라서는 1%, 0.1% 등으로 설정할 수도 있다. 즉, 유의수준의 값은 분석하는 사람이 자유롭게 결정할 수 있다.

3. 제1종 오류와 제2종 오류

통계적 검정에서는 확률에 따라 귀무가설의 기각 여부를 판단한다. 그러나 통계적 검정에 100% 올바른 판단은 있을 수 없다. 유의수준을 5%로 설정한다는 것은 '잘못된 판단으로 귀무가설을 기각할 확률을 5%미만으로 한다'이지만, 아무리 유의수준을 엄격히 해도 오류 가능성을 전혀 없애지는 못한다. 그러므로 귀무가설을 기각하던, 안 하던, 그 판단에는 반드시 오류 가능성이 존재한다.

통계적 검정에 있어서의 '오류'는 2종류가 있다. 하나는 '제1종 오류(type Ⅰ error)'라고 부른다. 이것은 '귀무가설이 옳지만, 그것을 부정한다.'라는 잘못된 판단이다. 그리고 제1종 오류의 확률은 α로 표기되며, 유의수준에 해당한다. 이와 반대되는 것이 '제2종 오류(type Ⅱ error)'이다. 이것은 '귀무가설이 잘못된 것을 옳다고 판단해 버린다.'는 실수이며, β라고 표기된다. 이들의 관계를 정리하면 〈표 9-1〉과 같다.

〈표 9-1〉 제1종 오류와 제2종 오류의 관계

표본자료에 의하여 / 모집단 상태	귀무가설 채택	귀무가설 기각
귀무가설 사실	$1-\alpha$(신뢰수준)	α (제1종 오류, 통상 5%)
귀무가설 거짓	β (제2종 오류, 통상 10%)	$1-\beta$(검정력)

유의수준은 제1종 오류의 확률의 최대 허용한계이다. 사실, 귀무가설을 벗어난 검정통계량의 값이 나왔기 때문에 기각해 버리는 확률로, 유의수준이 작을수록 그만큼 제1종 오류 가능성이 낮은 검정을 하게 된다.

제2종 오류는 잘못된 귀무가설을 기각하지 않은 잘못을 말한다. 그리고 이것은 제1종 오류와 표리 관계에 있는데, 제1종 오류의 확률을 낮추면, 그 반대로 제2종 오류의 확률은 높아지는 경향이 있다. 유의수준을 낮추면, 판정 기준이 까다로운 탓에 귀무가설은 좀처럼 기각되지 않게 된다. 그렇게 되면 원래 기각될 귀무가설이 기각되지 않게 되므로, 이를 개선하는 방법은 표본의 규모를 키우는 것이다. 이런 이유에서도 사회과학 조사 데이터의 표본은 충분한 크기인 것이 바람직하다.

4. 양측검정과 단측검정

대학생 유학의 예를 생각해 보자. '대학생 유학 희망자의 비율은 50%가 아니다'라는 대립가설을 이용한다. 당연히 '50%가 아니다'라는 의미에는 값이 50%보다 작은 경우와 50%보다 큰 경우의 2개가 있다. 이처럼 값이 귀무가설보다 큰 경우와 작은 경우의 양쪽을 동시에 다루는 통계적 검정을 '양측검정'이라고 부른다.

귀무가설을 기각할지의 여부는 검정통계량이 기각역을 넘는 것으로 판단한다. 양측검정에서는 값이 크고 기각역을 넘을 때와 값이 작고 기각역을 밑도는 때가 그것에 해당한다. 〈그림 9-1〉에 그림으로 나타내었다. 이 때, 기각역보다 밖으로 벗어난 영역을 기각영역이라고 부른다.

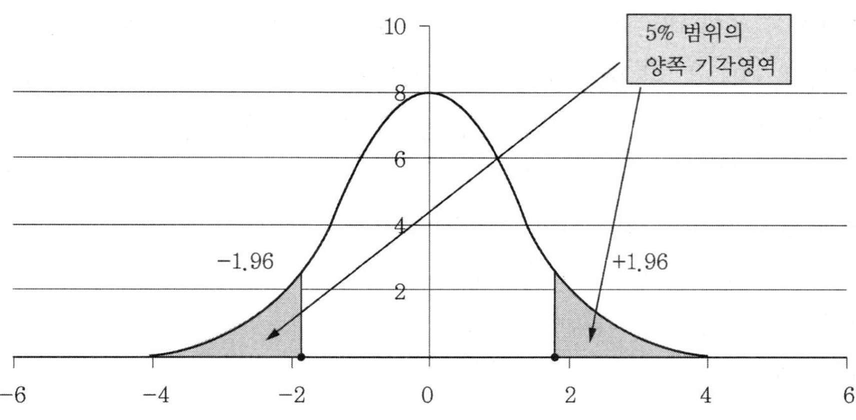

〈그림 9-1〉 양측검정의 기각영역

이에 반해 귀무가설보다 값이 큰 경우나 작을 경우 어느 한쪽만을 취급(표본 분포의 오른쪽이나 왼쪽의 어느 한쪽만 기각영역이 설정)하는 통계적 검정을 '단측검정'이라고 부른다. 단측검정의 경우, 대립가설은 다음과 같다.

- 우측검정의 대립가설 :
  모집단의 대학생 유학 희망자의 비율은 50%보다 크다.(H_1 : $\pi > 0.5$)
- 좌측검정의 대립가설 :
  모집단의 대학생 유학 희망자의 비율은 50%보다 작다.(H_1 : $\pi < 0.5$)

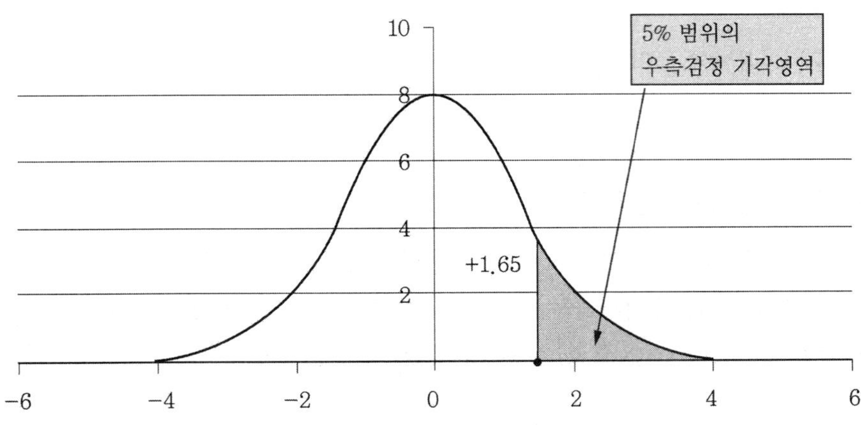

〈그림 9-2〉 우측검정의 기각영역

단측검정은 값의 대소 어느 한쪽에만 관심이 있거나 차이를 알고 있을 때, 유효한 방법이다. 예를 들어 평균 수명(평균 점등 시간)이 2만 시간의 형광등을 만들고 있는 기업이 있다고 하자. 이 때, 실제 평균 수명이 2만 시간보다 짧으면 '성능을 속이고 있다'고 소비자로부터 문제가 제기될 수 있다. 한편, 평균 수명이 2만 시간보다 길다면 그것을 탓하는 사람은 없을 것이다. 따라서 이 기업은 형광등의 평균 수명이 2만 시간보다 짧을지 여부에만 주목하여 제품의 품질검사를 하여야 한다.

그러나 이런 예는 사회과학에서는 그리 많지 않다. 따라서 특별한 사정이 없으면, 양측검정을 사용하는 것이 일반적이다.

제2절 ▌ 통계적 검정 절차

1. 통계적 검정 절차

통계적 가설검정은 일반적으로 다음과 같은 절차를 거쳐 이루어진다.

[단계 1] : 가설의 설정

먼저, 검정의 대상이 되는 귀무가설과 대립가설을 설정한다.

[단계 2] : 유의수준의 설정

설정된 귀무가설의 기각 기준이 되는 유의수준을 설정한다.

[단계 3] : 검정통계량의 계산

통계적 검정은 표본의 성질에서 모집단의 성질을 가늠하는 방법이다. 귀무가설이 옳다면 표본의 분석 결과가 모집단에서 어느 정도 일어날 수 있는 것인지, 그 확률을 계산한다. 그 때문에 필요한 것이 '검정통계량'으로 불리는 수치이며, 이를 바탕으로 확률적인 판단을 실시한다. 검정통계량은 Z값, t값, χ^2값 등이 대표적이다.

[단계 4] : 결론의 도출

귀무가설의 기각여부를 판단하기 위한 기준이 되는 값을 '기각역'이라고 부른다. 귀무가설의 기각여부는 계산된 검정통계량과 설정한 유의수준에 따라 정해진다. 즉, 실제의 표본 데이터로부터 얻은 검정통계량과 기각역을 비교하여 귀무가설이 옳은지 아닌지를 판단한다.

2. 통계적 검정의 유의사항

1) 귀무가설을 기각하는 경우

표본 데이터로부터 얻은 검정통계량이 기각역보다 클 경우, 귀무가설은 기각된다. 이 때, ① 귀무가설이 틀렸다, ② 데이터가 잘못되었다(귀무가설은 옳지만, 표본이 한쪽으로 치우침)의 2가지 가능성을 생각할 수 있다. 그러나 2가지 가능성 중에서 통계적 검정에서는 '데이터가 잘못되었다'를 생각한다.

이와같이 우리는 표본 데이터와 귀무가설이라는 논리보다 눈앞에 있는 데이터를 신뢰하게 된다. 그러므로 통계적 검정은 현장주의적으로 데이터를 먼저 생각하며, 귀무가설이 채택되는 확률이 낮은 것은 원래 귀무가설이 잘못됐기 때문이라는 것이 된다. 즉, 귀무가설은 부정되어야 한다는 판단으로 귀무가설은 기각되고, 대립가설이 남게 되며, 대립가설의 주장을 지지하는 입장을 취하게 된다.

2) 귀무가설을 기각할 수 없는 경우

계산된 검정통계량이 기각역을 넘지 않으면, 귀무가설은 부정되지 않으므로 기각할 수 없으며, 대립가설은 지지를 받지 못하는 입장이 된다.

여기서 주의할 것은 만일 이상과 같이 전개되어도 그것은 '귀무가설이 옳음을 증명했다'는 것은 아니라는 것이다. 어디까지나 '귀무가설이 틀렸다고 말할 수 없다'라는 이중 부정의 형태를 취하게 된다. 기각한다고 세운 귀무가설을 기각하지 못한 것을 가지고, 대립가설을 지지할 수 없는 논거로 제시하는 것이다.

3) 통계적 유의란?

귀무가설을 기각했을 때 연구 논문이나 보고서 등에 '통계적으로 유의하다'라든가 '통계적으로 유의적인 차가 나타났다' 등의 표현이 종종 나타난다. 이 '통계적으로 유의하다'는 말은, '통계적 검정 결과로 귀무가설을 기각해야 한다는 의미를 갖는다'라는 정도로 파악된다. 즉, 통계분석 결과가 '의미있다'거나 '학문적으로 의미가 있다'고 보증된 의미는 아니며, 어디까지나 통계적 검정이라는 추측 통계학적인 절차에 한정된 말이다. 그리고 귀무가설이 기각되지 않을 때를 '무의하다' 등의 표현은 결코 사용하지 않는다.

4) 유의수준과 기각역의 관계

통계적 검정은 가설의 올바름을 확률적으로 판단하는 방법이어서 잘못을 할 가능성이 반드시 존재한다. 그리고 표본 데이터에는 오차가 있기 마련이므로, 표본추출이 제대로 되어도 우연의 결과로서, 모집단을 반영하지 않는 결과를 얻는 경우가 있다.

유의수준은 귀무가설을 기각할 때 오류 확률로서 파악하는 것이라고 할 수 있다. 유의수준을 5%로 설정하는 것은 '오판할 위험성을 5%미만으로 억제하라'는 것이다. 이것이 유의수준의 의미이다. 그러므로 유의수준이 작을수록 그만큼 오류의 가능성이 낮은 검정을 하게 된다.

그리고 기각역은 유의수준에 따라 결정된다. 예컨대, 정규분포의 평균에 대한 가설검정에서 유의수준이 5%라면 기각역은 1.96, 유의수준이 1%라면 기각역은 2.58이 된다. 즉, Z값이 여러 종류가 있으므로, 그것에 따라 기각역도 다양한 값을 취한다.

〈그림 9-3〉은 0.01, 0.05, 그리고 0.5의 3가지 다른 유의수준을 가지고 가설검정을 한 결과를 나타낸 것으로, 각 분포상에 동일한 표본평균 $\overline{X}$의 위치를 표시하였다.

이 그림의 (a)와 (b)에 있어서는 모평균이 가설된 값과 동일하다는 귀무가설을 채택하게 되며, (c)에 있어서는 동일한 귀무가설을 기각하게 되었다. 왜냐하면 0.50의 유의수준이 너무 높아서 드물게 귀무가설을 채택하게 될 것이지만, 때때로 가설이 사실이지만 기각될 수도 있다.

(a) 유의수준 0.01

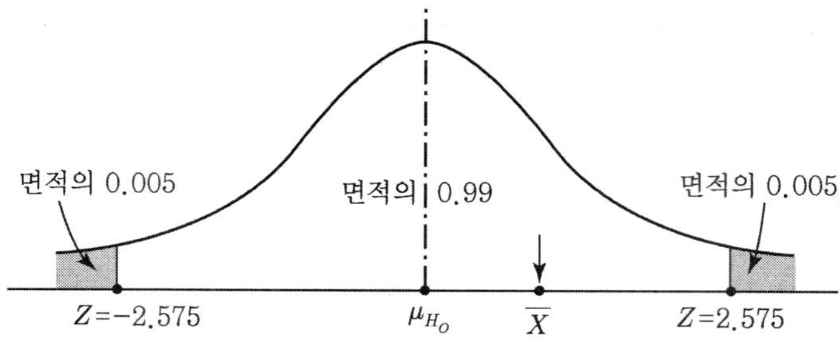

(b) 유의수준 0.05

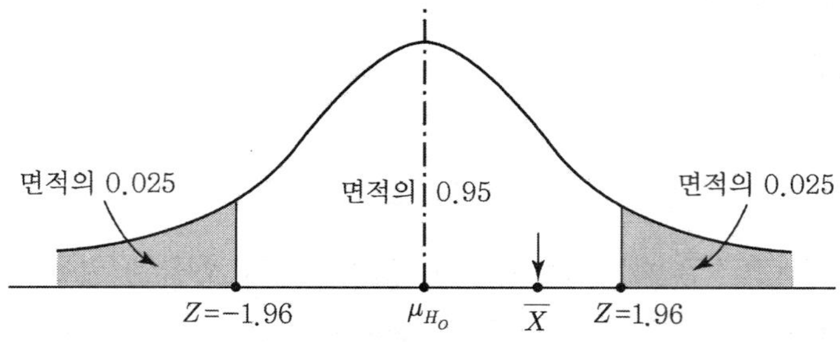

(c) 유의수준 0.5

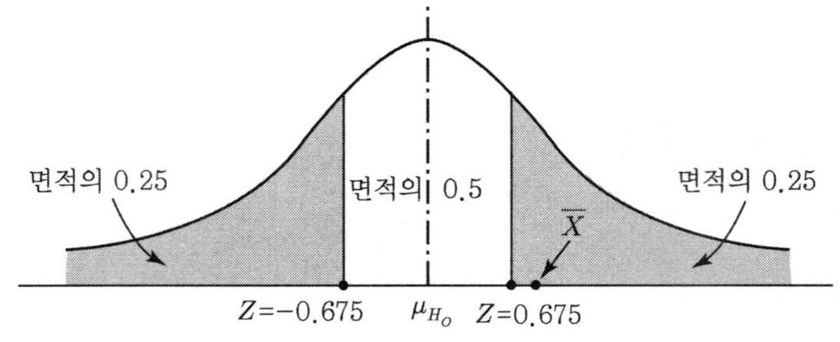

〈그림 9–3〉 유의수준에 따른 비교

3. 통계적 검정의 실제

통계적 검정에는 매우 많은 종류가 있다. 여기서는 사회과학 조사에서 잘 쓰이는 '비율의 검정'을 예로, 통계적 검정 방식을 설명하자. 이 통계적 검정의 목적은 모비율이 특정 값과 동일한 것인지를 알아내는 것이다.

전국 대학생들을 대상으로 유학 의사를 묻는 조사의 예를 사용하자. 대학생 1,600

명에 대한 표본조사 결과, 유학을 희망하는 대학생의 표본비율은 75.4%였다. 유학을 희망하는 대학생의 모비율 p를 0.5(50%)라고 가정하고, 유의수준을 0.05로 하여 검정해 보자.

1) 가설의 설정

$H_0: p = 0.5$ ← 귀무가설(모집단의 유학 희망자 비율은 50%이다.)

$H_1: p \neq 0.5$ ← 대립가설(모집단의 유학 희망자 비율은 50%가 아니다.)

2) 유의수준의 설정

$\alpha = 0.05$

3) 검정통계량의 계산

먼저 '모비율이 50%일 때, 표본비율이 75.4%가 될 확률은 얼마나 되는지'를 계산하자. 그리고 유의수준은 0.05이므로, 'Z값'이라고 불리는 표준정규분포를 이용하는 검정통계량을 구한다. 다음 식에 의하여 Z값을 구하면, Z값은 0.013이 된다.

$$Z = \frac{\bar{p} - p}{\sqrt{p(1-p)/n}} \tag{6-4}$$

$$= \frac{0.754 - 0.5}{\sqrt{0.5 \times 0.5 / 1,600}}$$

$$= 0.013$$

여기서, p : 모비율

$\bar{p}$: p의 추정치

4) 결론의 도출

마지막으로 계산된 검정통계량을 기준이 되는 기각역에 따라 판정을 내린다. 유의수준을 5%로 했을 때의 Z의 기각역은 1.96이다. 표본에서 얻은 Z값 0.013은 채택영역에 있다. 즉, '모집단의 유학 의사가 있는 대학생의 비율은 50%'라는 귀무가설이 옳다고 판단할 수 있다.

따라서 귀무가설은 지지를 받게 된다. 즉, 모집단의 대학생 유학 희망자의 비율은 50%라고 생각할 수 없다.

4. 가설검정을 위한 분포의 사용

유의수준을 결정한 다음, 사용할 확률분포를 결정하여야 한다. 〈표 9-2〉는 평균의 가설검정에서, 정규분포와 t분포 가운데 어떤 분포를 사용하는가를 요약한 것이다. 단지 표본수가 적고, 모집단의 표준편차를 모를 때 t분포를 사용한다.

〈표 9-2〉 평균의 가설검정을 위한 정규분포와 t분포의 사용

	모표준편차를 알 때	모표준편차를 모를 때
• 표본크기 n이 30보다 클 때	정규분포	정규분포
• 표본크기 n이 30이하이며 모수가 정규분포를 이룬다고 가정할 때	정규분포	t분포

제3절 표본평균의 가설검정

1. 평균의 양측검정

K사는 형광등을 생산하는 기업으로, 형광등의 희망 사용시간은 70,000시간이라고 한다. 400개를 표본으로 추출하여 조사한 결과, 형광등의 평균 사용시간이 69,000시간임을 알게 되었다. 모표준편차가 4,000시간임을 미리 알았다고 가정하고, 형광등의 희망 사용시간을 0.01의 유의수준으로 검정해 보자.

1) 가설의 설정

형광등의 희망 사용시간은 70,000시간이므로, 이 값이 귀무가설이 된다.

H_0 : $\mu = 70,000$ ← 귀무가설

H_1 : $\mu \neq 70,000$ ← 대립가설

2) 유의수준의 설정

$\alpha = 0.01$

3) 검정통계량의 계산

모표준편차를 알고 있으며 모집단의 크기가 상당히 크므로, 가설검정에 정규분포를 사용할 수 있다. 먼저, 식 (7-7)을 사용하여 표본평균의 표준편차를 계산한다.

$$\sigma_{\overline{x}} = \frac{\sigma}{\sqrt{n}} \qquad (7-7)$$

$$= \frac{4,000}{\sqrt{400}}$$

$$= 200(\text{시간})$$

〈그림 9-4〉는 이 문제를 도시한 것으로 2개의 점무늬 영역으로써 유의수준 0.01을 나타내며, 각 영역은 면적의 0.005만큼 포함한다. 0.99의 기각역은 평균을 중심으로 한쪽에 0.495의 면적을 포함한다. [부록 1]의 정규분포표에서 0.495에 대한 Z값은 2.54이다. 그러므로 기각역의 한계를 다음과 같이 계산할 수 있다.

$$\mu_{H_0} + 2.54\sigma_{\overline{X}} = 70,000 + 2.54 \times 200$$

$$= 70,508\text{시간} \quad \leftarrow \text{상한한계}$$

$$\mu_{H_0} - 2.54\sigma_{\overline{X}} = 70,000 - 2.54 \times 200$$

$$= 69,492\text{시간} \quad \leftarrow \text{하한한계}$$

4) 결론의 도출

아래 그림은 기각역의 한계인 70,508시간과 69,492시간을 나타내며, 또 표본평균 69,000시간이 기각영역 안에 있음을 보여준다. 따라서 가설된 평균치 70,000시간과 표본에 의하여 관측된 평균치 사이에 유의한 차이가 있으므로 귀무가설을 기각한다. 즉, 형광등의 희망 사용시간은 70,000시간이라고 할 수 없다.

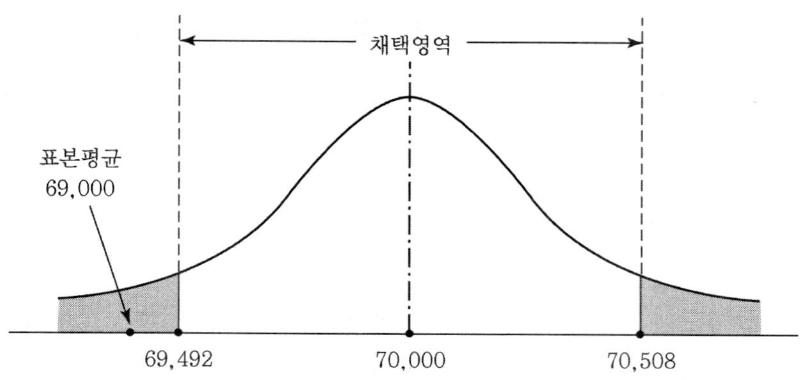

〈그림 9-4〉 유의수준 0.01 기각역

예제 9.1

S사는 라디오와 TV를 통한 제품 홍보가 매출량 증가에 효과가 있는지 확인하고자 한다. 48곳의 대리점을 선택하여 지난 1달간의 매출량을 조사한 결과, 평균 120.5개가 증가하였으며, 표준편차는 198.7이었다. 제품 홍보가 매출량 증가에 효과가 있었는지를 유의수준 0.05로 검정하라.

풀이 1) 가설의 설정

$H_0: \mu = 0$ ← 귀무가설

$H_0: \mu \neq 0$ ← 대립가설

2) 유의수준의 설정

$\alpha = 0.05$

3) 검정통계량의 계산

$\overline{X} = 120.5$, $s = 198.7$ 이므로, 식 (8-4)를 이용하여 Z값을 구한다.

$$Z = \frac{\overline{X} - \mu}{\sigma / \sqrt{n}} \qquad (8\text{-}4)$$

$$= \frac{120.5 - 0}{198.7 / \sqrt{48}}$$

$$= 4.202$$

4) 결론의 도출

검정통계량의 값이 4.202으로 기각역 $Z_{\frac{0.05}{2}} = 1.96$보다 크므로, 귀무가설 H_0를 기각하고 대립가설 H_1을 채택한다. 즉, 제품 홍보가 매출량 증가에 효과가 있다고 할 수 있다.

$$Z(= 4.202) > Z_{0.05}(= 1.96)$$

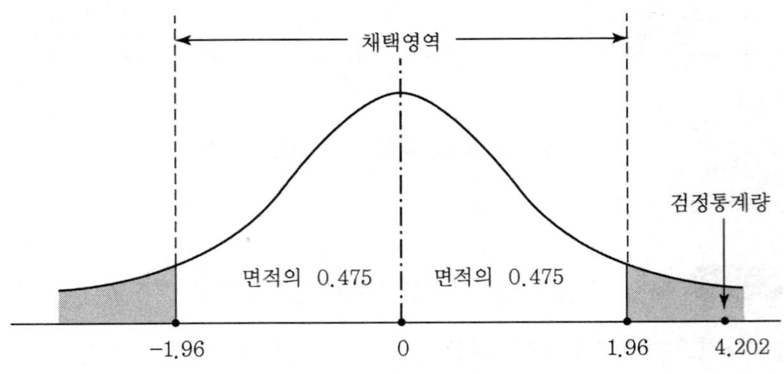

〈그림 9-5〉 유의수준 0.05의 양측검정

이와 같이 검정통계량의 Z값과 정규분포표의 Z값을 서로 비교하여 귀무가설 H_0의 채택여부를 결정할 수도 있다.

2. 평균의 단측검정

모집단 평균의 단측검정을 고려해 보도록 하자. 비타민을 생산하는 S제약회사는 비타민 1병당 평균용량이 200cc, 모표준편차가 4cc라는 것을 알고 있다. 그런데 임의로 100개를 표본추출하여 조사한 결과, 이 약들의 평균용량이 190cc인 것으로 나타났다. 0.05의 유의수준으로, 이 약의 용량이 기준보다 적은지를 검정해 보자.

1) 가설의 설정

$H_0 : \mu = 200$ ← 귀무가설

$H_1 : \mu < 200$ ← 대립가설

2) 유의수준의 설정

$\alpha = 0.05$

3) 검정통계량의 계산

알려진 모표준편차를 사용하여 표본평균의 표준오차를 계산할 수 있다.

$$\sigma_{\overline{X}} = \frac{\sigma}{\sqrt{n}} = \frac{4}{\sqrt{100}} = 0.4 \qquad (7-7)$$

〈그림 9-6〉은 좌측검정을 나타낸 것이며, 점무늬 부분은 유의수준 0.05의 기각영역을 나타낸다. 그리고 귀무가설의 채택영역은 평균을 중심으로 분포의 왼쪽부분 45%와 오른쪽부분 50%를 합친 총 면적의 95%이다. 현재, 모표준편차를 알고 n이 30보다 더 크므로 정규분포를 사용할 수 있으며, 정규분포표에서 곡선아래 면적의 45%에 해당하는 Z값이 1.645임을 알 수 있다.

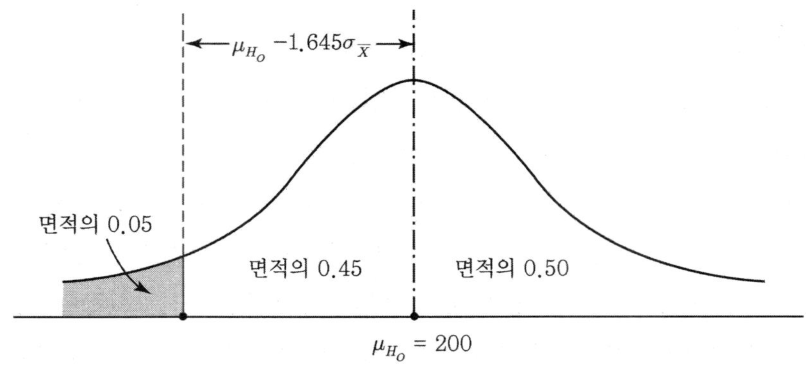

〈그림 9-6〉 유의수준 0.10의 좌측검정

이것을 이용하여 기각역의 하한한계를 계산할 수 있다.

$$\mu_{H_0} - 1.645\sigma_{\overline{X}} = 200 - 1.645 \times 0.4 = 199.34\text{CC} \leftarrow \text{하한한계}$$

4) 결론의 도출

기각역의 하한한계는 199.34cc이고, 아래의 그림에서 표본평균은 채택영역 밖에 놓여 있음을 알 수 있다. 그러므로 가설된 평균 200cc와 표본 관측치의 평균과의 사이에 유의한 차이가 있기 때문에, 귀무가설을 기각한다. 즉, 100개의 표본을 토대로 조사한 약의 용량은 기준량보다 부족하다고 할 수 있다.

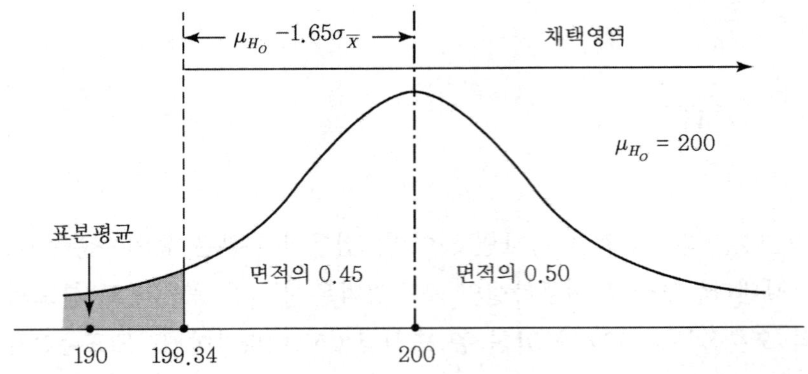

〈그림 9–7〉 유의수준 0.1의 기각역

예제 9.2

K전기회사는 표준편차가 4와트이며, 64와트의 일정출력을 유지하는 부품 200개의 선적주문을 받았다. 그러나 이 부품의 출력이 64와트를 초과할 경우에 발생하는 기계의 고장비용을 K사가 부담하여야 한다는 조건이 있다. K사의 경영자는 64와트라는 공장장의 주장이 사실인지의 여부를 유의수준 0.2로 검정하기 위하여 부품 가운데 36개의 표본을 조사한 결과, 평균 64.8와트의 출력을 나타내었다. 유한모집단을 따른다고 가정할 때, 공장장의 주장을 사실이라고 할 수 있겠는가?

풀이 1) 가설의 설정

$H_0 : \mu = 64$ ← 귀무가설

$H_1 : \mu > 64$ ← 대립가설

2) 유의수준의 설정

$\alpha = 0.2$

3) 검정통계량의 계산

$$\sigma_{\overline{X}} = \frac{\sigma}{\sqrt{n}} \tag{7-7}$$

$$= \frac{4}{\sqrt{36}}$$

$$= 0.67$$

그 다음, 기각역의 상한한계를 계산하면, $Z_{0.2} = 0.85$이므로,

$$\mu_{H_0} + 0.85\sigma_{\overline{X}} = 64 + 0.85 \times 0.67$$

$$= 64.57 \leftarrow \text{상한한계}$$

4) 결론의 도출

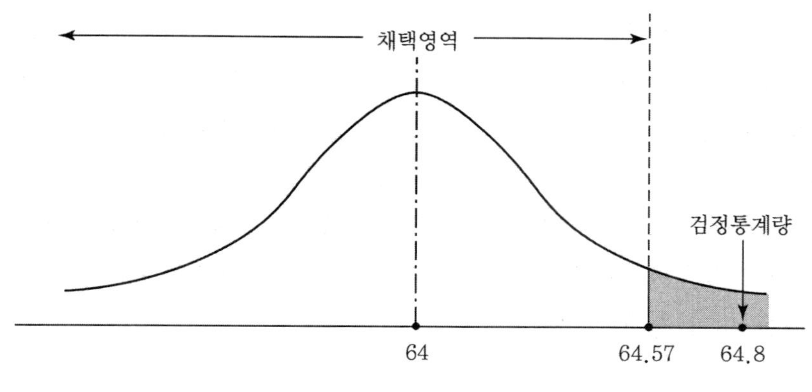

〈유의수준 0.2의 기각역〉

위의 그림에서 표본평균이 기각역에 존재하므로 가설된 평균과 표본 관측값의 평균 사이에 유의한 차가 있다. 따라서 귀무가설은 기각되며, 부품의 평균출력이 64와트보다 초과한다고 할 수 있다.

제4절 가설검정의 검정력 측정

이상적으로 생각한다면, α(제1종 오류)와 β(제2종 오류)는 둘 다 작아야 한다. 귀무가설이 사실일 때 기각하여 제1종 오류가 일어나게 되며, 또 제2종 오류는 잘못된 귀무가설을 받아들일 때 일어나며, 그 가능성은 β이다. 그러므로 귀무가설을 거짓이라고 생각하면, 경영자는 귀무가설을 기각하게 된다.

물론, 귀무가설이 거짓일 때 받아들일 확률 β가 가능한 한 최소화되도록 하여야 한다. 반면, 귀무가설이 거짓일 때의 기각확률인 $1-\beta$의 값이 높으면, 그 검정이 아주 잘 되었다는 것을 뜻한다. 즉, $1-\beta$의 값이 낮으면, 그 검정이 매우 나쁘다고 할 수 있다. 그러므로 $1-\beta$값은 그 검정이 얼마나 잘 되었는지에 대한 판단 기준이 되기 때문에 이를 검정력(power of the test)이라고 한다.

대립가설이 사실인 각 μ값에 대한 $1-\beta$값을 몇 개의 점으로 연결하면 곡선이 되는데, 이 곡선을 검정력곡선(power curve)이라고 한다.

〈그림 9-8〉에서 그림 (b)는 (a)의 검정력을 측정하여 검정력곡선으로 나타낸 것이다. 검정력곡선을 나타내기 위한 $1-\beta$의 값을 계산하는 것은 그림 (b)에 나타난 3개의 점과 같이 어렵지 않다. 이런 검정을 이용하여 병원에서 약을 구매할지 거절할지를 결정하는 것을 생각해 보자. 만약, 표본평균의 용량이 99.64cc보다 적다면, 병원에서는 귀무가설을 기각할 것이다.

그림 (b)에서 검정력곡선 상의 점 C를 고려해 보자. 모평균의 용량이 99.42cc가 주어져 있으며, 모집단에서 임의로 표본추출한 평균이 99.64cc보다 적을 확률을 계산하여야 한다.

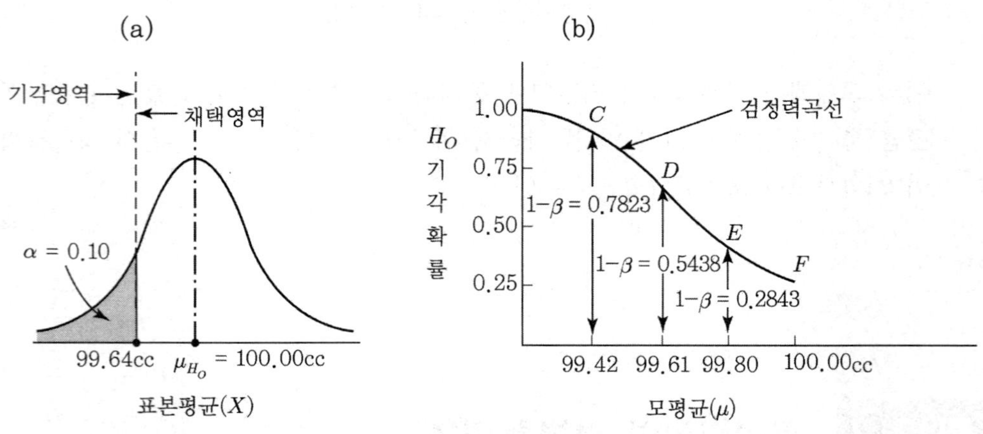

〈그림 9-8〉 검정력 곡선의 예

그림 (b)의 점 E에 사용하여, $\mu=99.80$의 검정력은 0.2843이라는 것을 알 수 있다. $1-\beta$값은 점 E의 오른쪽으로 계속 감소하고 있다. 그러므로 모평균이 100.00cc

에 보다 가까워짐에 따라, 검정력은 모평균이 정확하게 100.00cc일 때 귀무가설을 기각하는 확률에 점점 더 가까워질 것이다.

그러나 그 확률은 유의수준이 0.10인 경우의 확률이라는 것을 알 수 있으므로 검정력곡선은 모평균에서 0.10에 놓여 있는 점 F에서 끝나게 된다. 그림 (b)의 검정력곡선은 선적된 약의 용량이 미달됨으로써 만족스럽지 못하다면, 검정은 보다 까다로워짐을 나타낸다.

예제 9.3

$H_0 : \mu = 64$와트, $H_1 : \mu > 64$와트, $\sigma_{\overline{x}} = 0.67$, $\overline{X} = 64.8$와트, $\alpha = 0.2$의 자료를 이용하여 $\mu = 64.0$와트, 64.8와트, 65.5와트에 대한 검정력을 계산하라.

풀이 모평균이 $\mu = 64$, $\mu = 64.8$, $\mu = 65.5$일 때, 모집단에서 36개의 부품을 임의 추출한 표본평균이 64.8와트보다 적을 확률을 계산하여야 한다. 그러므로 식 (6-4)를 이용한다.

1) $\mu = 64$일 경우 :

$$Z = \frac{\overline{X} - \mu}{\sigma_{\overline{x}}} \qquad (8\text{-}4)$$

$$= \frac{64.8 - 64.0}{0.67}$$

$$= 1.19$$

64.8보다 적은 표본평균을 관측할 확률값이 정규분포표에서 $Z = 1.19$의 값이 0.3830이므로, $\mu = 64$에 대한 검정력$(1-\beta)$은 0.6170$(= 1 - 0.3830)$이다.

2) $\mu = 64.8$일 경우 :

$$Z = \frac{64.8 - 64.8}{0.67}$$

$$= 0$$

$Z = 0$이므로, 검정력$(1-\beta)$은 0.5이다.

3) $\mu = 65.5$일 경우 :

$$Z = \frac{64.8 - 65.5}{0.67}$$

$= -1.04$

[부록 1]의 정규분포표에서 $Z = 1.04$의 값이 0.3508이므로, 검정력$(1-\beta)$은 0.1492(= 1 − 0.8508)이 된다. 이것을 그림으로 나타내면, 다음과 같다.

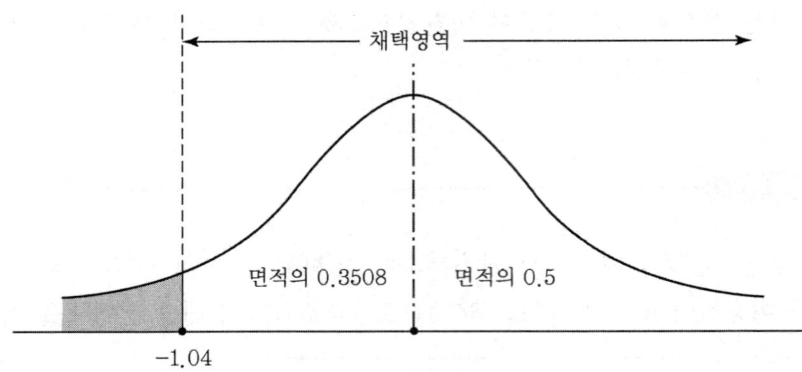

$\mu = 64.0$와트, 64.8와트, 65.5와트에 대한 검정력 가운데 $\mu = 64.0$와트의 검정력이 0.6170으로 가장 강력하다고 할 수 있다.

제5절 비율의 가설검정

1. 비율의 양측검정

비율의 양측검정 과정을 예를 들어 설명하자. 일반적으로 대졸 공무원들은 70%가 승진한다고 한다. 임의로 공무원 200명을 조사해 보니, 표본의 60%만이 승진하였다. 0.01의 유의수준으로 어떤 결론을 내리는 것이 좋을지를 검정해 보자.

1) 가설의 설정

$H_0: p = 0.7$ ← 귀무가설(공무원 70%가 승진할 수 있다.)

$H_1: p \neq 0.7$ ← 대립가설

2) 유의수준의 설정

$\alpha = 0.01$

3) 검정통계량의 계산

먼저 p_{H_0}와 $q_{H_0}(=1-p_{H_0})$의 가설된 값을 사용하여, 표본비율의 표준오차를 계산할 수 있다.

$$\sigma_{\bar{p}} = \sqrt{\frac{pq}{n}} \tag{7-14}$$

$$\sigma_{\bar{p}} = \sqrt{\frac{p_{H_0}q_{H_0}}{n}} \tag{9-1}$$

$$= \sqrt{\frac{(0.7)(0.3)}{200}}$$

$$= 0.032$$

이 경우에 실제비율이 가설된 비율보다 큰지 또는 작은지를 알기 원한다면 양측검정이 적절하다. 이것을 〈그림 9-9〉에 그림으로 나타내었다.

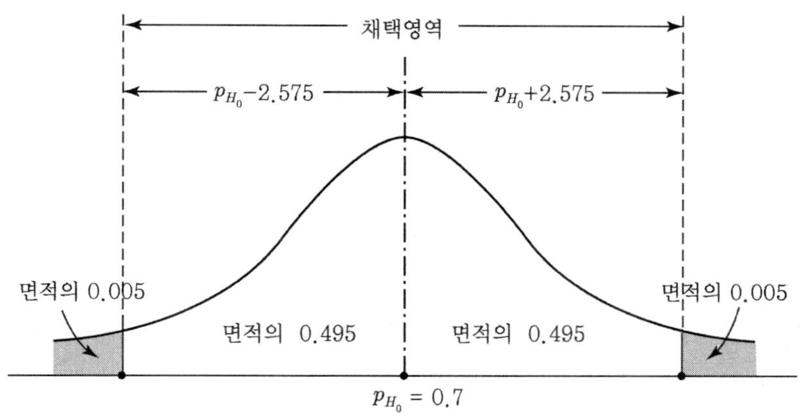

〈그림 9-9〉 유의수준 0.01 비율의 양측검정

유의수준은 두 개의 점무늬 부분에 대응하며, 한쪽이 면적의 0.005를 차지한다. 그리고 이 예는 표본크기 n이 30보다 크고($n \geq 30$), np와 nq가 각각 5보다 크므로($np \geq 5$, $nq \geq 5$), 이항분포의 근사치인 정규분포를 사용할 수 있다.

정규분포표에서 곡선 아래의 면적이 0.495인 Z값은 2.575임을 알 수 있다. 그러므로 기각역의 한계는 다음과 같다.

$$p_{H_0} + 2.575\sigma_{\bar{p}} = 0.7 + 2.575 \times 0.032$$
$$= 0.782 \quad \leftarrow \text{상한}$$
$$p_{H_0} - 2.575\sigma_{\bar{p}} = 0.7 - 2.575 \times 0.032$$
$$= 0.618 \quad \leftarrow \text{하한}$$

4) 결론의 도출

아래의 그림은 기각역의 한계인 0.782와 0.618을 나타낸 것이다. 여기서 표본비율 0.6은 기각역에 놓여 있음을 알 수 있다. 그러므로 귀무가설을 기각하고, 일반적인 승진비율(70%)과 표본에 의하여 관측된 공무원의 승진비율(60%) 사이에는

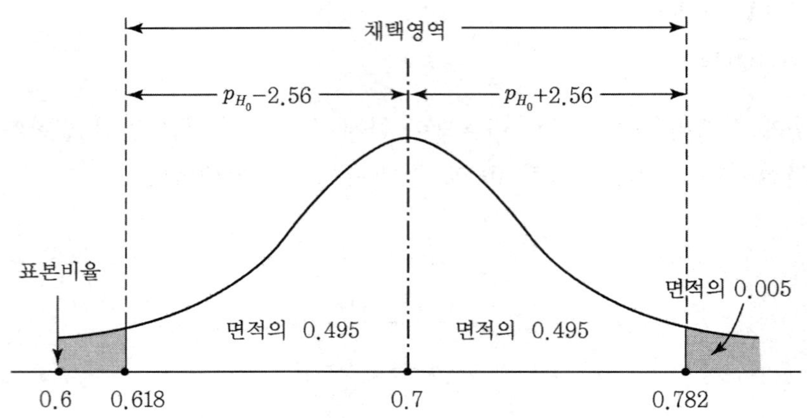

〈그림 9-10〉 유의수준 0.01의 기각역

유의한 차이가 있다고 결론을 내릴 수 있다. 즉, 공무원 실제 승진비율은 일반적인 승진비율보다 낮다는 것을 알 수 있다.

2. 비율의 단측검정

비율의 단측검정은 평균의 단측검정과 개념상으로 동일하며, 다음의 예를 통하여 살펴보도록 하자.

K기관은 지역공장들의 60% 이하가 표준공기오염도를 따르고 있다고 지역주민들에게 주장하고 있다. 따라서 공장수의 60%가 표준치를 따른다고 생각하는 환경

보호업체는 0.02의 유의수준으로 K기관의 주장을 검정하기로 결정하였다.

환경보호업체는 10,000개의 공장에서 100개의 공장을 표본추출하여, 이 가운데 40개 공장이 표준공기오염도를 따르는 것을 알게 되었다. K기관에서 주장하는 내용이 타당한지 알아보자.

1) 가설의 설정

이것은 단측검정으로, 환경보호업체는 실지비율이 0.6보다 더 작은지를 우려하고 있다. 그러므로 공장의 실지비율이 60%라는 귀무가설을 기각하기 위하여 환경보호업체는 0.6보다 더 작은 대립가설을 채택하여야 한다.

$H_0 : p = 0.6$ ← 귀무가설

$H_1 : p < 0.6$ ← 대립가설

2) 유의수준의 설정

$\alpha = 0.02$

3) 검정통계량의 계산

다음과 같이 가설된 모비율을 사용하여 표본비율의 표준오차를 계산할 수 있다.

$$\sigma_{\bar{p}} = \sqrt{\frac{p_{H_0} q_{H_0}}{n}} \quad (9\text{-}1)$$

$$= \sqrt{\frac{(0.6)(0.4)}{100}}$$

$$= 0.049 \quad \leftarrow \text{표본비율의 표준오차}$$

n 이 30보다 크고 np 와 nq 가 5보다 크므로, 이항분포의 근사치로써 정규분포표를 사용할 수 있다. 정규분포곡선 아래의 면적이 0.48인 Z값은 2.05이다. 그러므로 다음과 같이 기각역의 한계를 계산할 수 있다.

$$p_{H_0} - 2.05\sigma_{\bar{p}} = 0.6 - 2.05 \times 0.049$$

$$= 0.450 \quad \leftarrow \text{하한}$$

4) 결론의 도출

아래의 그림은 기각역의 한계인 0.450과 표본비율 0.4(= 40 ÷ 100)를 나타낸 것으로, 표본비율이 채택영역의 밖에 있음을 알 수 있다. 따라서 환경보호업체는 공장의 실지비율이 0.6이라는 귀무가설을 기각한다. 즉, K기관의 주장이 타당하다고 할 수 있다.

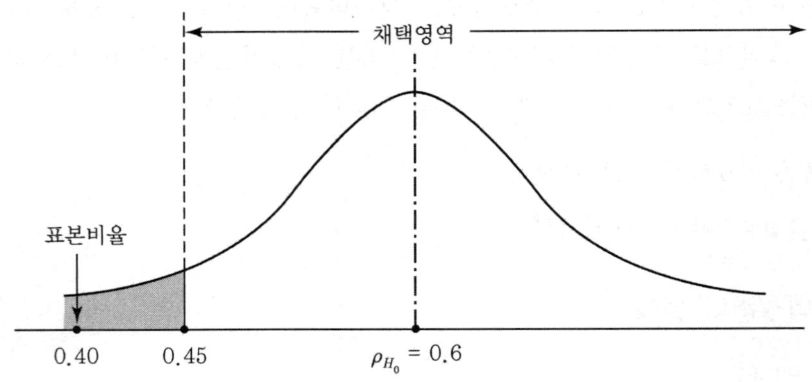

〈그림 9-11〉 표본비율과 기각역

예제 9.4

K기업의 노동자 5,000명 가운데 어느 정도의 비율이 노동조합을 선호하고 있는지 알기 위하여 100명의 노동자를 차출하여 설문조사를 실시하였다. 과거의 조사로는 노동자의 42%가 노동조합을 선호하였으나 최근 조사에는 45%를 보였다. 0.10의 유의수준에서 노동자들의 태도에 뚜렷한 변화가 있었는지를 나타내어라.

풀이 1) 가설의 설정

$H_0: p = 0.42$ ← 귀무가설

$H_1: p \neq 0.42$ ← 대립가설

2) 유의수준의 설정

$\alpha = 0.10$

3) 검정통계량의 계산

표본비율의 표준오차를 계산하면, 다음과 같다.

$$\sigma_{\bar{p}} = \sqrt{\frac{p_{H_0} q_{H_0}}{n}} \tag{9-1}$$

$$= \sqrt{\frac{0.42 \times 0.58}{400}}$$

$$= 0.025$$

$\alpha = 0.1$ 인 Z값은 1.65이므로, 기각역의 한계를 계산하면 다음과 같다.

$$p_{H_0} + 1.645\sigma_{\bar{p}} = 0.42 + 1.645 \times 0.025$$

$$= 0.461 \leftarrow \text{상한}$$

$$p_{H_0} - 1.645\sigma_{\bar{p}} = 0.42 - 1.645 \times 0.025$$

$$= 0.379 \leftarrow \text{하한}$$

4) 결론의 도출

다음 그림은 기각역의 한계인 0.461과 0.379를 나타낸 것이다. 여기서 표본비율 0.45는 채택영역에 놓여 있으므로, 귀무가설을 채택한다. 즉, 과거와 최근의 노동자들이 노동조합의 선호에 변화가 없음을 알 수 있다.

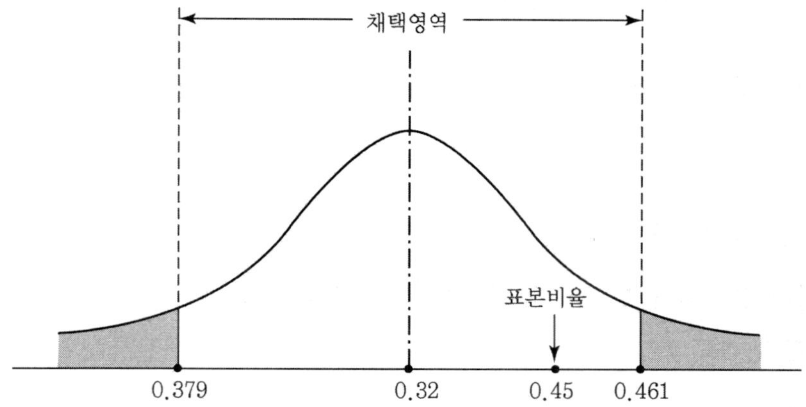

제6절 다른 상황에서의 평균의 가설검정

신뢰구간을 추정할 때, 모집단 표준편차 σ가 미지이므로 표본표준편차를 이용할 경우에 표본의 크기가 중요함을 알고 있다. 만약, 표본의 크기가 30이하이고 σ가 미지이면, t분포를 사용하며, 이때 t분포의 자유도는 $n-1$이다.

1. t 분포를 이용한 모집단 평균의 양측검정

P기업의 인사담당직원이 채용시험을 채점하는 과정에서 최고경영자가 어떻게 진행되는지를 묻자, 담당직원은 "아주 좋습니다. 평균시험점수가 90점 정도입니다."라고 대답하였다. 최고경영자가 이미 채점된 20개의 답안지를 검토한 결과, 평균이 84점이고, 표준편차가 11점임을 알았다. 인사담당직원의 말을 0.10의 유의수준으로 검정하는 과정을 살펴보자.

1) 가설의 설정

$H_0: \mu = 90$ ← 귀무가설

$H_1: \mu \neq 90$ ← 대립가설

2) 유의수준의 설정

$\alpha = 0.10$

3) 검정통계량의 계산

모집단 표준편차가 미지이므로 표본편차를 이용하여 모집단 표준편차를 추정하여야 한다.

$$\hat{\sigma} = s \qquad (7\text{-}2)$$
$$= 11$$

이제 표본평균의 표준오차를 계산할 수 있다. 모집단 표준편차의 추정치 $\hat{\sigma}$를 사용하여 평균의 표준오차를 추정할 수 있다.

$$\hat{\sigma}_{\bar{x}} = \frac{\hat{\sigma}}{\sqrt{n}} \quad (7\text{-}7)$$

$$= \frac{11}{\sqrt{20}}$$

$$= 2.460$$ ← 추정된 표본평균의 표준오차

0.10의 유의수준은 t분포 좌우 끝부분의 면적이 0.05인 두 개의 점무늬 부분이며, 표본의 크기가 20이므로 자유도는 19이다. 그러므로 [부록 2]의 t분포표에서 0.05열과 자유도 19행이 만나는 곳에서 t값 1.729를 찾을 수 있으며, 이 t값은 기각역의 한계를 계산하기 위하여 사용한다.

$$\mu_{H_0} + 1.729\hat{\sigma}_{\bar{x}} = 90 + 1.729(2.46)$$

$$= 94.253$$ ← 상한

$$\mu_{H_0} - 1.729\hat{\sigma}_{\bar{x}} = 90 - 1.729(2.46)$$

$$= 85.747$$ ← 하한

4) 결론의 도출

아래 그림은 기각역의 한계인 94.25와 85.75 그리고 표본평균 84를 나타낸 것이다. 이 그림에서 표본평균이 채택영역의 바깥부분에 위치하므로 최고경영자는 귀무가설을 기각한다.

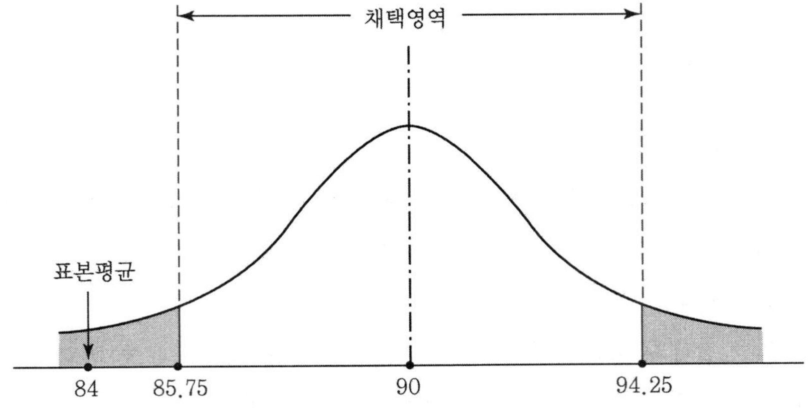

〈그림 9–12〉 유의수준 0.10의 양측검정

2. t 분포를 이용한 모집단 평균의 단측검정

t분포를 이용한 단측검정 과정은 정규분포를 이용한 단측검정과 이론적으로 같지만, 단측검정의 사용은 다소 어려움이 있다.

예제 9.5

S철강회사의 일일생산량을 25일간 조사한 결과, 평균 $\overline{X}=916$톤, 표준편차 $s=12$톤으로 나타났다. 이 회사의 일일생산량이 910톤을 넘었는지 유의수준 0.05에서 검정하라.

풀이 1) 가설의 설정

$H_0: \mu \le 910$ ← 귀무가설

$H_1: \mu > 910$ ← 대립가설

2) 유의수준의 설정

$\alpha = 0.05$

3) 검정통계량의 계산

표본에서 구한 평균을 Z값을 구하는 식 (6-2)를 이용하여 t값으로 바꾸면, 다음과 같다.

$$t=\frac{\overline{X}-\mu}{s/\sqrt{n}} \tag{6-7}$$

$$=\frac{916-910}{12/\sqrt{25}}$$

$$=0.250$$

그리고 표본수가 25개 이므로, t분포표를 이용한다. t분포에서 유의수준 0.05와 자유도 $24(=25-1)$인 t값은 1.711임을 알 수 있다.

4) 결론의 도출

다음 그림에서 검정통계량 0.25가 채택영역에 위치하므로 귀무가설을 채택한다. 즉, S철강회사의 일일생산량이 910톤을 넘는다고 할 수 없다.

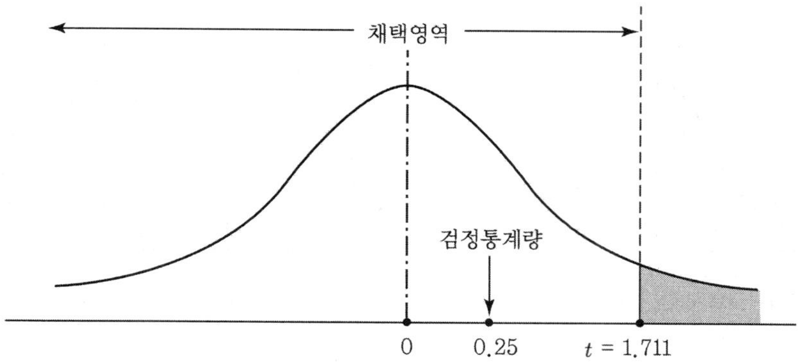

이와 같이 식 (6-7)를 이용하여 계산된 검정통계량의 t값과 기각역의 t값을 비교하여 검정하여도 결과는 동일하다.

제7절 두 모집단의 평균과 비율에 관한 가설검정

경영자들은 많은 상황을 결정하는데 있어서 두 모집단의 모수들이 서로 같은지 다른지를 결정할 필요가 있다. 예를 들면, 어떤 회사에서는 동일한 작업을 하는 여성근로자들이 남성근로자들보다 적은 수당을 받고 있는지의 여부에 대한 검정을 원할 수 있다. 그리고 제약담당자는 새로운 약에 대해 한 집단의 실험동물들이 다른 집단의 실험동물과 다르게 반응하는지에 대하여 알기를 원할 것이다.

1. 두 모집단 모수 사이의 차이에 관한 표본분포

두 모집단에서 이들 표본평균 사이의 차에 관한 분포가 관심의 대상이다. 〈그림 9-13〉은 이러한 표본분포를 개념화하는데 도움을 줄 것이다. 그림 (a)는 모집단 1과 모집단 2를 나타낸 것으로, 두 모집단에서는 각각 평균이 μ_1, μ_2, 표준편차가 σ_1, σ_2이다. 그리고 (b)에는 모집단에 대한 평균의 표본분포가 나타나 있으며, (c)는 두 표본평균 사이의 차에 관한 표본분포이다.

(a)

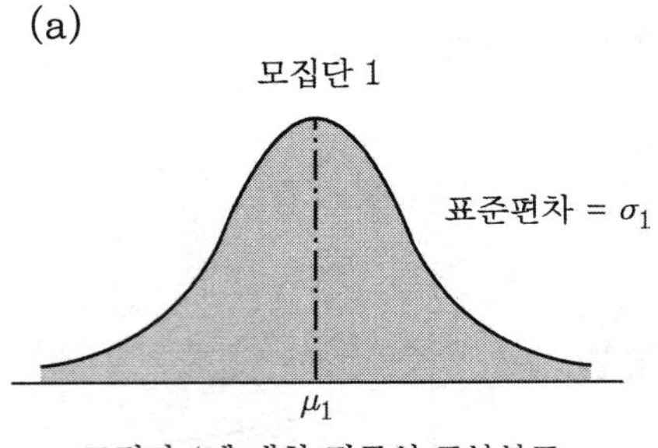

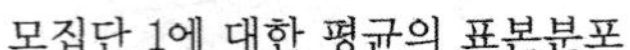

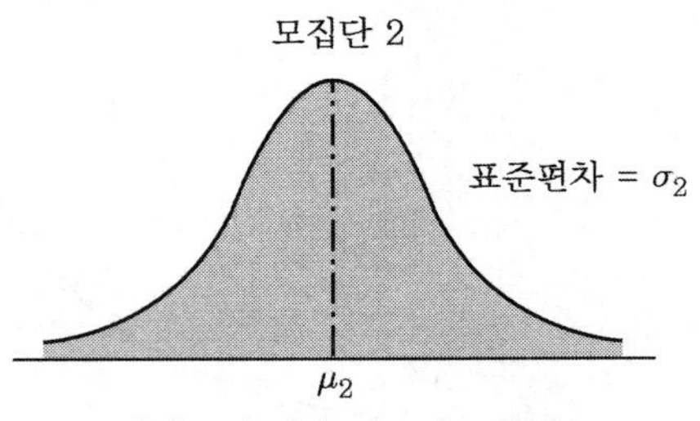

(b)

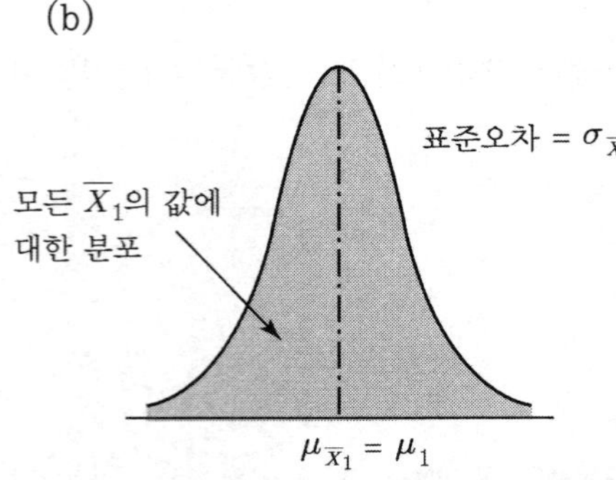

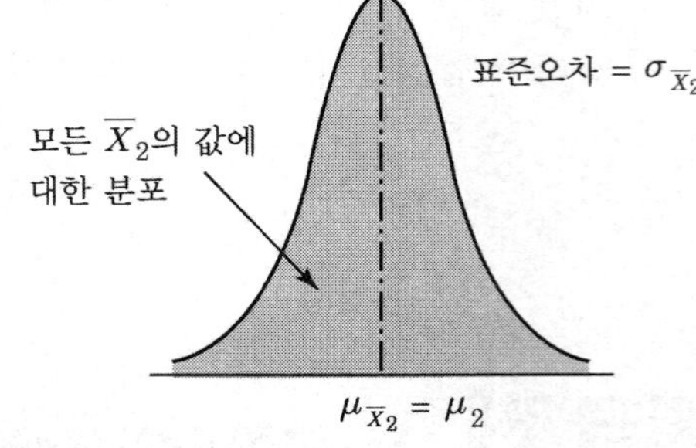

표본평균 사이의 차에 대한 표본분포

(c)

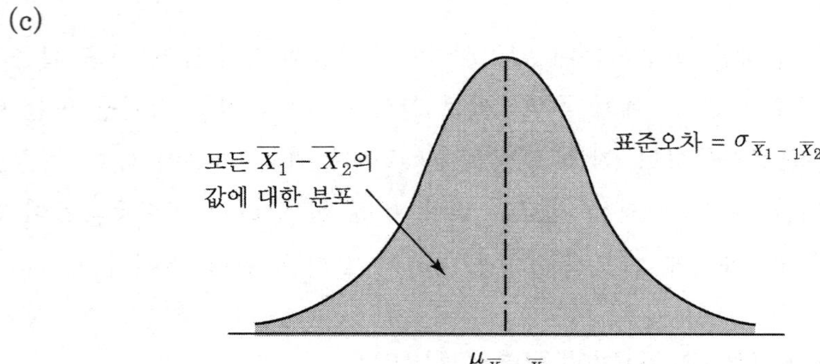

〈그림 9-13〉 표본분포의 기초개념

〈그림 9-13〉의 (b)에 나타낸 두 개의 이론적인 평균의 표본분포는 모집단분포와 일치될 수 있는 가능한 표본크기의 표본으로 만들어졌다. 이제, 모집단 1의 분포로부터 임의의 표본을 취하고, 모집단 2의 분포로부터 또 하나의 임의의 표본을 취한다고 하자. 만약, 두 표본평균을 뺀다면 다음과 같다.

$\overline{x_1} - \overline{x_2}$: 표본평균의 차

위의 차에서 $\overline{x_2}$보다 $\overline{x_1}$이 크면 양의 값이 되고, $\overline{x_1}$보다 $\overline{x_2}$가 크면 음의 값이 된다. 그리고 표본평균 사이의 차에 관한 표본분포를 나타내기 위하여, 가능한 모든 $\overline{x_1} - \overline{x_2}$의 차를 하나의 분포로 〈그림 9-13〉의 (c)에 나타내었다. 표본평균들의 차에 관한 표본분포의 평균은 $\mu_{\overline{x_1} - \overline{x_2}}$로 표시하고, $\mu_1 - \mu_2$로도 표시한다. 만약, $\mu_1 = \mu_2$이면, $\mu_{x_1} - \mu_{x_2} = 0$이 된다.

표본평균 사이의 차에 관한 분포의 표준편차는 '두 평균 사이의 차에 관한 표준오차(standard error of the difference between two means)'라고 부르며, 다음 식을 이용하여 계산한다.

$$\sigma_{\overline{x_1} - \overline{x_2}} = \sqrt{\frac{\sigma_1^2}{n_1} + \frac{\sigma_2^2}{n_2}} \qquad (9\text{-}2)$$

여기서, $\sigma_{\overline{x_1} - \overline{x_2}}$: 두 평균 사이의 차에 대한 표준오차

n_1 : 모집단 1에서 추출된 표본크기

n_2 : 모집단 2에서 추출된 표본크기

만약, 두 모집단의 표준편차를 알 수 없다면, 두 평균 사이의 차에 대한 표준오차를 추정하여야 한다. 이때, 앞에서 다룬 것과 같이 표본표준편차에서 모표준편차를 추정하는 것과 동일한 방법을 두 표본평균 사이의 차에 관한 표준오차의 추정에도 적용할 수 있다.

$$\hat{\sigma} = s \qquad (7\text{-}2)$$

따라서 두 표본평균 사이의 차에 관한 추정된 표준오차의 식은 다음과 같다.

$$\hat{\sigma}_{\overline{x_1} - \overline{x_2}} = \sqrt{\frac{\widehat{\sigma_1^2}}{n_1} + \frac{\widehat{\sigma_2^2}}{n_2}} \qquad (9\text{-}3)$$

2. 평균 사이의 차이에 관한 양측검정

다음의 예를 이용하여, 두 평균 사이의 차이에 관한 가설의 양측검정방법을 살펴보자.

S공장의 정비책임자는 반숙련공의 시간당 수당이 A, B의 두 도시에서 서로 차이가 있는지 알기를 원한다. 이 책임자는 두 도시에서 시간당 소득을 임의로 표본추출하였으며, 조사결과는 다음과 같다.

〈표 9-3〉 시간당 수당자료

시	표본에서의 시간당 평균 수당	표본표준편차	표본크기
A시	750달러	30달러	400개
B시	720달러	50달러	100개

정비책임자는 두 도시에서의 반숙련공에 대한 시간당 수당 사이에 차이가 없다는 것을 유의수준 0.02로 가설검정을 원한다고 가정하자.

1) 가설의 설정

$H_0: \mu_1 = \mu_2$

$H_1: \mu_1 \neq \mu_2$

2) 유의수준의 설정

$\alpha = 0.02$

3) 검정통계량의 계산

두 모집단의 표준편차는 알 수 없으므로, 다음과 같이 모표준편차를 추정한다.

$\widehat{\sigma_1} = s_1 = 30$원, $\widehat{\sigma_2} = s_2 = 50$원

이제, 두 평균 사이의 차에 대한 추정된 표준오차를 구하면 다음과 같다.

$$\hat{\sigma}_{\bar{x}_1 - \bar{x}_2} = \sqrt{\frac{\widehat{\sigma_1^2}}{n_1} + \frac{\widehat{\sigma_2^2}}{n_2}} \tag{9-3}$$

$$= \sqrt{\frac{(30)^2}{400} + \frac{(50)^2}{100}}$$

$= 5.220 \leftarrow$ 추정된 표준오차

기각역은 양쪽 두 개의 면적이 각각 0.01이고, 두 표본의 크기가 충분히 크기 때문에 정규분포를 이용할 수 있다. 그러므로 [부록 1]의 정규분포표를 이용하면, 0.49 곡선 밑부분에 대한 적절한 Z값이 2.33이 됨을 알 수 있다.

$$0+2.33\hat{\sigma}_{\overline{x}_1-\overline{x}_2}=0+2.33\times5.22$$
$$=12.163 \leftarrow \text{상한}$$
$$0-2.33\hat{\sigma}_{\overline{x}_1-\overline{x}_2}=0-2.33\times5.22$$
$$=-12.163 \leftarrow \text{하한}$$

이 가설을 그림으로 설명할 수 있으며, 〈그림 9-14〉에서 유의수준은 0.02로 두 개의 점무늬 부분과 같고, 각각 0.01의 면적을 포함한다.

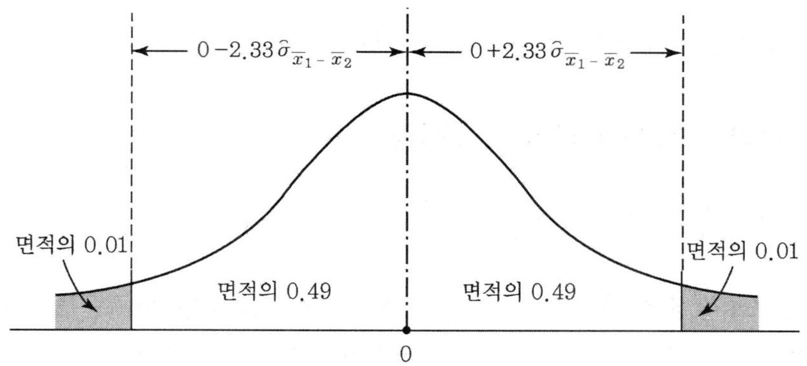

〈그림 9-14〉 두 평균 사이의 차에 대한 양측검정($\alpha=0.02$)

4) 결론의 도출

표본평균 사이의 차는 다음과 같이 계산한다.

$$\text{차}=\overline{x_1}-\overline{x_2}$$
$$=750-720$$
$$=30$$

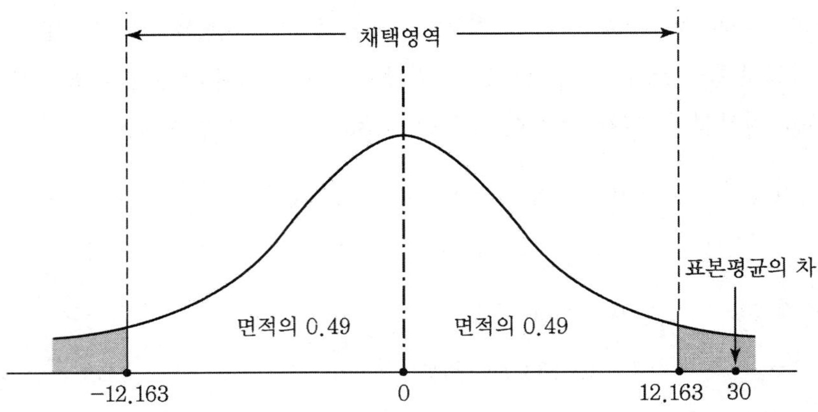

〈그림 9–15〉 두 평균 사이의 차에 대한 양측검정의 기각역

따라서 표본평균 사이의 차가 채택영역의 밖에 있으므로 H_0는 기각된다. 즉, 두 도시의 반숙련공의 수당은 차이가 있다고 할 수 있다.

3. 평균 사이의 차이에 관한 단측검정

평균 사이의 차에 관한 단측검정의 과정은 평균의 단측검정의 과정과 개념적으로 같다.

두 개의 조립공장을 가지고 있는 A기업은, 최근 5년 동안 이천공장보다 울산공장에 많은 재정적 투자를 하였으며, 이러한 투자전략이 보다 높은 생산성의 결과를 가져왔는지 알고 싶었다. 다음 표는 두 공장에서의 생산성 표본에서 얻은 자료를 나타낸 것이다. 두 공장에 대한 장기간의 자료가 유효하기 때문에 모집단의 표준편차는 알려져 있고, 이러한 관계로 생산성은 공장 생산성의 백분율로서 실질적인 생산량을 표현하였다. 울산공장의 생산성수준이 이천공장보다 높은지, 0.05의 유의수준으로 검정해 보자.

공 장	공장별 생산성의 표준편차	관찰된 날짜수	장기간에 걸친 생산성의 표준편차
울산공장	90%	40	12%
이천공장	85%	36	13%

1) 가설의 설정

$H_0 : \mu_1 = \mu_2$ ← 귀무가설

$H_1 : \mu_1 > \mu_2$ ← 대립가설

2) 유의수준의 설정

$\alpha = 0.05$

3) 검정통계량의 계산

검정의 첫 번째 과제는 두 평균 사이의 차에 대한 표준오차의 계산이다. 모집단 표준편차가 알려져 있기 때문에 식 (9-2)를 이용하여 구한다.

$$\sigma_{\bar{x}_1 - \bar{x}_2} = \sqrt{\frac{\sigma_1^2}{n_1} + \frac{\sigma_2^2}{n_2}} \qquad (9\text{-}2)$$

$$= \sqrt{\frac{12^2}{40} + \frac{(13)^2}{36}}$$

$$= 2.879 \leftarrow \text{표준오차}$$

〈그림 9-16〉에서 유의수준 0.05는 분포의 오른쪽 점무늬 부분으로 나타낼 수 있으며, 두 표본의 크기가 각각 30개 이상이므로 정규분포가 적절한 표본분포이다.

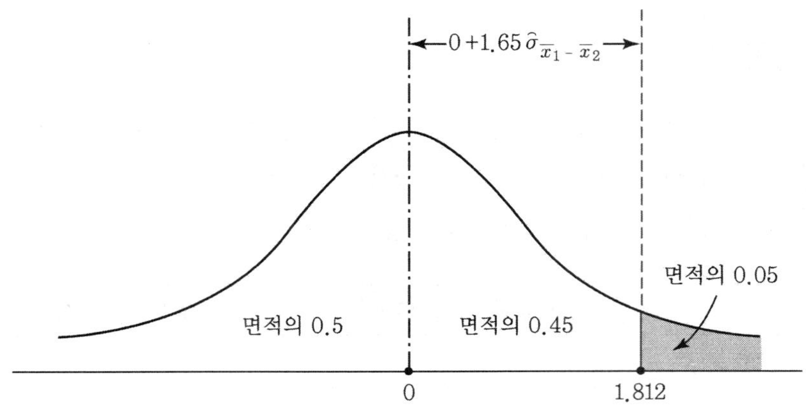

〈그림 9-16〉 두 평균 사이의 차에 대한 단측검정

정규분포표에서 곡선 밑 부분의 0.45에 대한 Z값은 1.645이고, 두 생산성 평균 사이의 차에 대한 가설된 표본분포의 평균 $\mu_{\bar{x}_1 - \bar{x}_2}$ 값은 0이 된다. 그러므로 기각역의 한계를 결정하기 위한 계산은 다음과 같다.

$$0 + 1.65\sigma_{\overline{x}_1 - \overline{x}_2} = 0 + 1.65 \times 2.879$$
$$= 4.75 \leftarrow \text{상한}$$

4) 결론의 도출

아래 그림은 기각역의 한계와 두 표본생산성 사이의 차이 5(= 90 − 85)를 나타낸 것으로, 두 표본평균 사이의 차가 기각역에 있으므로, 귀무가설을 기각한다. 즉, 두 공장의 생산성이 다르다는 대립가설을 채택하게 된다.

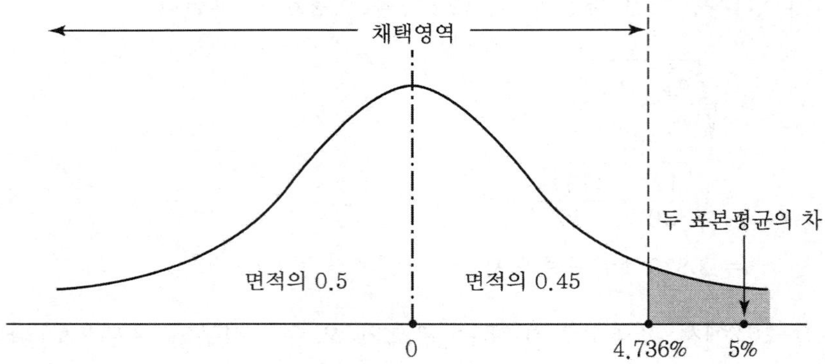

〈그림 9-17〉 단측검정의 기각역과 표본평균의 차

예제 9.6

S연구소는 성장호르몬의 체중증가에 대한 영향을 조사하기 위해 쥐에게 주사실험을 실시하였다. 6마리의 쥐에는 생장호르몬을 주사하고 다른 6마리에는 주사를 하지 않고, 일정기간 체중증가를 기록한 결과는 다음과 같다.

	호르몬 주사 쥐(x)	주사하지 않은 쥐(y)
평 균	60.8	41.8
표준편차	16.4	7.6

성장호르몬을 주사한 쥐의 체중 증가가 현저히 늘어났음을 유의수준 0.05에서 검정하라.

풀이 1) 가설의 설정

$H_0 : \mu_x = \mu_y$

$H_1 : \mu_x > \mu_y$

2) 유의수준의 설정

$\alpha = 0.05$

3) 검정통계량의 계산

표본수가 6개 이므로, t분포를 이용하여야 한다.

$$t = \frac{\overline{x} - \overline{y}}{\sqrt{\frac{(n_1 - 1)s_x^2 + (n_2 - 1)s_y^2}{n_1 + n_2 - 2} \times \left(\frac{1}{n_1} + \frac{1}{n_2}\right)}} \quad (9\text{-}4)$$

여기서, $\overline{x}$: 성장호르몬을 주사한 쥐의 체중 증가의 평균

s_x : 성장호르몬을 주사한 쥐의 체중 증가의 표준편차

$\overline{y}$: 주사하지 않은 쥐의 체중 증가의 평균

s_y : 주사하지 않은 쥐의 체중 증가의 표준편차

$$= \frac{60.8 - 41.8}{\sqrt{\frac{5 \times 16.4^2 + 5 \times 7.6^2}{10} \times \frac{2}{6}}} = 2.575$$

4) 결론의 도출

검정통계량의 값 2.575가 기각역 $t_{(0.05;10)} = 1.812$보다 크므로, 귀무가설 H_0을 기각한다. 즉, 성장호르몬을 주사한 쥐의 체중이 늘어났다고 할 수 있다.

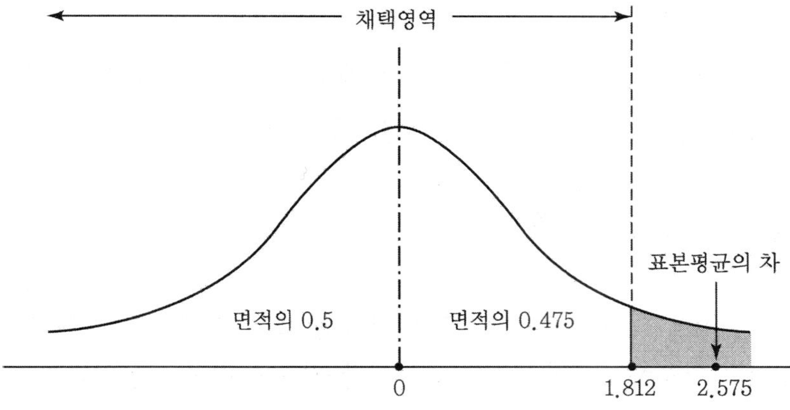

4. 비율 사이의 차이에 관한 양측검정

혈압을 줄일 목적으로 제조된 두 개의 새로운 약을 검사하는 K연구기관에서는, 각기 다른 2개의 실험실에 있는 쥐에게 조제된 약을 투여했는데, 집단 1은 실험된 100마리 가운데 71마리가 약품 1에 대하여 혈압이 낮게 나타났고, 집단 2에서는 실험된 90마리 중 58마리가 약품 2에 대하여 혈압이 낮게 나타났다. K연구기관은 유의수준 0.05에서 두 약품이 효능면에서 차이가 있는지를 검정하기 원한다면, 이 문제를 어떻게 처리할 것인가를 생각해 보자.

1) 가설의 설정

$H_0: p_1 = p_2$ ← 귀무가설

$H_1: p_1 \neq p_2$ ← 대립가설

2) 유의수준의 설정

$\alpha = 0.05$

3) 검정통계량의 계산

가설검정에서 이용하는 표본분포의 표준편차를 계산하여야 하며, 두 비율 사이의 차에 관한 표준오차를 구하여야 한다. 그러므로 비율에 관한 표준오차의 식을 이용하여 식 (9-3)의 두 표본평균 사이의 차에 관한 표준오차에서와 같은 형태로, 다음과 같은 식을 구할 수 있다.

$$\sigma_{\overline{p_1}-\overline{p_2}} = \sqrt{\frac{p_1 q_1}{n_1} + \frac{p_2 q_2}{n_2}} \qquad (9-5)$$

모집단 모수 p_1, p_2, q_1, q_2를 모르므로 제조된 두 약품을 검정하기 위하여 표본통계량 $\overline{p_1}$, $\overline{p_2}$, $\overline{q_1}$, $\overline{q_2}$로부터 모수의 추정치를 구하여야 하며, 그 식은 다음과 같다.

$$\hat{\sigma}_{\overline{p_1}-\overline{p_2}} = \sqrt{\frac{\overline{p_1}\,\overline{q_1}}{n_1} + \frac{\overline{p_2}\,\overline{q_2}}{n_2}} \qquad (9-6)$$

그러나 이것에 대하여 조금 더 깊이 생각해 보자. 만일, 두 모집단 비율 사이에 차가 없다고 가설을 세운다면, 결국 모집단 전체에 대한 성공비율의 가장 좋은 추정치는 두 표본에서 결합된 성공의 비율이다. 제조된 두 약품을 부호로서 식을 나

타내면, 다음과 같다.

$$\hat{p} = \frac{(n_1)(\overline{p_1}) + (n_2)(\overline{p_2})}{n_1 + n_2} \qquad (9-7)$$

$$= \frac{(100)(0.71) + (90)(0.644)}{100 + 90}$$

$$= 0.679$$

이제, 식 (9-6)에 $\hat{p}$와 $\hat{q}$값을 이용하여 다음과 같이 변형시킬 수 있다.

$$\hat{\sigma}_{\overline{p_1} - \overline{p_2}} = \sqrt{\frac{\hat{p}\hat{q}}{n_1} + \frac{\hat{p}\hat{q}}{n_2}} \qquad (9-8)$$

$$= \sqrt{\frac{(0.679)(0.321)}{100} + \frac{(0.679)(0.321)}{90}}$$

$$= \sqrt{0.0046}$$

$= 0.068$ ← 두 비율의 차에 대한 추정된 표준오차

그러면 식 (9-6) 대신 식 (9-8)을 이용함으로써 좋은 점은 무엇인가? 식 (9-8)에서는 단지 $\hat{p}$에 대한 하나의 값과 $\hat{q}$에 대한 하나의 값만 필요로 하므로, 식 (9-6)을 이용할 때, 계산에 포함되는 몇 개의 과정을 제외시킬 수 있다.

두 표본의 수가 근사적으로 이항분포에서 정규분포를 이용할 만큼 충분히 크므로, 정규분포에서의 오른쪽 꼬리 부분의 면적이 0.025인 부분에 대한 Z값이 1.96인 것을 알 수 있다. 그러므로 다음과 같이 기각역에 대한 두 개의 한계를 계산할 수 있다.

$$0 + 1.96\hat{\sigma}_{\overline{p_1} - \overline{p_2}} = 0 + 1.96(0.068)$$

$= 0.133$ ← 상한

$$0 - 1.96\hat{\sigma}_{\overline{p_1} - \overline{p_2}} = 0 - 1.96(0.068)$$

$= -0.133$ ← 하한

〈그림 9-18〉은 가설검정을 그림으로 나타낸 것으로, 연구기관의 경영진들은 두 제조약품 사이에 차이가 있는지 없는지를 알기 원하므로, 양측검정을 실시하며, 그림에서 유의수준 0.05는 점무늬 부분과 일치한다.

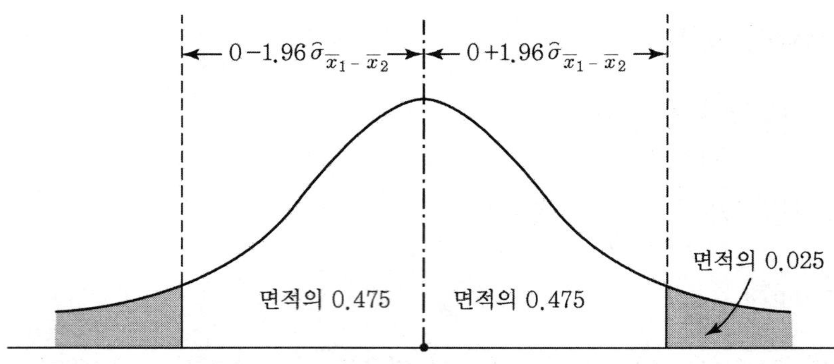

〈그림 9-18〉 두 비율 사이의 차에 관한 양측검정

4) 결론의 도출

아래의 그림은 기각역인 0.133과 −0.133을 나타내고, 또한 표본비율 사이의 차이를 지적해 준다.

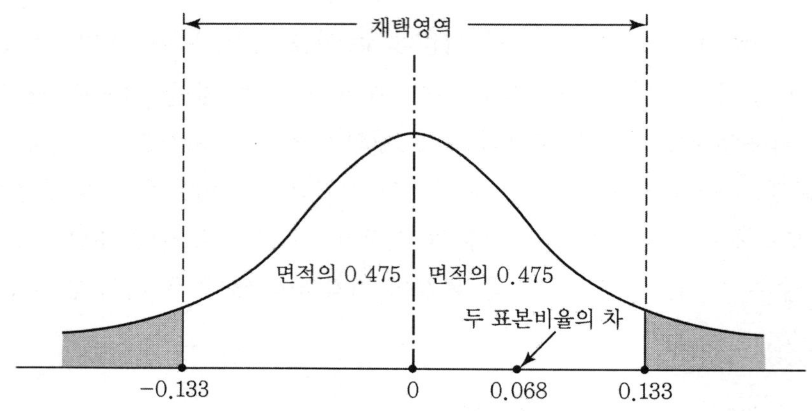

〈그림 9-19〉 양측검정의 기각역과 표본비율의 차

그림에서 계산된 검정통계량 0.068이 채택영역 안에 위치하므로, 귀무가설은 채택되고, 약품 1에 대한 효과가 높다는 결론을 내릴 수 없다.

예제 9.7

어학원을 다닌 대학생과 다니지 않은 대학생간의 토익성적에 대한 상위권 비율이 아래 표와 같이 나타났다. 이 두 집단간에 상위권 비율에 차이가 있는지를 유의수준 0.01에서 양측검정하라.

	상위권	하위권	대학생 수
어학원 수강	160	180	340
어학원 미수강	130	240	370
합 계	290	420	710

풀이 1) 가설의 설정

$H_0 : p_1 = p_2$

$H_1 : p_1 \neq p_2$

2) 유의수준의 설정

$\alpha = 0.01$ (양측검정)

3) 검정통계량의 계산

상위권의 추정치 : $\hat{p} = \dfrac{290}{710} = 0.408$

어학원 수강·상위권 학생 : $p_1 = \dfrac{160}{340} = 0.471$

어학원 미수강·상위권 학생 : $p_2 = \dfrac{130}{370} = 0.351$

이 값을 이용하여 두 집단간 표본비율의 차에 대한 추정된 표준오차를 계산한다.

$$s_{p_1} = \sqrt{\frac{p_1 q_1}{n_1}} \qquad (7-14)$$

$$= \sqrt{\frac{0.471 \times 0.529}{340}} = 0.027$$

$$s_{p_2} = \sqrt{\frac{p_2 q_2}{n_2}} \qquad (7-14)$$

$$= \sqrt{\frac{0.351 \times 0.649}{370}} = 0.025$$

$$\hat{\sigma}_{\overline{p_1} - \overline{p_2}} = \sqrt{\frac{\hat{p}\hat{q}}{n_1} + \frac{\hat{p}\hat{q}}{n_2}} \tag{9-8}$$

$= 0.027 + 0.025$

$= 0.052$ ← 두 표본비율의 차에 대한 추정된 표준오차

따라서 Z값은 다음과 같다.

$$Z = \frac{0.471 - 0.351}{0.052} = 2.308$$

4) 결론의 도출

아래의 그림에서 계산된 Z값이 기각역에 놓이게 되므로, 귀무가설을 기각한다. 즉, 어학원을 다닌 학생과 다니지 않은 학생간의 토익성적에 대한 상위권 비율에 차이가 있다고 보아야 한다.

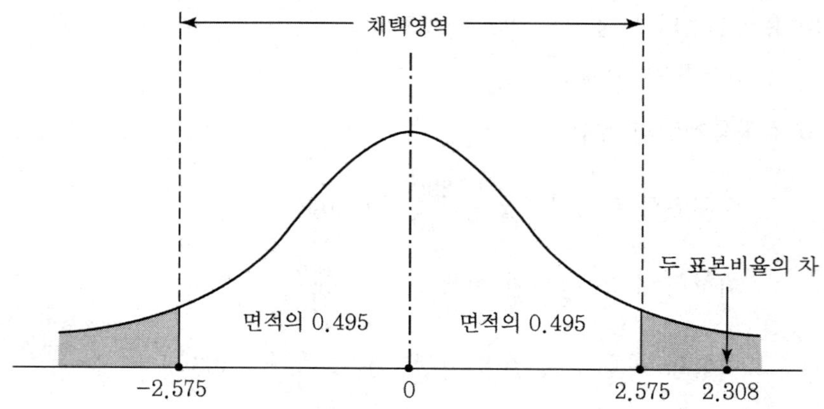

연습문제

9-1. 검정의 필요성을 설명하라.

9-2. 귀무가설과 대립가설을 설명하라.

9-3. 귀무가설을 '차이가 없다', '상관이 없다'와 같이 $H_0 = 0$으로 정하는 이유를 설명하라.

9-4. 제1종 오류와 제2종 오류를 비교 설명하라.

9-5. 통계적 검정 절차를 설명하라.

9-6. P선박회사의 손실비용이 월 12,500만원이라고 한다. 그래서 지난 36개월을 표본추출 하여 검사한 결과, 월 손실비용이 평균 11,900만원, 모표준편차가 900만원으로 나타났을 때, 11,900만원이 표본평균으로서 합당한지 5%의 유의수준으로 검정하라.

9-7. 소비자단체에서 K음료회사가 병에 음료수를 덜 채웠는지를 조사하기 위하여 표본으로 100병을 추출하여 검사한 결과, 평균이 31.8리터임을 알았다. K음료회사의 주장으로는 음료수의 용량은 32리터였다. 모표준편차가 2리터라면, 5%의 유의수준에서 평균에 대한 가설을 검정하라.

9-8. P의류제조사의 품질관리 기사인 박씨는 최종검사에서 불합격된 의류의 비율이 0.8이라고 한다. 그런데 최근 500벌의 옷 중에 49벌이 불합격품이었다. 5%의 유의수준에서 제품에 대한 변화가 있었는지 검정하라.

9-9. A공장장은 공장시설의 14% 이상이 수리를 요한다고 생각한다. 이 사실을 증명하기 위해 공장의 1,200대 기계 중 150대를 조사하였으며, 이 조사에서 17대가 수리를 필요로 하였다. 경영자는 공장장의 주장을 10%의 유의수준으로 검정하고자 한다면, 경영자는 어떤 결정을 내려야 하는가?

9-10. S조경업자는 한 집을 조경하는데 평균 15일이 걸린다고 한다. 그러나 최근 조경을 한 9가구를 조사한 결과, 평균 13.5일이 걸렸고, 표준편차는 1.2일이었다. 유의수준 0.025에서 평균 소요기간이 단축되었는가를 검정하라.

9-11. K씨와 P씨가 각각 자신의 신약을 개발하였다. K씨가 개발한 약을 100명의 환자에게 투여하여 평균 8.5시간의 안정을 가져왔고 표준편차는 2시간이었다. 그리고 P씨가 개발한 약을 75명의 환자에게 투여한 결과, 평균 7.8시간의 안정을 가져왔으며 표준편차는 1.5이었다. 유의수준 0.02에서 K씨가 개발한 약이 P씨의 약보다 효과가 더 좋은지 검정하라.

9-12. L기업에서 생산한 제품의 한 로트당 모결점수는 $m=26$개 였다. 그러나 작업방법을 개선한 후의 표본결점수가 $c=19$개 나왔다면, 표본결점수는 모결점수와 같다고 할 수 있는가? 유의수준 0.05에서 검정하라.

9-13. 모표준편차가 1인 정규모집단에 대해 $H_0: \mu=80$, $H_1: \mu>80$의 가설을 검정하려고 $n=6$개의 표본을 임의추출하여 평균을 구하니, 81.25였다. 유의수준 0.05로 검정하라.

9-14. P기술자가 펌프를 조립하는 2가지 방법을 고안하였다. 첫 번째 방법은 40개의 표본에 대해 한 대당 평균 20.2분 걸려 조립하였으며, 그 표준편차는 2.5분이었다. 그리고 두 번째 방법은 56개 표본에 대해 한 대당 평균 21분이 걸렸으며, 이때 표준편차는 3.1분이었다. 10% 유의수준에서 이 제품을 조립하는 각 방법에 소요되는 시간에 차이가 있는지를 검정하라.

9-15. 기초통계학 수업에 어려움을 겪는 학생들에게 방과후 수업을 듣게 하였다. 그 결과, 방과후 수업을 들은 학생 11명의 평균 점수가 85점, 표준편차가 4.7점이었고, 방과후 수업을 듣지 않은 학생 17명의 평균 점수는 79점, 표준편차가 6.1점으로 나타났다. 모집단들은 같은 분산을 가지며, 근사적인 정규분포를 따른다고 가정하고, 방과후 수업이 평균 점수를 8점만큼 증가시킨다고 할 수 있는지를 유의수준 0.01을 사용하여 검정하라.

제 10 장 χ^2 검정과 t 검정

제1절 χ^2 검정

앞 장에서 표본자료를 이용하여 가설을 검정하기 위하여 평균이나 비율이 추정치와 유의한 차이가 있는지의 여부를 1표본 검정(one-sample test)을 이용하였다. 이제, 2표본 검정(two-sample test)에서 2개의 평균이나 2개의 비율 사이의 차이를 조사하고 이 차이가 유의한지 알아보자.

교차표 분석은 사회과학의 주요 통계분석기법이며, 교차표에서 2개 변수의 관계에 대해서도 통계적 검정을 실시할 수 있다. 그 때 사용되는 검정 방법이 χ^2검정으로, '카이'란 그리스 문자의 χ를 나타낸다. χ^2검정은 교차표에서 예측되는 각 셀의 도수(기대도수)와 데이터로부터 얻은 실제 셀의 도수(관측도수)와 차이를 비교하여 차이가 오차 범위 내에 있는지, 아니면 오차라고 하기 어려운 큰 차이가 나는지를 판단한다.

통계학에서는 2개의 변수 사이에 관계가 없는 것을 '2개의 변수는 통계적으로 독립이다'라고 표현한다. 독립성 χ^2검정은 '2개의 변수들에는 관계가 없다. 즉, 2개의 변수는 독립이다'라는 귀무가설을 세우고, 예측하는 기대도수와 현실적으로 교차표에 나타난 도수와 차이의 정도를 검토한다.

1. χ^2값 계산의 구조와 의미

χ^2검정을 하려면, 먼저 χ^2값을 구해야 한다. χ^2값은 교차표의 기대도수와 관측도수 간의 전체적인 차이의 정도를 나타내는 수치이며, 이 값이 클수록 2개 변수는 관계가 깊다는 것을 의미한다. 그리고 이를 이용하여 2개 변수가 통계적으로 독립되어 있는지 통계적 검정을 실시한다.

χ^2값은 다음의 5단계로 계산한다.

[단계 1] : 각 셀의 기대도수를 계산한다.

[단계 2] : 각 셀의 관측도수와 기대도수의 차를 계산한다. 관측도수와 기대도수의 차이를 '셀 잔차'라고 부른다.

[단계 3] : 각 셀 잔차를 제곱한다.

[단계 4] : 셀 잔차를 제곱한 수치를 기대도수로 나눈다.

[단계 5] : [단계 4]에서 얻어진 각 셀의 수치를 합한다.

위의 계산과정을 다음의 예를 통하여 설명하자. 아래의 표는 유학 희망의사를 남녀 대학생별로 집계한 것이다. 전체적으로 남학생의 유학 희망의사가 조금 많은 것으로 나타났다. 즉, 성별과 유학은 서로 관련이 있다(독립적인 것이 아니다)는 것으로, 이 관련성이 표본 데이터뿐만 아니라 모집단에 대해서도 말할 수 있는지 여부를 판단하는 것이 χ^2검정의 목적이다.

〈표 10-1〉 성별과 유학 희망의사의 관계

	꼭 유학가고 싶다.	유학을 생각하고 있다.	유학가기 싫다.	계
남학생	44.8%(260명)	34.5%(200명)	20.7%(120명)	100.0%(580명)
여학생	42.9%(240명)	39.3%(220명)	17.8%(100명)	100.0%(560명)
계	43.9%(500명)	36.8%(420명)	19.3%(220명)	100.0%(1,140명)

( ) 안의 숫자는 해당 인원수

[단계 1] : 각 셀의 기대도수를 계산한다.

〈표 10-2〉 기대도수의 계산

	꼭 유학가고 싶다.	유학을 생각하고 있다.	유학가기 싫다.	계
남학생	580×500÷1,140 = 254.4	580×420÷1,140 = 213.7	580×220÷1,140 = 111.9	580
여학생	560×500÷1,140 = 245.6	560×420÷1,140 = 206.3	560×220÷1,140 = 108.1	560
계	500	420	220	1,140

[단계 2] : 관측도수와 기대도수의 차이, 즉 셀 잔차를 계산한다. 각 셀의 잔차를 합하면, 교차표의 전체 관측수와 기대도수의 차이의 정도를 나타내는 수치가 될 것 같지만, 그렇지 않다. 왜냐하면 잔차의 양(+)의 값과 음(−)의 값이 서로 상쇄되어, 잔차의 합이 0이 되기 때문이다.

〈표 10-3〉 잔차의 계산

	꼭 유학가고 싶다.	유학을 생각하고 있다.	유학가기 싫다.	계
남학생	260−254.4=5.6	200−213.7=−13.7	120−111.9=8.1	580
여학생	240−245.6=−5.6	220−206.3=13.7	100−108.1=−8.1	560
계	500	420	220	1,140

[단계 3] : 각 셀의 잔차를 제곱해 잔차를 모두 양의 값으로 한다. 또, [단계 4]에서는 제곱한 잔차의 값을 각 셀의 기대도수로 나눈다.

〈표 10-4〉 잔차를 제곱하여 기대도수로 나누기

	꼭 유학가고 싶다.	유학을 생각하고 있다.	유학가기 싫다.	계
남학생	$(5.6)^2 \div 254.4$ =0.123	$(-13.7)^2 \div 213.7$ =0.878	$(8.1)^2 \div 111.9$ =0.586	580
여학생	$(-5.6)^2 \div 245.6$ =0.128	$(13.7)^2 \div 206.3$ =0.910	$(-8.1)^2 \div 108.1$ =0.607	560
계	500	420	220	1,140

[단계 4] : 얻어진 각 셀의 조정된 잔차를 합한다. 이렇게 얻을 것이 χ^2값이다.

$$\chi^2\text{값} = 0.123 + 0.878 + 0.586 + 0.128 + 0.910 + 0.607$$
$$= 3.232$$

이제, χ^2값이 교차표에서 기대도수와 관측도수의 전체적인 차이를 나타낸다는 것이 이해될 것이다. χ^2값은 통계적 독립일 때(기대도수와 관측도수가 완전히 일치할 때) 0이 되고, 2개 변수사이의 관계가 깊을수록 큰 값이 된다는 성질을 갖고 있다.

일반적으로 χ^2값은 다음의 식을 이용한다.

$$\chi^2 = \Sigma \frac{(f_o - f_e)^2}{f_e} \qquad (10-1)$$

여기서, f_o : 관측도수

f_e : 기대도수

χ^2값을 계산할 때 한 가지 주의해야 할 점은, 너무 작은 도수의 셀들이 있는 표본으로부터 계산되면, χ^2값의 신뢰성이 떨어진다는 것이다. '너무 작다'의 표준적인 기준은 기대도수가 5미만일 때이며, 그런 경우에는 셀을 합병하는 등 도수가 작은 셀을 먼저 없앤 뒤에 분석하는 것이 좋다.

예제 10.1

다음 관측도수와 기대도수의 자료를 이용하여 χ^2값을 계산하는 과정을 단계적으로 나타내어라.

관측도수 f_o	68	75	57	79	32	45	33	31
기대도수 f_e	66	80	60	73	34	40	30	37

풀이 앞에서 설명한 χ^2값을 구하는 방법보다 하나의 표에서 χ^2값을 구하는 것이 편리하다.

		단계 1	단계 2	단계 3
f_o	f_e	$f_o - f_e$	$(f_o - f_e)^2$	$\frac{(f_o - f_e)^2}{f_e}$
68	66	2	4	0.0606
75	80	−5	25	0.3125
57	60	−3	9	0.1500
79	73	6	36	0.4932
32	34	−2	4	0.1176
45	40	5	25	0.6250
33	30	3	9	0.3000
31	37	−6	36	0.9730
				단계 4 : $\sum \frac{(f_o - f_e)^2}{f_e} = 3.032 \leftarrow \chi^2$

만약, χ^2값이 크다면, 그것은 관측치와 기대값 사이의 실질적인 차이가 크다는 것을 나타낸다. 반대로 0의 χ^2값은 관측도수와 기대도수가 정확하게 일치된다는 것을 나타낸다. 그리고 관측도수와 기대도수의 차이를 항상 제곱하기 때문에 χ^2값은 결코 음(−)이 될 수 없다.

2. χ^2 분포

χ^2값의 표본분포는 χ^2분포(chi-square distribution)의 연속곡선과 근사하다. 그러나 t분포와 같이 자유도의 수가 다르면, χ^2분포도 다르게 된다. 〈그림 10-1〉은 자유도 1, 5, 10에 일치하는 세 개의 다른 χ^2분포를 나타낸 것이다. 자유도가 적을수록 χ^2분포는 왼쪽으로 아주 심하게 치우치며, 자유도가 증가함에 따라 곡선은 그 분포가 정규분포와 비슷한 모양을 이루게 된다.

그리고 χ^2분포는 확률분포이므로 χ^2분포의 곡선아래 면적은 1.0이다.

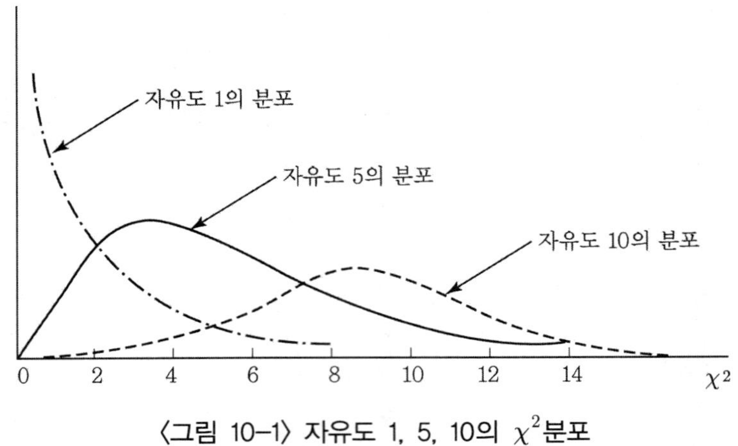

〈그림 10-1〉 자유도 1, 5, 10의 χ^2분포

t분포에서와 같이, χ^2분포표에서 모든 자유도에 대하여 곡선 밑부분의 영역의 면적값 표를 만드는 것은 실제적으로 가능하지 않다. 반면에 [부록 6]은 χ^2분포를 이용한 검정에서 가장 일반적으로 많이 사용되는 8개의 영역만을 나타내었다.

3. 자유도의 결정

자유도는 통계적 검정을 할 때, '데이터 속에서 자유롭게 바뀔 수 있는 수가 몇 개 인가?'를 의미하는 수치이다. 예를 들어 설명하면, 다음과 같다.

〈표 10-5〉는 총도수와 주변도수만 들어간 2개의 교차표로, 표 (A)는 2행×2열(2×2), 표 (B)는 2행×3열(2×3)의 표이다.

〈표 10-5〉 자유도 계산을 위한 교차표의 예

(A) 2×2	꼭 유학가고 싶다.	유학가기 싫다.	계
남학생			60
여학생			40
계	50	50	100

(B) 2×3	꼭 유학가고 싶다.	유학을 생각하고 있다.	유학가기 싫다.	계
남학생				60
여학생				40
계	20	30	50	100

각 빈칸에 수치(도수)를 넣고 표를 완성시키고 싶다고 하자. 셀에 넣는 수치는 자유롭게 해도 상관없지만, 주변 도수 및 총도수를 바꾸면 안 된다. 이 때, 우리가 자유롭게 값을 부여할 수 있는 셀의 수는 몇 개인가?

먼저, 표 (A)의 경우를 생각하자. 표 (A)는 공백의 셀들이 4개이므로, 단순히 생각하면 4개 셀의 도수를 결정해야 할 것 같지만, 실제로는 어느 1개의 셀의 도수를 결정할 뿐이다. 그러므로 자유도는 1이 된다. 그리고 표 (B)는 공백의 셀들이 6개이지만, 자유롭게 결정할 수 있는 곳은 2개의 셀이므로, 자유도는 2가 된다.

χ^2검정을 이용하기 위해서는 식 (10-2)를 적용하여 교차표에 있는 자유도를 계산하여야 한다.

$$\text{자유도} = (\text{행의 수} - 1) \times (\text{행의 수} - 1) \qquad (10-2)$$
$$= (r-1)\times(c-1)$$

4. χ^2 검정의 이용

χ^2값과 자유도가 구해지면, χ^2검정을 실시할 수 있다. 먼저 χ^2검정 절차를 살펴보자.

[단계 1] 가설의 설정 : ‘2개 변수들에는 관계가 없다’. 즉, ‘통계적으로 독립이다’라는 귀무가설과 ‘2개 변수들에는 관계가 있다’는 대립가설을 세운다.

[단계 2] 유의수준의 설정 : χ^2검정의 유의수준 α를 설정한다.

[단계 3] 검정통계량의 계산 : χ^2값을 계산한다.

[단계 4] 결론의 도출 : 자유도와 유의수준 α의 기각역을 찾아, 그것과 계산된 χ^2값을 비교 검토한다. χ^2값은 [부록 6]의 χ^2분포표를 사용한다.

S사는 A, B, C, D의 4개 대리점을 가진 기업이다. 현재, 판매원들에게는 급여체계와 관련하여 현재의 방법(고정급료+연말 상여금)과 새로운 방법(판매성과급제) 가운데 어떤 방법을 취할 지의 선택이 주어져 있다. 판매원들로부터 얻은 다음의 면접 결과를 이용하여 급여지급방법에 관한 판매원들의 태도가 대리점에 따라 독립적인가의 여부를 χ^2검정을 이용하여 유의수준 0.01에서 검정해 보자.

〈표 10-6〉 대리점별 판매원 면접 결과

	A대리점	B대리점	C대리점	D대리점	합 계
현재의 방법 선호	68	75	57	79	279
새로운 방법 선호	32	45	33	31	141
판매원 수	100	120	90	110	420

1) 가설의 설정

$H_0: p_A = p_B = p_C = p_D$

$H_1: H_0$가 아니다.

2) 유의수준의 설정

$\alpha = 0.01$

3) 검정통계량의 계산

(1) 결합비율 계산

$$\text{현재의 방법 선호} = \frac{68+75+57+79}{100+120+90+110} = \frac{279}{420} = 0.664$$

(2) 기대도수의 계산

현재의 급여지급방법을 선호할 것으로 기대되는 모집단 비율의 추정치가 0.664이므로, 각 대리점별 판매원 수에 이 값을 곱하여 예상 판매원 수를 추정한다.

〈표 10-7〉 현재의 방법을 선호할 예상 판매원 수

	A대리점	B대리점	C대리점	D대리점
표본화된 판매원 수 현재의 방법 선호	100 ×0.664	120 ×0.664	90 ×0.664	110 ×0.664
예상 판매원 수	66	80	60	73

새로 제안된 방법을 선호할 것으로 기대되는 모집단의 비율추정치는 0.336 (=1−0.664)이다. 〈표 10-8〉에서 각 지역에서 새로운 급여지급방법을 선호할 것으로 기대되는 대리점별 표본화된 판매원의 수를 추정하기 위하여 0.336을 이용한다.

〈표 10-8〉 새로운 방법을 선호할 예상 판매원 수

	A대리점	B대리점	C대리점	D대리점
표본화된 판매원 수 새로운 방법 선호	100 ×0.336	120 ×0.336	90 ×0.336	110 ×0.336
예상 판매원 수	34	40	30	37

(3) 검정통계량의 계산

〈표 10-9〉는 지역별 급여지급방법을 선호하는 판매원의 실제도수(관측도수)와 선호하는 급여지급방법의 기대도수를 나타낸 것이다. 귀무가설 $p_A = p_B = p_C = p_D$를 검정하기 위하여, 먼저 기대도수와 관측도수를 비교하여야 한다.

〈표 10-9〉 χ^2검정의 계산

	f_o	f_e	단계 1 $f_o - f_e$	단계 2 $(f_o - f_e)^2$	단계 3 $\frac{(f_o - f_e)^2}{f_e}$
현재의 방법	68	66	2	4	0.061
	75	79	−4	16	0.203
	57	59	−2	4	0.068
	79	73	6	36	0.493
새로운 방법	32	34	−2	4	0.118
	45	41	4	16	0.390
	33	31	2	4	0.129
	31	37	−6	36	0.973
단계 4 : $\sum \frac{(f_o - f_e)^2}{f_e} = 2.435 \leftarrow \chi^2$					

교차표가 2행과 4열로 되어 있기 때문에 자유도는 다음과 같다.

$$
\begin{aligned}
\text{자유도} &= (r-1)\times(c-1) \qquad (10\text{–}2)\\
&= (2-1)\times(4-1)\\
&= 3
\end{aligned}
$$

〈그림 10-2〉는 자유도 3인 χ^2분포를 나타낸 것으로 점무늬 부분이 기각영역을 나타내고 있다. [부록 6]에서 0.01열을 찾고, 자유도 3인 행까지 이동하면, χ^2값이 11.345라는 것을 발견할 수 있다.

4) 결론의 도출

아래 그림에서 계산된 χ^2값 2.435가 채택영역 안에 있으므로, 귀무가설 H_0을 채택한다. 즉, 급여지급방법에 관한 판매원들의 태도는 대리점과 관계없이 모두 같다고 결론지울 수 있다.

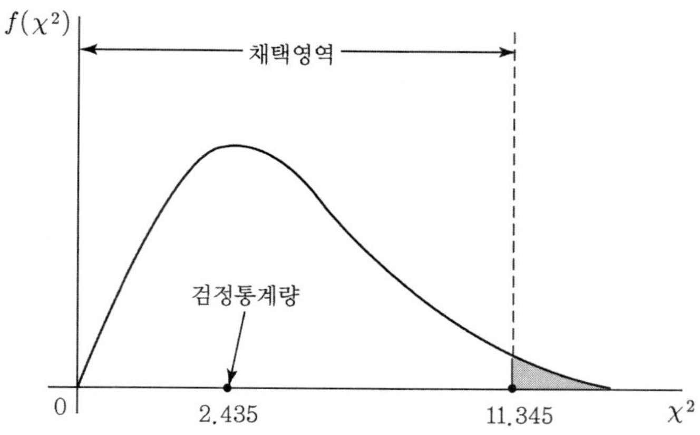

〈그림 10-2〉 유의수준 0.01의 χ^2검정

예제 10.2

H기업은 낮조, 저녁조, 밤조 이렇게 3개조로 근무를 하고 있는 기업으로, 작업자들의 불량품 비율이 근무조에 따라 다른지를 10%의 유의수준으로 검정하라. 수집된 자료는 다음과 같다.

	낮조	저녁조	밤조	합계
불량품	12	10	10	32
양 품	10	18	12	40
표본수	22	28	22	72

풀이 1) 가설의 설정

H_0: $\mu_A = \mu_B = \mu_C$

H_1: H_0가 아니다.

2) 유의수준의 설정

$\alpha = 0.10$

3) 검정통계량의 계산

$$불량품의\ 결합비율 = \frac{32}{72} = 0.444$$

불량품의 기대도수를 구하기 위하여 표본 수에 결합비율 0.444를 곱하면, 기대도수를 구할 수 있다. 그리고 0.556(= 1 − 0.444)을 곱하면, 양품의 기대도수를 다음과 같이 구할 수 있다.

		낮조	저녁조	밤조
불량품	관측도수	12	10	10
	기대도수	10	12	10
양 품	관측도수	10	18	12
	기대도수	12	16	12

위의 자료를 이용하여 χ^2값을 이용하면 다음과 같다.

			단계 1	단계 2	단계 3
	f_o	f_e	$f_o - f_e$	$(f_o - f_e)^2$	$\frac{(f_o - f_e)^2}{f_e}$
불량품	12	10	2	4	0.400
	10	12	−2	4	0.333
	10	10	0	0	0.000
양 품	10	12	−2	4	0.333
	18	16	2	4	0.250
	12	12	0	0	0.000
단계 4 : $\sum \frac{(f_o - f_e)^2}{f_e} = 1.316$					

$$자유도 = (2-1) \times (3-1) = 2 \qquad (10-2)$$

4) 결론의 도출

[부록 6]의 χ^2분포표를 이용하여 기각역을 조사하면 자유도 2, $\alpha = 0.10$의

χ^2값은 9.210이고, 계산된 χ^2값 1.316이 채택영역에 있으므로, 귀무가설 H_0 (세 근무조가 모두 같은 잠재성을 지닌다.)를 채택한다. 따라서 세 근무조가 같은 능력을 가졌다고 할 수 있다.

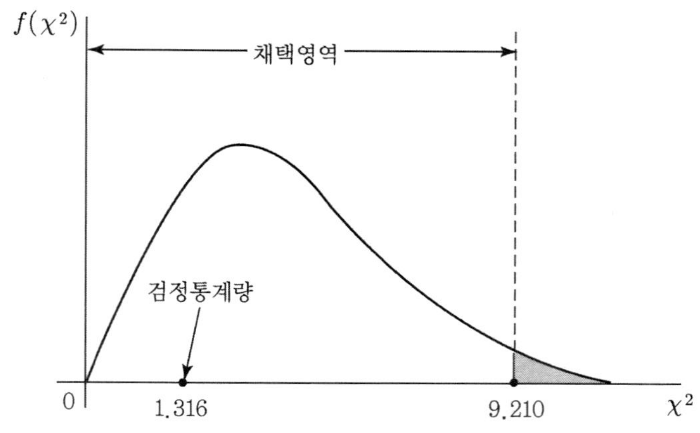

제2절 적합도 검정

χ^2검정은 이항분포, 포아송분포, 정규분포와 같은 특수한 확률분포가 적절한 분포인가를 결정하기 위하여 이용될 수 있다. 그리고 기대되는 자료에 대한 적절한 분포를 경영자들이 선택하여야 하는 경우, χ^2검정은 중요한 수단이 된다. χ^2검정은 이러한 질문에 답할 수 있으며, 관측도수분포와 기대도수분포 사이의 유의적인 차이가 있는지를 검정해 준다.

그리고 이 방법을 이용하여 기대도수분포의 적합도(goodness of fit)를 결정할 수 있다. 이와 같이 추정된 기대도수분포로부터 하나의 표본을 이루는 관측자료를 믿을 수 있는가를 결정할 수 있게 한다.

적합도 검정은 각 범주의 관측도수가 $n_i > 5\,(i = 1,\ 2,\ \cdots,\ k)$일 때, 적용하는 것이 바람직하고, 관측도수가 5이하인 범주는 다른 범주와 합하여 적용하는 것이 좋다.

K교수는 기초통계학 시험답안을 채점하여 다음과 같이 A, B, C, D의 학점을

부여하였다. K교수는 학생들의 점수는 $p=0.4$의 이항분포를 따른다고 생각하고 있다. 주어진 자료를 이용하여 유의수준 0.01로 검정해 보자.

학 점	해당 학생 수
A	20
B	35
C	25
D	40
	120

1) 가설의 설정

$H_0: p=0.40$의 이항분포는 긍정적인 채점 결과

$H_1: p=0.40$의 이항분포는 부정적인 채점 결과

2) 유의수준의 설정

$\alpha=0.01$

3) 검정통계량의 계산

학생들의 채점결과는 누적이항분포표인 [부록 3]에서 $n=3$, $p=0.40$의 행을 찾음으로써 성공의 확률(제대로된 점수분포)을 발견할 수 있으며, 그 결과는 〈표 10-10〉에 요약하였다.

〈표 10-10〉 채점결과에 대한 이항확률

등 급	각 비율에 대한 이항확률
A	0.216
B	$0.648-0.216=0.432$
C	$0.936-0.648=0.288$
D	$1.000-0.936=0.064$
합계	1.000

이제, 기대도수를 계산하기 위하여 결과에 대한 이론적인 이항확률을 이용하여야 한다. 그리고 χ^2검정을 이용하여 관측도수와 기대도수를 비교함으로써, 이들 사이의 차이를 조사할 수 있다.

〈표 10-11〉은 〈표 10-10〉으로부터 얻은 이항확률과 관측도수, 그리고 120명의 채점표본에 대한 기대도수를 기입한 것이다.

〈표 10-11〉 채점결과에 대한 이항확률과 기대도수

등급	출현의 이항확률		총 도수		기대도수
A	0.216	×	120	=	26
B	0.432	×	120	=	52
C	0.288	×	120	=	34
D	0.064	×	120	=	8
	1.000	×	120	=	120

문제에 대한 χ^2값을 계산하기 위하여 다음의 식 (10-4)을 이용하면 된다.

$$\chi^2 = \Sigma\frac{(f_o - f_e)^2}{f_e} \qquad (10\text{-}1)$$

〈표 10-12〉 χ^2통계량의 계산

		단계 1	단계 2	단계 3
f_o	f_e	$f_o - f_e$	$(f_o - f_e)^2$	$\frac{(f_o - f_e)^2}{f_e}$
20	26	−6	36	1.385
35	52	−17	289	5.558
25	34	−9	81	2.382
40	8	32	1,024	128.00
단계 4 : $\sum\frac{(f_o - f_e)^2}{f_e} = 137.325$				

4) 결론의 도출

아래 그림은 유의수준 0.01에서 자유도 3에 대한 χ^2분포의 채택영역을 나타내고 있다. 귀무가설의 채택영역이 왼쪽꼬리에서 11.345의 χ^2값까지 퍼져 있는 것을 주목하면, 계산된 χ^2값 137.325가 기각역에 놓여 있음을 알 수 있다. 그러므로 귀무가설을 기각하고, $p=0.4$로 된 이항분포가 관측한 도수에 대하여 좋은 설명을 제공하는데 적절치 못하다고 결론을 내리게 된다.

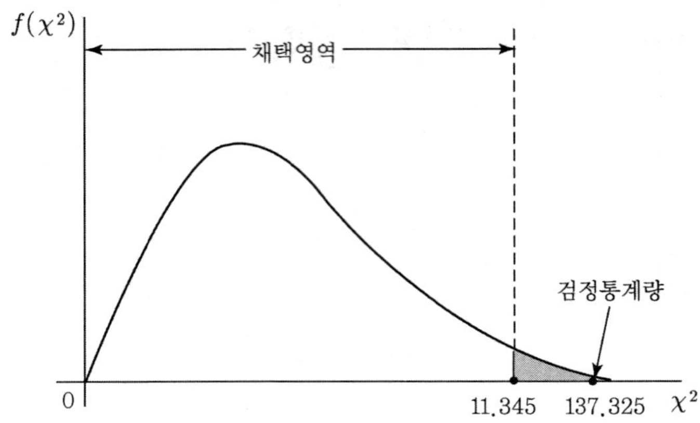

〈그림 10-3〉 유의수준 0.01의 적합도 검정

예제 10.3

교통센터는 자동차 사고 횟수를 지난 250일 동안 관측하였다. 다음 표는 자동차 사고가 $\lambda=2$인 포아송분포를 따르며, 동시 사고차량 수를 나타낸 자료이다. 포아송분포가 자동차 사고 수를 잘 설명할 수 있겠는지 유의수준 0.01로 검정하라.

동시 사고차량 수	0	1	2	3	4대 이상
전국의 사고 횟수	47	56	71	44	32

풀이 1) 가설의 설정

H_0: $\lambda=2$의 포아송분포가 잘 설명할 수 있다.

H_1: $\lambda = 2$의 포아송분포가 설명하기에 불충분하다.

2) 유의수준의 설정

$\alpha = 0.01$

3) 검정통계량의 계산

동시 사고차량 수		포아송확률
0대		0.135
1대	0.406 − 0.135	= 0.271
2대	0.677 − 0.406	= 0.271
3대	0.857 − 0.677	= 0.180
4대 이상	1.000 − 0.857	= 0.143
		1.000

λ = 2이므로 [부록 4]의 누적포아송분포표에서 각 출현확률을 찾아내고, 이것을 이용하여 기대도수를 구한다.

사고차량 수	관측도수	출현확률		총도수		기대도수
0대	47	0.135	×	250	=	34
1대	56	0.271	×	250	=	68
2대	71	0.271	×	250	=	68
3대	44	0.180	×	250	=	45
4대 이상	32	0.143	×	250	=	35
	250	1.000				250

관측도수와 기대도수를 이용하여 χ^2값을 구하는 식에 대입한다.

f_o	f_e	단계 1 $f_o - f_e$	단계 2 $(f_o - f_e)^2$	계 3 $\frac{(f_o - f_e)^2}{f_e}$
47	34	13	169	4.971
56	68	−12	144	2.118
71	68	3	9	0.132
44	45	−1	1	0.022
32	35	−3	9	0.257
				단계 4 : $\sum \frac{(f_o - f_e)^2}{f_e} = 7.500$

4) 결론의 도출

[부록 6]의 χ^2분포표에서 자유도 $4(=5-1)$와 유의수준 0.01이 만나는 곳의 값 13.277은 채택영역의 경계치이다.

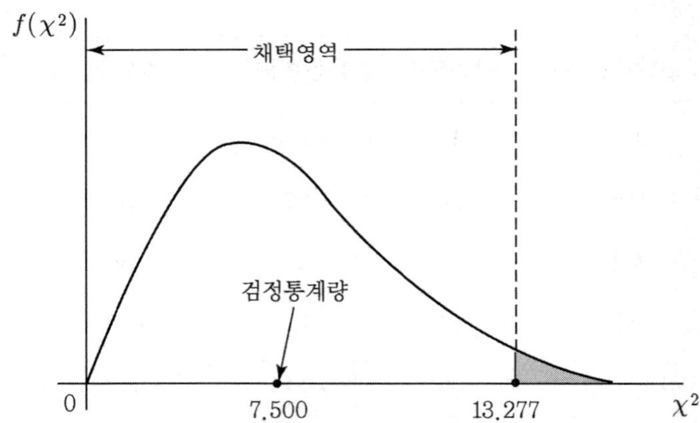

그림에서 계산된 검정통계량 χ^2값이 채택영역에 들어있으므로 귀무가설은 채택된다. 즉, $\lambda = 2$의 포아송분포가 자동차 사고 수를 잘 설명해 주고 있다고 하겠다.

제3절 t 검정

t검정은 2개의 평균치 차이의 통계적 검정은 2개 그룹의 평균치를 비교하고, 그룹 간의 평균치의 차이가 통계적으로 유의한지의 여부를 판단하는 방법이다. 이것은 실험 데이터 분석(실험군과 대조군이라는 2개 그룹의 비교)과 밀접하게 관련되어 있다.

그러나 사회과학은 사회 조사에 의해서 데이터를 모으는 것이 주류이다. 사회과학조사 데이터는 실험 데이터에 비해 조절해야 하는 요인이 많으므로, 단순한 2개의 평균치 차이의 통계적 검정은 그리 많지 않다. 2개의 평균치 차이의 통계적 검정에는 여러 가지 방법이 있으며, 데이터의 특성이나 실험 방법에 따라 가려 쓸 필요가 있는데, 여기서는 사회과학 분석에서 사용 빈도가 비교적 높은 2개 그룹의 평균치의 차이 검정인 t검정을 설명하고자 한다. t검정 사용시 주의하여야 할 점은 Z검정과 달리 t검정은 $n < 30$을 규정하고 있다는 것이다.

〈표 10-13〉은 남녀 대학생의 평균 취미활동시간에서 남학생보다 여학생의 평균 취미활동시간이 조금 많지만, 이 남녀 차이는 어디까지나 표본 데이터의 차이에 불과하다. 모집단에도 이런 차이가 있다고 할 수 있는지를 유의수준 5%로 판단해 보자.

〈표 10-13〉 남녀 대학생별 월간 평균 취미활동시간

(단위 : 시간)

성 별	평 균	편차의 제곱합	도 수
남학생	116.4	10,070.9	12
여학생	146.7	14,456.7	12
계	263.1	24,527.6	24

1) 가설의 설정

2개 평균치의 통계적 검정의 경우, 귀무가설과 대립가설은 다음과 같다.

$H_0: \mu_1 = \mu_2$

$H_1: \mu_1 \neq \mu_2$

2) 유의수준의 설정

$\alpha = 0.05$

3) 검정통계량의 계산

통계적 검정에서 궁금한 것은 표본평균에 차이가 있을지 여부가 아니라 '모집단에 차이가 있는가?'이다. 그러므로 귀무가설과 대립가설은 모두 모집단에 관한 것임을 주의해야 한다.

2개의 평균치 차이의 통계적 검정에서는 2개 표본평균의 차이를 근거로 한다. 만약, 남학생과 여학생의 표본평균의 차이 값이 0에 가까우면 2개 그룹에 차이는 없으며, 모집단의 평균에도 차이가 없다고 판단할 수 있다. 오히려 남학생과 여학생의 표본평균의 차이가 0에서 멀어지면, 모집단의 평균에도 차이가 있는 것으로 판단한다.

2개의 평균치 차이의 통계적 검정의 경우의 t값은 다음 식으로 나타낸다.

$$t = \frac{\text{그룹 } A\text{의 평균} - \text{그룹 } B\text{의 평균}}{\text{합병 표준편차}\sqrt{\dfrac{1}{\text{그룹 } A\text{의 수}} + \dfrac{1}{\text{그룹 } B\text{의 수}}}}$$

$$= \frac{\bar{x}_A - \bar{x}_B}{\sigma_c\sqrt{\dfrac{1}{n_A} + \dfrac{1}{n_B}}} \qquad (10-3)$$

t값의 분자는 2개 그룹의 평균치의 차이를 취하며, 분모는 평균 차이를 표준화하고 확률 판단을 위한 것이다. 이렇게 계산된 t값은 정규분포에 비슷한 형태의 t분포를 따른다.

이 식에서 주의가 필요한 것은 분모에 있는 표준편차이다. 이 때, 어느 한쪽의 표준편차를 쓰는 게 아니라 2개의 표준편차를 합병하여 이용하는 것이 표준적인 방법이다. 2개의 분산을 합하여 얻은 분산을 '합병분산'이라고 부른다. 식 속의 '합병표준편차(σ_c)'는 다음과 같이 식으로 나타내며, 합병분산의 제곱근이다.

$$\sigma_c = \sqrt{\frac{s_A + s_B}{n_A + n_B - 2}} \qquad (10-4)$$

여기서, σ_c : 합병표준편차

n_A, n_B : 각각의 표본 수

s_A, s_B : 각각의 편차의 제곱합($\sum(x_{1j} - \bar{x}_1)^2$)

〈표 10-12〉에 수치를 대입하면, 합병분산은 다음과 같다.

$$\sigma_c = \sqrt{\frac{s_A + s_B}{n_A + n_B - 2}} \qquad (10-4)$$

$$= \sqrt{\frac{10,070.9 + 14,456.7}{12 + 12 - 2}}$$

$$= 33.389$$

이 값을 이용하여 t값을 구하면 다음과 같다.

$$t = \frac{\bar{x}_A - \bar{x}_B}{\sigma_c \sqrt{\frac{1}{n_A} + \frac{1}{n_B}}} \qquad (10-3)$$

$$= \frac{146.7 - 116.4}{33.389 \sqrt{\frac{1}{12} + \frac{1}{12}}}$$

$$= 2.223$$

계산된 t값을 얻을 확률이 어느 정도인지를 판단하기 위해서, [부록 2]의 t분포표를 사용한다. 2개의 평균치의 t검정의 경우, 자유도는 다음과 같이 구한다.

자유도 = (남학생의 표본 수 + 여학생의 표본 수) - 2
= 12 + 12 - 2
= 22

4) 결론의 도출

[부록 2]의 t분포표에서 유의수준 5%의 t값은 $t(22, \frac{0.05}{2}) = 2.074$이고, 계산된 t값 2.223이 채택영역을 넘어서고 있으므로 귀무가설은 기각된다. 즉, 남녀 대학

생의 취미활동시간에는 차이가 있다고 할 수 있다.

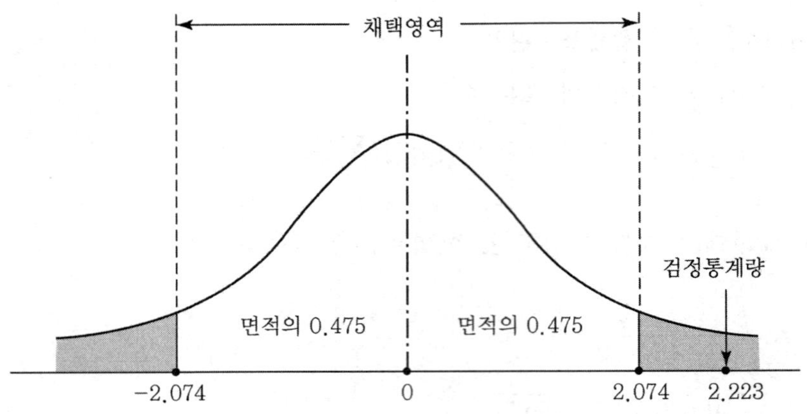

〈그림 10-4〉 검정통계량과 기각역

예제 10.4

다음 표는 S전자의 서울과 부산에 있는 대리점을 각각 10곳씩 선정하여 연간 매출액을 조사하여 나타낸 것이다. 두 도시의 대리점 매출액에 차이가 있다고 할 수 있는지를 유의수준 0.05로 검정하라.

도 시	평 균	편차의 제곱합	도 수
서 울	37.2	709.6	10
부 산	25.7	128.1	10

풀이 1) 가설의 설정

$H_0: \mu_1 = \mu_2$

$H_1: \mu_1 \neq \mu_2$

2) 유의수준의 설정

$\alpha = 0.05$

3) 검정통계량의 계산

$$\sigma_c = \sqrt{\frac{s_A + s_B}{n_A + n_B - 2}} \qquad (10-4)$$

$$= \sqrt{\frac{709.6 + 128.1}{10 + 10 - 2}}$$

$$= 6.822$$

이 값을 이용하여 t값을 구하면 다음과 같다.

$$t = \frac{\bar{x}_A - \bar{x}_B}{\sigma_c \sqrt{\frac{1}{n_A} + \frac{1}{n_B}}} \qquad (10-3)$$

$$= \frac{37.2 - 25.7}{6.822\sqrt{\frac{1}{10} + \frac{1}{10}}}$$

$$= 3.769$$

계산된 t값을 얻을 확률이 어느 정도인지를 판단하기 위해서, [부록 2]의 t 분포표를 사용한다.

자유도 = 10 + 10 - 2
= 18

4) 결론의 도출

[부록 2]의 t분포표에서 유의수준 5%의 t값은 $t(18, \frac{0.05}{2}) = 2.101$ 이고, 계산된 t값 3.769가 채택영역을 넘어서고 있으므로 귀무가설은 기각되고, 두 도시의 대리점 매출액은 차이가 있다고 할 수 있다.

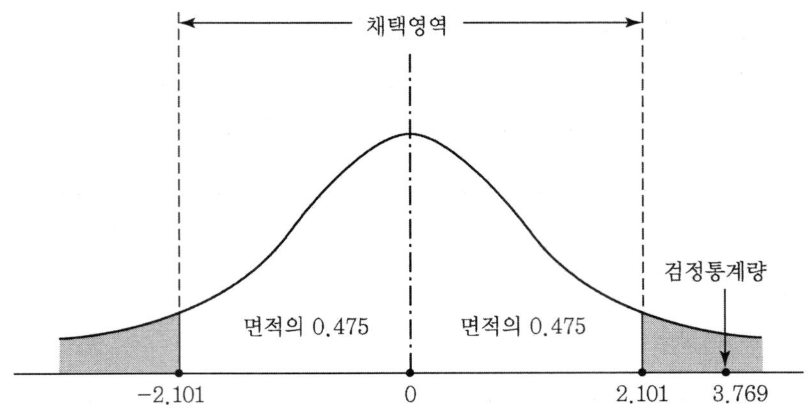

연습문제

10-1. χ^2검정의 개념을 설명하라.

10-2. 접합도 검정의 개념을 설명하라.

10-3. t검정의 개념을 설명하라.

10-4. 병원관리자인 K씨는 골절치료의 빈도를 결정하기 위하여, 임의로 선택한 300개의 근무조(8시간)를 과거의 자료에서 구하였다. 그 결과, 뼈를 0, 1, 2, 3, 4, 5, 6개 이상 다친 환자들의 치료횟수는 각각 25, 45, 63, 71, 48, 26, 22회이었다. 0.05의 유의수준으로 $\lambda = 3$의 포아송분포를 따른다고 할 수 있겠는가?

10-5. H석유회사가 유전지역 가운데서 세 군데 지역을 탐사하기로 계획을 수립하였다. 그러나 세 지역에서 같은 잠재성이 있다면, 회사는 가장 가까운 지역인 A지역을 먼저 탐사할 계획이다. 탐사결과가 다음과 같다고 할 때, 10%의 유의수준으로 세 지역이 동일한 잠재성이 있다고 하겠는가?

	지역 A	지역 B	지역 C
폭파횟수	7	10	8
구멍수	10	18	9
탐사수	17	28	17

10-6. 인천국제공항관리공단에서는 30분 간격으로 도착하는 항공기 수에 관한 조사를 250회 실시하였다. 그 결과, 매 30분 간격의 항공기 도착이 $\lambda = 2$인 포아송분포를 따르며, 일정기간동안 항공기 도착을 관찰한 수를 다음 표에 나타내었다. 포아송분포를 이용하여 유의수준 0.05로 관찰된 항공기의 도착수를 설명할 수 있겠는가?

관찰된 도착수	0	1	2	3	4대 이상
일정기간 관찰된	47	56	71	44	32

10-7. K대학의 학생들이 2학기 강좌등록을 인터넷으로 하는데 걸리는 시간을 조사한 결과, 평균 50분, 표준편차 10분으로 시간이 많이 걸리는 것으로 나타났다. 따라서 새로운 컴퓨터 시스템을 도입하여 12명의 학생들을 조사한 결과, 평균 42분, 표준편차 11.9분으로 나타났다면, 모평균이 50분보다 작다는 가설을 유의수준 0.05에서 검정하라.

10-8. K사의 품질관리부는 사원들의 지난 1년 동안 총 지각횟수를 조사하여 다음과 같은 자료를 얻었다. 요일에 따라 지각횟수에 차이가 있는가를 0.10의 유의수준으로 검정하라.

요일	월	화	수	목	금	토
지각횟수	36	29	31	27	29	27

10-9. 다음 표는 주사위를 60회 던졌을 때, 1부터 6까지의 눈이 몇 개 나오는가를 기록한 것이다. 주사위를 던지는 방식이 다르다고 할 수 있는지 가설을 설정하고, 0.5%의 유의수준에서 검정하라.

주사위 눈	1	2	3	4	5	6
출현횟수	13	11	7	9	8	12

10-10. H산업은 TV 모델별로 고객들의 선호도가 같은지를 조사하기 위해 임의로 100명의 고객을 선발하여, 다음과 같은 결과를 얻었다. TV 모델별로 고객들의 선호도가 같은지를 유의수준 0.05로 검정하라.

모델명	A	B	C	D
선호 고객수	20	23	28	29

10-11. 서울시의 세 지역을 통과하는 교통량을 5분 간격으로 측정하였다. 다음 표는 각 지역에서 임의적으로 9번 조사한 교통량을 나타낸 것이다. 유의수준 0.05에서 세 지역의 평균교통량이 같다고 볼 수 있겠는가?

지역 1	30	45	26	44	18	24	38	42	29
지역 2	24	33	31	16	31	13	12	25	27
지역 3	35	47	31	43	46	27	31	21	24

10-12. K기업은 불량여부의 동일성에 관한 실험으로 양품이면 0, 불량품이면 1의 값을 주기로 하고, 4대의 기계에서 200개씩의 제품을 만들어 불량여부를 실험한 결과, 다음과 같은 데이터를 얻었다. 기계에 따라 불량률에 차이가 있는가를 1%의 유의수준에서 검정하라.

기 계	A_1	A_2	A_3	A_4
양 품	190	178	194	170
불량품	10	22	6	30
계	200	200	200	200

10-13. S기업은 생산되는 제품의 내구력을 알아보기 위해 6개의 제품을 임의로 추출하여 조사한 결과, 평균 내구력 $\overline{x}=7,750\text{Kg}$, 표본표준편차 $s=145\text{Kg}$으로 나타났다. S기업이 주장하는 평균 내구력 8,000Kg을 지지할 수 있는지를 유의수준 5%에서 검정하라.

10-14. 두 종류의 비료 A와 B를 각각 따로 사용하여 생산된 농산물의 수확량을 다음과 같이 조사하였다. 이 결과를 바탕으로 두 비료에 의한 농산물의 수확량에 차이가 있는지를 유의수준 0.05에 의하여 검정하라. 단, 비료의 모집단은 서로 독립이고, 정규분포를 따르며, 분산은 같다.

	n	$\overline{x}$	s
비료 A	9	25.0	3.50
비료 B	16	20.0	2.25

제 11 장 분산분석

제1절 분산분석의 개념

1. t 검정의 한계

〈표 11-1〉은 S기업에 대한 조업상의 지위별 주당 평균근로시간을 나타낸 것이다. 이렇게 그룹이 3개 이상일 경우, 통계적 검정에는 t검정이 아닌 '분산분석'을 사용하여야 한다. 왜 t검정을 사용할 수 없을까?

〈표 11-1〉 조업상의 지위별 주당 평균근로시간

	정규직	1년 계약직	일당직	전 체
근로시간	48.6	40.3	31.5	40.13(%)
표준편차	10.5	13.4	14.3	12.73(%)
직 원 수	250	140	120	510(명)

t검정에서 동시에 다룰 수 있는 그룹의 수는 t값을 구하는 식의 구조상 2개가 한계라는 것이 기본적 이유이다. 그러나 t검정을 여러 번 하면 3개 이상의 그룹을 분석할 수도 있겠지만, 이 방법은 오류 확률이 높다는 큰 문제점이 있다.

예를 들면, 유의수준을 5%로 설정한다는 것은 제1종 오류 확률을 5%미만으로 억제하는 최소 95%의 확률로 올바른 판단을 하는 것을 의미한다. 그런데 통계적 검정을 여러 차례 실시하면, 올바른 판단을 할 확률은 95%보다 낮아져 버린다. 위 예의 경우, 개개의 결과가 옳은 확률을 95%(유의수준 5%)로 설정해도 3개의 분석 결과가 모두 올바른 확률은 $0.857(=0.95\times0.95\times0.95)$이다. 그러므로 올바른 판단 확률이 95%의 분석을 했을 것인데, 분석을 3번 한다면, 확률이 85.7%로 떨어져 버린다. 그러므로 3개 이상의 범주를 동시에 취급하는 분석법이 필요하다고 하겠다.

2. 분산분석의 개념

분산분석은 이름 그대로 분산에 주목한 분석법으로, 3개 이상 그룹들의 평균치에 차이가 있는지 여부를 통계적 검정하는 방법이다. 분산분석은 t검정 이상으로 실험과의 연계가 강한 분석법으로, 실험 데이터의 분석에는 매우 편리한 반면, 사회과학 데이터의 분석에는 사용하기 어려운 부분이 있다.

그러나 그룹간의 평균값 비교는 매우 중요하며, 더구나 분산분석은 회귀분석이나 일반 선형모델 등의 통계적 기법을 배울 때 기초로서 소홀히 할 수 없다. 그리고 분산분석에서 평균값은 그룹의 영향을 받고 있다고 생각한다. 즉, 평균값은 종속변수가 되며, 그룹은 독립변수가 된다. 〈표 11-1〉의 경우, 평균근로시간은 조업상의 지위에 영향을 받고 있다.

물론, 조업상 지위 외에도 여러 변수가 근로시간에 영향을 줄 수 있다. 이들의 관계를 식으로 정리하면 다음과 같다.

각 그룹의 평균 = 그룹의 영향 + 그 외의 영향 (11-1)

이 개념을 분산에 대입하면 다음과 같다.

종속변수의 분산 = 그룹의 영향에 의해서 생기는 분산 (11-2)
+ 그 외의 영향에 의해서 생기는 분산

가령, 근로시간의 분산이 주로 조업상의 지위에 따라 생겨난다면, 조업상 지위의 영향은 크다. 이 경우, 근로시간의 평균치는 조업상의 지위에 따라 크게 다를 것이다. 반대로 조업상 지위에 의해서 생기는 분산이 다른 영향에 의해서 생기는 것이라면, 조업상 지위의 영향은 작다고 판단할 수 있다. 이 경우, 조업상 지위별 근로시간의 평균치의 차이는 작은 것이다.

이처럼 변수의 분산 내용에 주목하여 3개 이상 그룹의 평균치 차이에 대한 통계적 검정을 실시하는 방법이 분산분석이다.

1) 분산의 분해

먼저, 분산분석에서의 귀무가설과 대립가설을 확인한다. 통계적 검정과 마찬가지로 2개의 가설은 모집단의 성질을 나타낸다.

H_0 : 모든 그룹의 평균치는 같다.

H_1 : 모든 그룹의 평균치 중 적어도 1개의 평균치는 같지 않다.

대립가설에서 '적어도 1개의 평균치는 같지 않다'라는 표현에 주의해야 한다. '3개 그룹의 평균치가 같지 않다'라고 하는 경우, 3개의 평균치 모두가 다른 상태($A \neq B \neq C$)를 생각하기 쉽다. 그러나 실제로는 3개의 평균치에서 1개만 다른 상태(예를 들면, $A = B \neq C$)라도 안되기 때문에, '적어도 1개'라는 표현을 사용한다.

각 그룹의 분산은 그룹의 영향에 의해서 생기는 분산과 그 이외의 영향에 의해서 생기는 분산으로 분해할 수 있다. 그룹의 영향에 의한 분산을 '열간분산'(between column variance), 그 이외 영향에 의한 분산을 '열내분산'(within-column variance)이라고 부른다. '평균제곱'은 불편분산의 다른 표현이다. '열간분산'은 그룹간의 분산, '열내분산'은 그룹 내의 분산을 의미한다. 따라서 종속변수 y의 분산과 2개의 평균제곱의 관계는 다음과 같다.

변수 y의 총분산 = 열간분산 + 열내분산 (11-3)

또한, 열간분산과 열내분산은 다음 식을 이용하여 구할 수 있다.

$$\text{열간분산} = \frac{\sum_{i=1}^{J} n_j (\overline{x_j} - \overline{x})^2}{J-1} \quad (11\text{-}4)$$

여기서, $\overline{x_j}$: 각 그룹의 평균

$\overline{x}$: 전체 평균

n_j : 각 그룹의 표본 수

J : 그룹 수

$$\text{열내분산} = \frac{\sum_{j=1}^{J} \sum_{i=1}^{n_j} (x_{ij} - \overline{x_j})^2}{N-J} \quad (11\text{-}5)$$

여기서, x_{ij} : 개별 관측치

$\overline{x_j}$: 각 그룹의 평균

n_j : 각 그룹의 표본 수

N : 표본 수

J : 그룹 수

2) 분해한 분산 비교

분산분석에서 검토하는 것은 '평균치는 그룹에 따라 다르다'라고 하는 것으로, '종속변수의 분산에 대한 그룹의 영향이 어느 정도 있는가?'를 조사하는 것이다. 그러므로 열간분산과 열내분산의 비교가 중요하다.

가령, 〈표 11-1〉의 근로시간의 총분산이 10,000시간이라고 가정하자. 이때, 식 (A)처럼 되면 '그룹의 영향이 크다', 즉 '그룹이 원인이 되어 생기는 분산이 크다'라고 말할 수 있다.

(A) 근로시간의 총분산(10,000) = 그룹의 영향에 의한 분산(9,000)
+ 그 외의 영향에 의한 분산(1,000)

반대로, 식 (B)처럼 되면, '그룹의 영향은 전혀 없다', 즉 '그룹의 영향으로 생기는 분산은 전혀 없다'라고 하는 것이 된다.

(B) 근로시간의 총분산(10,000) = 그룹의 영향에 의한 분산(0)
+ 그 외의 영향에 의한 분산(10,000)

따라서 그룹의 효과가 있는지 파악하려면 열간분산과 열내분산의 크기를 비교하면 좋으며, 2개 제곱평균의 비를 계산하는 것이 쉬운 방법이다. 그리고 열간분산과 열내분산의 비를 'F값'이라고 부르며, F값은 다음 식과 같이 정의된다.

$$F\text{값} = \frac{\text{열간분산}}{\text{열내분산}} \tag{11-6}$$

F값은 0 이상의 값을 취하고, 값이 클수록 열간분산이 열내분산에 비해 크게, 즉 그룹의 영향력이 밖의 영향력보다 강한 것을 나타낸다. 예를 들면, 식 (A)와 식 (B)의 F값은 (A)가 $F = 9{,}000 \div 1{,}000 = 9$, (B)가 $F = 0 \div 10{,}000 = 0$이 된다. 그리고 특정 F값이 출현할 확률을 조사하면, 통계적 검정을 실시할 수 있다.

〈표 11-1〉의 데이터를 분산분석한 결과를 〈표 11-2〉에 정리하였다. 이처럼 분산분석 결과에 관련된 정보(제곱합, 제곱평균, F값, 자유도)를 정리한 것을 '분산

분석표'(ANOVA table; analysis of variance table)라고 부른다. 또한, 표에서 '제곱합'은 평균제곱의 분자 부분이다. 제곱합에는 전체 합, 열간 제곱합, 열내 제곱합의 3가지로, '상관비'로 불리는 F비율의 계산에 필요하다.

〈표 11-2〉 지위별 평균근로시간의 분산분석표

	제곱합	자유도	제곱평균	F비율
열간	84.26	2	42.130	34.196
열내	624.53	507	1.232	
전체	708.79	509		

F값의 출현 확률은 [부록 7]의 F분포표를 이용하여 알 수 있으며, F분포표의 사용법은 t분포와 비슷하다. 다만, F분포표는 t분포표와 달리 표를 보기 위해 필요한 자유도가 2개가 된다. F분포표의 자유도 1이 열간분산의 자유도($J-1$), 자유도 2의 열내분산의 자유도 ($N-J$)에 대응하여, 그 교차하는 곳의 값을 찾으면 된다.

열간분산의 자유도는 $(J-1)=3-1=2$, 열내분산의 자유도는 $(N-J)=510-3=507$이 된다. 그러므로 자유도 1은 2, 자유도 2는 ∞를 이용한다. 왜냐하면 자유도 507의 값이 표에 없으므로 가장 가까운 ∞로 본다. 그리고 유의수준을 5%로 하면, 교차 부분의 F값은 3.00이 되고, 수식으로 $F(2,\infty;0.05)=3.00$과 같이 나타낸다.

따라서 계산된 F비율 34.196이 기각역인 F값 3.00보다 크므로 귀무가설은 기각된다. 즉, 표본평균에 차이가 있다고 판단할 수 있다.

3. 분산분석의 단계

3개의 평균치에 대한 분산분석을 실시하는 과정을 간단히 설명하면, 다음과 같다.

[단계 1] 가설의 설정

H_0: $\mu_1=\mu_2=\mu_3$

H_1: 적어도 1개의 평균값은 같지 않다.

[단계 2] 유의수준의 설정

$\alpha = 0.05$

[단계 3] 검정통계량의 계산

① 표본평균의 계산
② 열간분산의 계산
③ 열내분산의 계산
④ F비율의 계산

[단계 4] 결론의 도출

F분포표의 F값과 계산된 F비율과의 비교

4. 분산분석의 종류

1) 인자수에 의한 분류

① 1원배치법(one way ANOVA) : 특성값에 대한 한 종류의 인자의 영향을 조사하고자 할 때 사용하는 분산분석법
② 2원배치법(two way ANOVA) : 특성값에 대한 두 종류의 인자의 영향을 조사하고자 할 때 사용하는 분산분석법
③ 다원배치법(MANOVA) : 특성값에 대한 세 종류 이상의 인자의 영향을 조사하고자 할 때 사용하는 분산분석법

2) 구조모형에 의한 분류

① 모수모형 : 인자의 수준을 기술적으로 지정할 수 있는 경우, 실험을 하기 위해 채택된 인자의 수준이 재현성을 갖고 있는 인자들로 구성된 실험구조를 모수모형이라 하며, 모수값의 추정을 목적으로 한다.
② 변량모형 : 인자의 수준을 기술적으로 지정할 수 없는 경우, 실험을 하기 위해 채택된 변량인자의 수준은 재현성이 없으며 랜덤하게 지정된다. 이러한 인자들의 실험구조를 변량모형이라고 하며, 산포의 해석이 목적이다.
③ 혼합모형 : 모수인자와 변량인자가 혼합된 구조모형을 혼합모형이라고 한다.

제2절 분산분석의 풀이

다음 예를 이용하여, 분산분석의 풀이과정을 살펴보도록 하자.

D의류제조회사의 훈련담당과장은 봉제공들의 훈련을 위하여 여러 해 동안 사용하였던 세 가지 방법들을 평가하고자 한다. 훈련방법 Ⅰ은 숙련된 기사들에게 신입사원을 할당하는 방법이며, 훈련방법 Ⅱ는 작업을 하게하고 훈련담당기사에 의해 감독을 받는 방법, 그리고 훈련방법 Ⅲ은 비디오를 이용하거나 학습교재를 이용하는 방법이다.

담당과장은 세 훈련방법 사이의 효과에 어떤 차이가 있는가를 알기 위하여 훈련기간을 마친 후 방법에 따라 각각 5명의 신입사원들을 무작위로 차출하여 다음과 같이 일일 평균생산량을 조사하였다.

〈표 11-3〉 훈련방법에 따른 평균생산량

훈련방법 Ⅰ	훈련방법 Ⅱ	훈련방법 Ⅲ
15	22	18
18	27	24
19	18	16
22	21	22
11	17	15

세 가지 훈련방법 간에 차이가 있는지를 유의수준 0.05에서 검정해 보자.

1. 가설의 설정

이 예제는 세 가지 훈련방법에 대한 효율성을 검정하므로 같은 모집단으로부터 도출된 표본평균 $\overline{x}_1 = 17$, $\overline{x}_2 = 21$, $\overline{x}_3 = 19$에 대한 비교를 하여야 한다. 그러므로 가설은 다음과 같다.

$H_0: \mu_1 = \mu_2 = \mu_3$

H_1: 적어도 1개의 평균값은 같지 않다.

2. 유의수준의 설정

$\alpha = 0.05$

3. 검정통계량의 계산

1) 표본평균의 계산

15명의 신입사원들에 대한 일일 생산량 평균을 〈표 11-4〉와 같이 계산한다.

〈표 11-4〉 신입사원 15명의 생산량 평균

	방법 Ⅰ	방법 Ⅱ	방법 Ⅲ
직원 1	15	22	18
직원 2	18	27	24
직원 3	19	18	16
직원 4	22	21	22
직원 5	11	17	15
합 계	85	105	95
평 균	17	21	19

총평균 $\bar{x}$를 계산한다.

$$\bar{x} = \frac{17+21+19}{3}$$

$$= \frac{57}{3}$$

$$= 19$$ ← 표본평균을 이용한 총평균

2) 열간분산의 계산

세 개의 표본평균 사이의 분산(열간분산)은 다음 식을 사용한다.

〈표 11-5〉 열간분산의 계산

$\overline{x_j}$	$\overline{x}$	$\overline{x_j}-\overline{x}$	$(\overline{x_j}-\overline{x})^2$
17	19	$17-19=-2$	$(-2)^2=4$
21	19	$21-19=2$	$(2)^2=4$
19	19	$19-19=0$	$(-0)^2=0$
합 계			$\Sigma(\overline{x_j}-\overline{x})^2=8$

$$\text{열간분산}=\frac{\sum_{i=1}^{J} n_j(\overline{x_j}-\overline{x})^2}{J-1} \tag{11-4}$$

$$=\frac{\sum_{i=1}^{3} 5(\overline{x_j}-\overline{x})^2}{3-1}$$

$$=\frac{5\times 8}{3-1}$$

$$=20 \quad \leftarrow \text{열간분산}$$

3) 열내분산의 계산

3개의 인자와 각각 5개의 인자수준으로 이루어져 있으므로 다음 식을 이용하여 이들 세 인자의 각 내부에 있는 표본들의 분산을 계산할 수 있다.

$$s^2=\frac{\Sigma(x_i-\overline{X})^2}{n-1} \tag{7-1}$$

이 세 표본의 분산이 같다고 가정하였기 때문에 분산의 두 번째 추정치로서 세 표본의 분산 중, 어떤 하나($s_1{}^2$, $s_2{}^2$, $s_3{}^2$)를 개별적으로 이용할 수 있다. 그러나 통계학적으로 세 표본분산을 모두 이용함으로써 보다 나은 모분산에 대한 추정치를 얻을 수 있다. 즉, 이 경우에 세 표본분산의 평균을 이용하기 위하여 다음과 같이 계산한다.

$$\sigma^2=\frac{s_1{}^2+s_2{}^2+s_3{}^2}{3} \tag{11-5}$$

다음, 〈표 11-6〉은 3개 인자에 대한 표본내의 분산을 이용한 모분산의 두 번째 추정치를 계산하는 과정을 나타낸 것이다.

〈표 11-6〉 열내분산의 계산

훈련방법 Ⅰ 표본평균 : $\overline{x_1}=17$		훈련방법 Ⅱ 표본평균 : $\overline{x_2}=21$		훈련방법 Ⅲ 표본평균 : $\overline{x_3}=19$	
$x_{1j}-\overline{x_1}$	$(x_{1j}-\overline{x_1})^2$	$x_{2j}-\overline{x_2}$	$(x_{2j}-\overline{x_2})^2$	$x_{3j}-\overline{x_3}$	$(x_{3j}-\overline{x_3})^2$
$15-17=-2$	$(-2)^2=4$	$22-21=1$	$(1)^2=1$	$18-19=-1$	$(-1)^2=1$
$18-17=1$	$(1)^2=1$	$27-21=6$	$(6)^2=36$	$24-19=5$	$(5)^2=25$
$19-17=2$	$(2)^2=4$	$18-21=-3$	$(3)^2=9$	$16-19=-3$	$(-3)^2=9$
$22-17=5$	$(5)^2=25$	$21-21=0$	$(0)^2=0$	$22-19=3$	$(3)^2=9$
$11-17=-6$	$(-6)^2=36$	$17-21=-4$	$(4)^2=16$	$15-19=-4$	$(4)^2=16$
$(x_{1j}-\overline{x_1})^2=70$		$(x_{2j}-\overline{x_2})^2=62$		$(x_{3j}-\overline{x_3})^2=60$	

$$\text{열내분산}=\frac{\sum_{j=1}^{J}\sum_{i=1}^{n_j}(x_{ij}-\overline{x_j})^2}{N-J} \qquad (11-6)$$

$$=\frac{70+65+60}{14-2}$$

$$=16.25 \ \leftarrow \text{열내분산}$$

4) F비율의 계산

F값이라 불리우는 비율을 계산함으로써, 모분산에 대한 두 추정치를 비교할 수 있다. 분자, 분모의 비율에 대한 F값을 구하는 방법은 식 (11-6)과 같다. 이제, 계산에 의하여 의류제조회사의 신입사원문제에 대한 F비율을 알 수 있다.

$$F=\frac{\text{열간분산}}{\text{열내분산}} \qquad (11-7)$$

$$= \frac{20}{16.25}$$

$$= 1.231 \leftarrow F\text{비율}$$

F비율의 계산하는 과정은 분산분석표를 이용하면, 간단하게 정리할 수 있다.

〈표 11-7〉 분산분석표

	제곱합	자유도	제곱평균	F비율
열간	40	2	20	$\frac{20}{16.25} = 1.231$
열내	192	12	16.25	
전체	232	14		

4. 결론의 도출

F비율의 분자에 대한 자유도를 계산한다.

분자의 자유도 = 인자수 - 1
= 3−1 = 2 ← 분자의 자유도

그리고 F비율의 분모에 대한 자유도를 계산한다.

분모의 자유도 = (인자수준의 수 - 1)(인자수)
= (5−1)(3) = 12 ← 분모의 자유도

유의수준 0.05 수준에서 검정하기를 원하므로, [부록 7]의 $\alpha = 0.05$ F분포표에서 분자의 자유도 2, 분모의 자유도 12를 찾을 수 있으며, 그 값이 3.89라는 것을 알 수 있으며, 수식으로 나타내면 $F(2, 12; 0.05) = 3.89$와 같다.

〈그림 11-1〉은 이 가설검정을 나타낸 것으로 점무늬 부분의 면적은 유의수준 0.05를 나타내며, 기각역 3.89는 채택영역의 상한으로 정한 것이다. F비율 1.231가 채택영역 내에 놓여 있기 때문에 귀무가설을 채택한다. 즉, 표본정보에 의하여, 세 훈련방법에 따른 신입사원의 생산성은 차이가 없다고 결론을 내릴 수 있다.

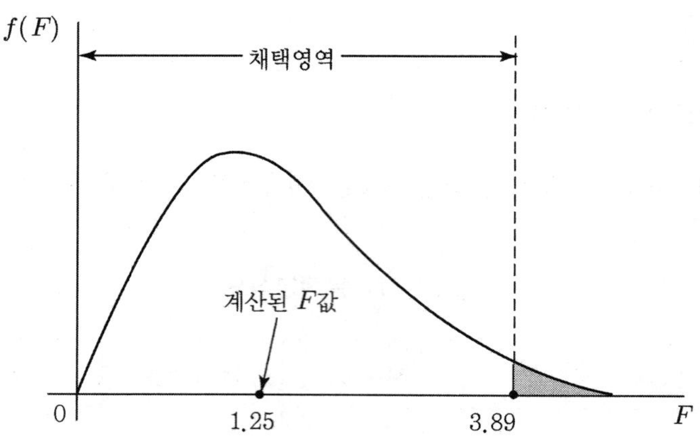

〈그림 11-1〉 유의수준 0.05의 가설검정

예제 11.1

서로 다른 세 지역에서 통과하는 교통량을 1시간 간격으로 측정하였다. 다음 표는 각 지역에서 임의적으로 5번 조사한 교통량을 나타낸 것이다. 유의수준 0.01로 세 지역의 평균교통량이 같다고 볼 수 있는지를 검정하라.

	교통량1	교통량2	교통량3	교통량4	교통량5
지역 1	7	10	10	11	12
지역 2	4	6	7	9	9
지역 3	2	2	3	7	6
합 계	13	18	20	27	27

풀이 1. 가설의 설정

$H_0: \mu_1 = \mu_2 = \mu_3$

H_1: 적어도 1개의 평균값은 같지 않다.

2. 유의수준의 설정

$\alpha = 0.01$

3. 검정통계량의 계산

1) 표본평균의 계산

	지역 1	지역 2	지역 3
교통량 1	7	4	2
교통량 2	10	6	2
교통량 3	10	7	3
교통량 4	11	9	7
교통량 5	12	9	6
합 계	50	35	20
평 균	10	7	4

총평균 $\bar{x}$를 계산한다.

$$\bar{x} = \frac{10+7+4}{3} = 7$$

2) 열간분산의 계산

$\overline{x_j}$	$\bar{x}$	$\overline{x_j} - \bar{x}$	$(\overline{x_j} - \bar{x})^2$
10	7	$10-7=3$	$3^2=9$
7	7	$7-7=0$	0
4	7	$7-4=3$	$3^2=9$
합 계			$\sum(\overline{x_j} - \bar{x})^2 = 18$

$$\text{열간분산} = \frac{\sum_{i=1}^{J} n_j (\overline{x_j} - \bar{x})^2}{J-1} \qquad (11\text{–}4)$$

$$= \frac{\sum_{i=1}^{3} 5 (\overline{x_j} - \bar{x})^2}{3-1}$$

$$= \frac{5 \times 18}{3-1} = 45 \quad \leftarrow \text{열간분산}$$

3) 열내분산의 계산

지역 1 표본평균 : $\overline{x_1}=10$		지역 2 표본평균 : $\overline{x_2}=7$		지역 3 표본평균 : $\overline{x_3}=4$	
$x_{1j}-\overline{x_1}$	$(x_{1j}-\overline{x_1})^2$	$x_{2j}-\overline{x_2}$	$(x_{2j}-\overline{x_2})^2$	$x_{3j}-\overline{x_3}$	$(x_{3j}-\overline{x_3})^2$
$7-10=-3$	$(-3)^2=9$	$4-7=-3$	$(-3)^2=9$	$2-4=-2$	$(-2)^2=4$
$10-10=0$	0	$6-7=-1$	1	$2-4=-2$	$(-2)^2=4$
$10-10=0$	0	$7-7=0$	0	$3-4=-1$	1
$11-10=1$	1	$9-7=-2$	$(-2)^2=4$	$7-4=3$	$(3)^2=9$
$12-10=2$	$2^2=4$	$9-7=-2$	$(-2)^2=4$	$6-4=2$	$(2)^2=4$
$(x_{1j}-\overline{x_1})^2=14$		$(x_{2j}-\overline{x_2})^2=18$		$(x_{3j}-\overline{x_3})^2=22$	

$$\text{열내분산}=\frac{\sum_{j=1}^{J}\sum_{i=1}^{n_j}(x_{ij}-\overline{x_j})^2}{N-J} \tag{11-6}$$

$$=\frac{14+18+22}{15-3}$$

$$=4.5 \quad \leftarrow \text{열내분산}$$

4) F비율의 계산

$$F=\frac{\text{열간분산}}{\text{열내분산}} \tag{11-7}$$

$$=\frac{45}{4.5}=10 \quad \leftarrow F\text{비율}$$

F비율을 계산하는 과정은 분산분석표를 이용하면, 간단하게 정리할 수 있다.

〈분산분석표〉

	제곱합	자유도	제곱평균	F비율
열간	90	2	45	$\frac{45}{4.5}=10.0$
열내	54	12	4.5	
전체	144	14		

4. 결론의 도출

유의수준 0.01에서 검정하기를 원하므로, [부록 7]의 $\alpha = 0.01$ F분포표에서 분자의 자유도 2, 분모의 자유도 12를 찾으면, $F(2, 12; 0.01) = 6.93$을 발견할 수 있다.

아래 그림에서 F비율 10.0이 채택영역을 벗어나므로, 귀무가설은 기각된다. 즉, 세 지역에서 통과하는 평균교통량은 차이가 있다고 결론을 내릴 수 있다.

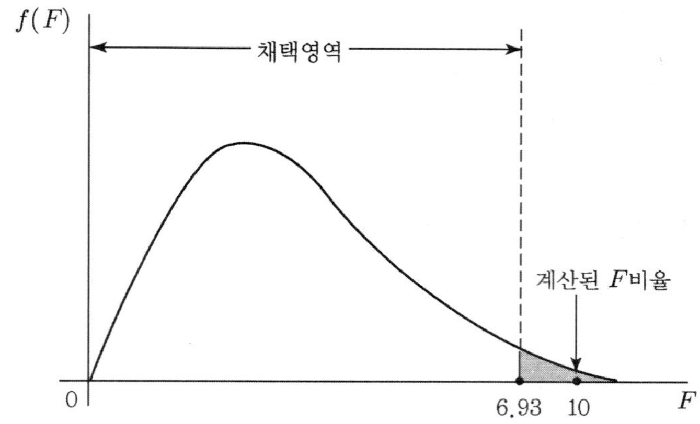

연습문제

11-1. t검정의 한계를 설명하라.

11-2. 분산분석의 개념을 설명하라.

11-3. 분산분석의 풀이과정을 설명하라.

11-4. 다음은 S기업 3명의 직원들이 기획안을 작성하는데 소요되는 시간을 조사한 것이다. 분산분석표를 작성하고, 직원간의 기획안 작성에 차이가 있는지를 유의수준 0.05에서 검정하라.

(단위 : 분)

직원 1	직원 2	직원 3
76	79	94
68	79	84
64	77	96
78	73	88
79	81	78
73	79	86

11-5. S제조업자가 세운상가에서 4대의 기계 가운데 한 대를 구입하고자 한다. 이러한 결정을 돕기 위하여, 각 기계에서 임의로 뽑은 1일 산출량을 조사하였다. 0.05의 유의수준으로 4대의 기계가 동일한 산출량을 갖는지를 검정하라.

기계 1	기계 2	기계 3	기계 4
36	29	31	36
34	44	35	28
37	34	32	34
35	36	33	32
33	32	39	30

11-6. P자동차회사는 4종류의 범퍼를 개발하여, 외부의 충격에 대한 보호력에 차이가 있는지 검사하였다. 각 범퍼의 유형에 5개씩 표본을 추출하여 시속 10km의 충격검사를 실시하였다. 다음 표는 범퍼 효율성의 측정은 피해에 따른 수리비용이다. 0.05의 유의수준으로 4종류의 범퍼가 동일한 보호력이 있다고 하겠는가?

(단위 : 만원)

범퍼 1	23.0	25.8	23.9	24.1	26.5
범퍼 2	28.5	27.6	26.3	27.4	28.1
범퍼 3	21.5	23.2	20.4	24.7	22.6
범퍼 4	24.1	25.3	23.7	24.6	21.0

11-7. Q사는 4개의 제품 디자인에 대한 평가를 받고자, 각 디자인에 대한 이익을 다음과 같이 조사하였다. 0.05의 유의수준으로 4개의 디자인이 동일한 이익을 갖는지를 검정하라.

(단위 : 억원)

디자인 1	37	42	45	49	50	45
디자인 2	49	38	40	39	50	41
디자인 3	33	34	40	38	47	36
디자인 4	41	48	40	42	38	41

11-8. 분산분석표가 다음과 같이 주어졌을 때, 가설 $H_0: \mu_1 = \mu_2 = \mu_3$를 0.05의 유의수준으로 검정하라.

	제곱합	자유도	제곱평균	F비율
열간	70	2		
열내	30	12		

11-9. 여대생 20명이 4종류의 식이요법으로 체중을 줄이려고 한다. 일정기간의 식이요법 후에 콜레스테롤을 측정한 결과, 다음 표와 같이 나타났다. 식이요법의 효과가 종류에 따라 다르다고 할 수 있는지를 유의수준 0.05에서 검정하라.

요법 1	225	265	225	240	245	240
요법 2	225	230	215	210	220	
요법 3	185	220	250	200	250	
요법 4	265	265	285	235		

11–10. 3개의 인자가 있는 일원배치법에 의하여 관측값을 다음과 같이 얻었다. 방법에 따라 처리효과에 차이가 있는지를 유의수준 1%에서 검정하라.

처리 1	처리 2	처리 3
35	19	21
24	14	16
28	14	21
21	13	14

11–11. K공업사는 제품의 수명에 영향을 미칠 것으로 생각되는 반응온도에 대하여 다음과 같은 데이터를 얻었다. 10%의 유의수준에서 분산분석을 행하고, 그 결과를 해석하라.

(단위 : 도)

	1	2	3	4	5	6	7	8
A_1	4	8	2	3	5	4	6	7
A_2	7	12	13	15	8	10	12	9

11–12. M농장은 특정 사료에 대한 돼지의 체중 증가량을 조사하기 위하여, 임의로 추출한 21마리의 돼지를 7마리씩 나누어 3종류의 사료를 일정기간 먹인 후 체중 증가량을 조사한 결과, 다음과 같은 자료를 얻게 되었다. 사료의 종류에 따라 돼지 체중 증가량에 차이가 있는지를 유의수준 5%에서 검정하라.

(단위 : Kg)

	1	2	3	4	5	6	7
사료 A_1	30	35	28	29	25	29	34
사료 A_2	25	31	28	27	23	24	31
사료 A_3	20	16	17	18	18	17	20

제 12 장 회귀분석

제1절 서 론

1. 개념

회귀분석(regression analysis)이란 두 변수 또는 그 이상의 변수들 사이에 존재하는 상관의 방향과 성격을 파악하여 함수식으로 나타내는 과정을 말하며, 경영·경제 분야에 많이 사용되고 있다. 그러므로 회귀분석은 변수를 독립변수와 종속변수로 나누어 독립변수에 의해 종속변수의 값을 예측하기 위한 것으로, 측정된 자료로부터 변수 간의 관련성을 규명하는 통계적 분석방법이다.

회귀(regression)의 뜻은 뒤로 돌아온다는 의미로, 회귀분석의 목적은 변수간의 관계를 파악하여 미래의 사상에 대한 예측을 하는 것이지만, 회귀분석의 자료가 과거의 자료이므로 이 과거의 자료를 이용하여 변수 상호간의 확률적인 함수관계를 파악한다는 점에서 회귀라는 개념이 사용되었다. 예컨대, 과학자들은 매년 대기 중에 방출되는 탄화불소의 양과 연간 에어로졸 캔의 판매량 사이에 관계가 있음을 알고 있다. 만약, 이 관계를 다룬다면, 각 연도에 판매된 에어로졸 캔의 수가 독립변수가 될 것이며, 매년 대기 중에 방출된 탄화불소의 양은 종속변수가 될 것이다.

회귀분석은 예측방정식에서 단 하나의 종속변수만 가지게 되며, 독립변수는 둘 이상의 변수를 가질 수 있다. 그리고 독립변수를 첨가함으로써 예측의 정확성을 보다 향상시킬 수 있다. 예를 들면, 경제학자들은 GNP의 예측치를 향상시키기 위하여 두 번째 독립변수인 투자지출의 수준을 추가하기도 한다.

탄화불소와 GNP의 예는 독립변수와 종속변수 사이에 정(+)의 관계를 보여준다. 마찬가지로 광고예산이 증가함에 따라 기업의 판매량도 증가하리라고 예상될 때 X축에 독립변수를, Y축에 종속변수를 나타내는 정(+)의 관계의 그래프를 〈그림 12-1〉의 (a)와 같이 나타낼 수 있다. 이 때, X가 증가함에 따라 Y가 증가하므로, 이 선분은 정(+)의 관계에 있다고 할 수 있다.

때때로 이런 관계는 부(-)의 관계일 경우도 있다. 이 경우 독립변수가 증가함에 따라 종속변수는 감소하게 된다. 이런 부(-)의 관계는 공해방지기구를 위한 기업의 연간지출의 증가와 공해방출의 감소 사이에서 나타날 수 있으며, 이 관계는 〈그림 12-1〉의 (b)와 같이 나타난다.

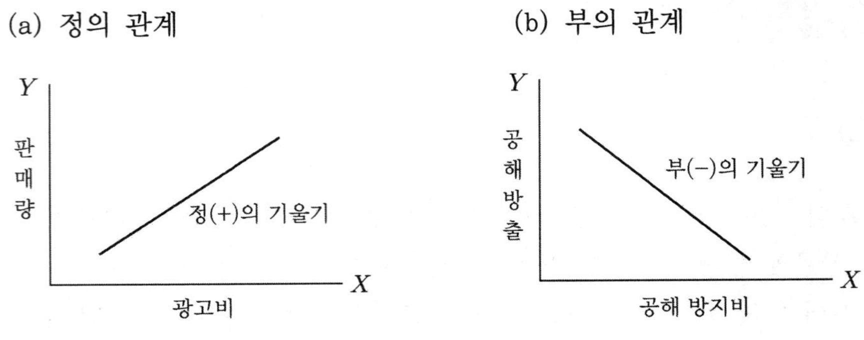

〈그림 12-1〉 독립변수 X와 종속변수 Y 사이의 관계

2. 산포도

두 변수 사이에 관계가 있는지를 결정하기 위한 첫 단계는, 관측된 데이터의 그래프를 관찰하는 것이며, 이 그래프를 산포도(scatter diagram)라 한다.

산포도는 두 가지 정보를 제공한다. 즉, ① 산포도를 볼 때 관련된 변수가 나타내는 형태를 볼 수 있으며, ② 이런 관계에서 묘사되는 예측방정식이나 직선의 유형을 볼 수 있다. 다음의 예를 이용하여 살펴보도록 하자.

K대학은 학생들의 대학입학성적과 입학 후의 평균학점과의 사이에 어떤 관계가 있는지를 알아보고자 한다. 대학관계자는 관련자료에서 몇 가지를 무작위 추출하여 〈표 12-1〉과 같은 자료를 얻게 되었다.

〈표 12-1〉 대학입학성적과 평균학점의 자료

학 생	A	B	C	D	E	F	G	H
대학입학성적	74	69	85	63	82	60	79	91
대학평균학점	2.6	2.2	3.4	2.3	3.1	2.1	3.2	3.8

대학 관계자는 대학의 평균학점을 예측하기 위하여 대학입학성적을 사용하기 원하므로, 평균학점을 종속변수로 하여 Y축에, 대학입학성적을 독립변수로 하여 X축에 나타내었다. 그리고 〈그림 12-2〉와 같이 산포도로 나타낼 수 있다.

〈그림 12-2〉를 보면, 왜 산포도를 그리는가를 쉽게 알 수 있다. 이런 점들의 유형은 〈표 12-1〉에 주어진 각 데이터의 값을 단일한 점으로 기록함에 따라 얻은 것이다. 이 점들을 한꺼번에 놓고 볼 때, 두 변수 사이에 관계가 존재함을 알 수 있으며, 결론적으로 관계를 나타내는 산포도를 가로지르는 적합한 직선을 그을 수 있다.

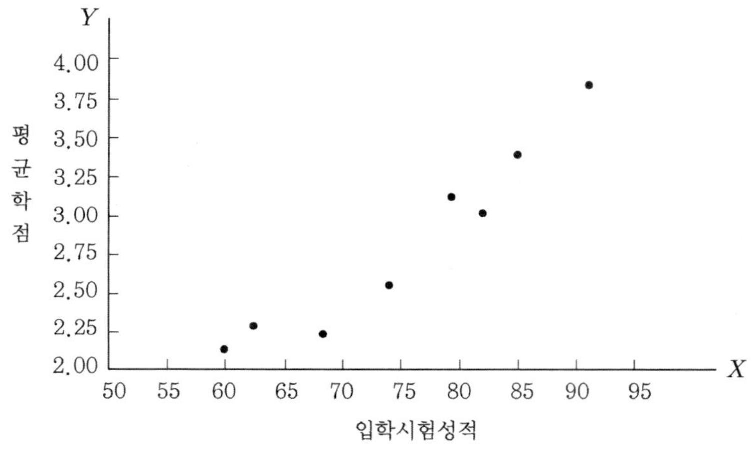

〈그림 12-2〉 자료의 산포도

〈그림 12-3〉은 〈그림 12-2〉의 산포도에 적합한 직선을 그은 그림이다.

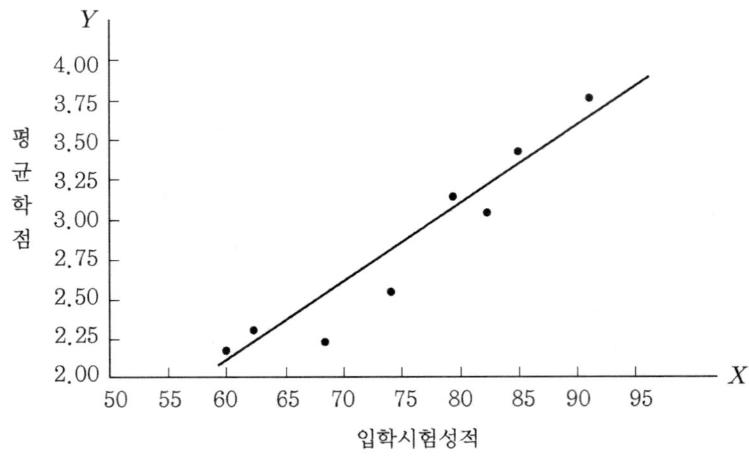

〈그림 12-3〉 산포도에 적합한 직선

산포도에서 나타날 수 있는 가능한 관계는 〈그림 12-4〉와 같다. 그림 (a)와 (b)는 정(+)의 직선관계와 부(-)의 관계를 나타낸다. (c)와 (d)는 곡선관계를 나타내는 것으로 변수 사이의 정의 관계와 부의 관계를 나타내고 있다. (e)는 점들이 보다 넓은 형태로 산재해 있는 부의 직선관계를 나타낸다. 이와 같이 보다 넓은 산포도는 (b)보다 독립변수와 종속변수 사이의 관계 정도가 낮은 것을 나타낸다. (f)에 있어서 점의 형태는 두 변수 사이의 관계가 전혀 없음을 나타내며, 한 변수에 관계되는 자료가 다른 변수의 미래에 대한 예측을 불가능하게 한다.

(a) 정의 직선

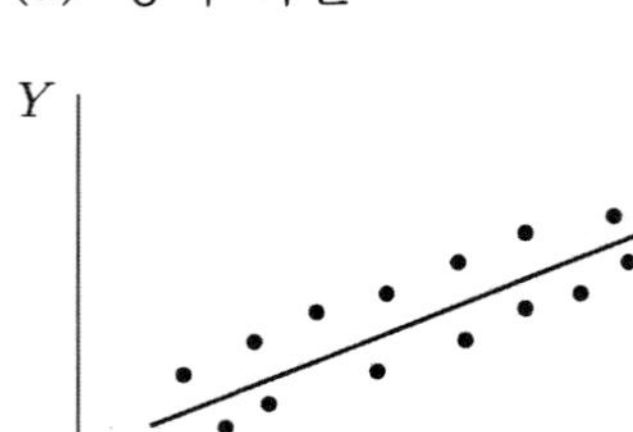

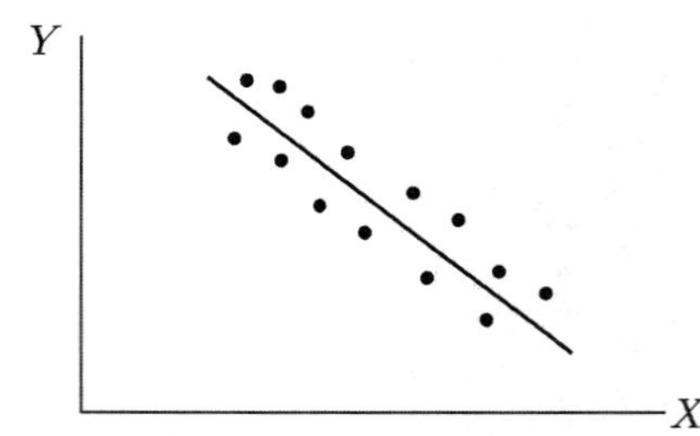

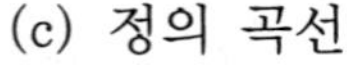

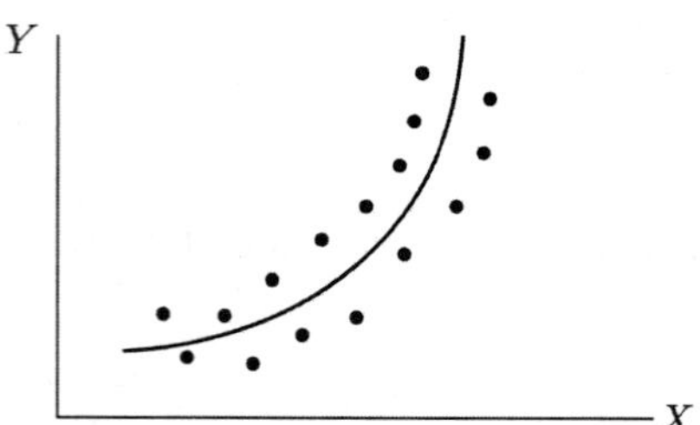

(d) 부의 곡선

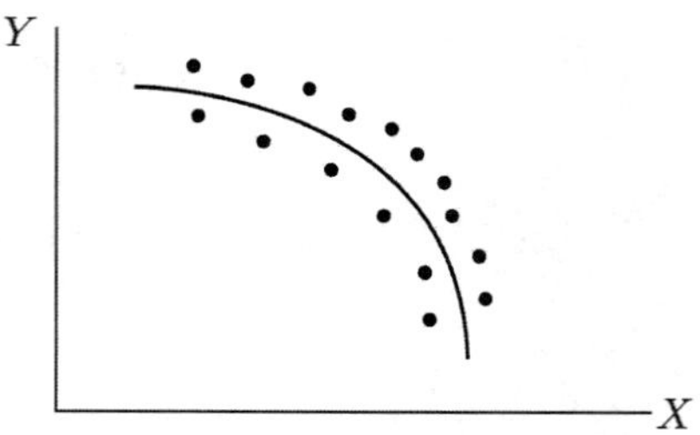

(e) 넓은 부의 직선

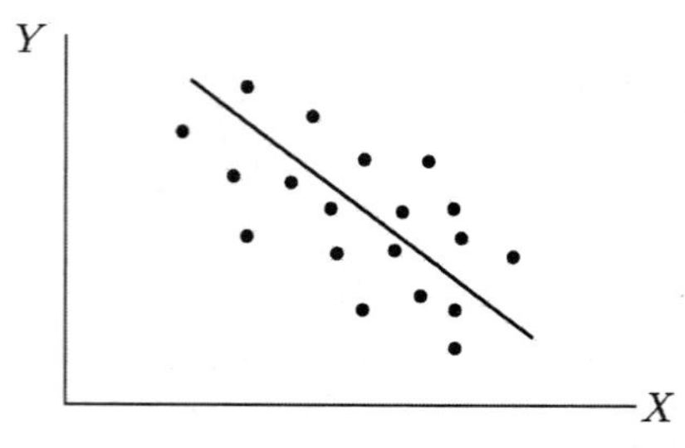

(f) 무관계

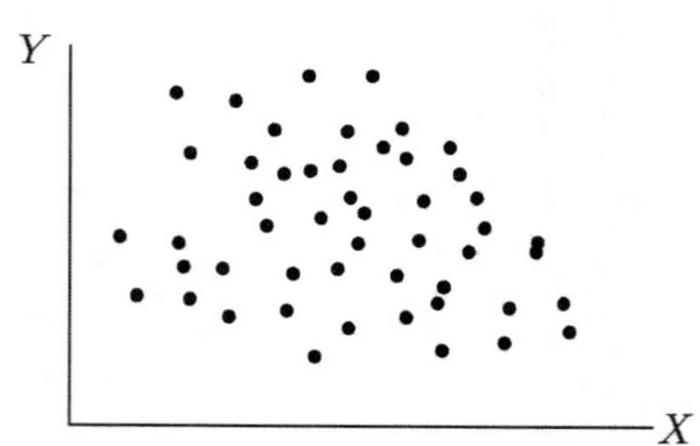

〈그림 12-4〉 산포도에서 가능한 관계

이런 점들을 사용한 산포도에서 회귀직선은 자료의 점들 가운데 적합한 위치에 놓이게 된다. 두 변수와 관련된 방정식을 보다 정확한 회귀직선의 식으로 나타내는 방법을 살펴보자.

제2절 단순회귀식의 적합

단순회귀(simple regression)는 직선회귀(straight-line regression)라고도 부르며, 여기서 얻어지는 직선을 회귀직선이라고 부른다. 두 변수 X, Y에 대한 n개의 데이터 X_i, $Y_i(i=1, 2, \cdots, n)$에 관한 직선회귀모형은 다음과 같은 가정 하에 표현된다.

$$Y_i = \alpha + \beta X_i + e_i \qquad (12\text{-}1)$$

여기서, e_i : $N(0, \sigma^2)$이고 서로 독립

α, β : 미지의 모수

X_i : i번째 주어진 고정된 X의 값

$i = 1, 2, \cdots, n$

이 모형은 〈그림 12-5〉와 같이 나타낼 수 있다. 단순선형회귀에서 α와 β가 미지이므로, $X_1, \cdots, X_n$에서 Y의 관측치 $Y_1, \cdots, Y_n$을 사용하여, X에 따른 Y의 기대값 $E(Y) = \alpha + \beta X$를 추정하는 것이 단순회귀분석의 일차적인 작업이라고 할 수 있다.

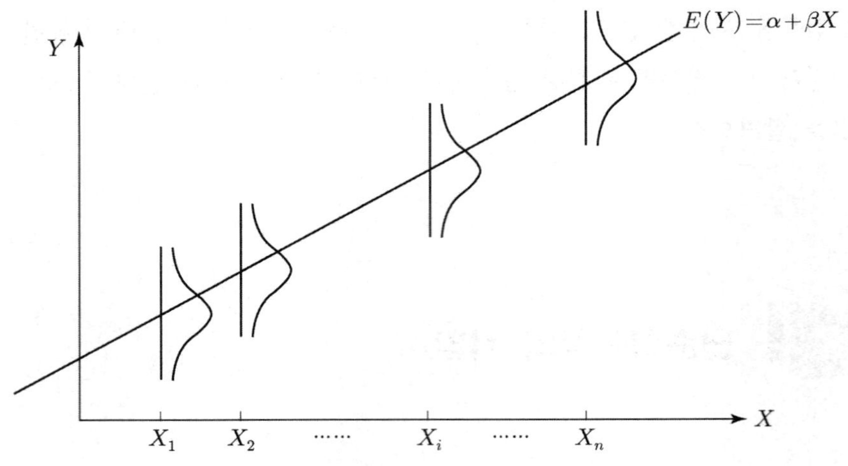

〈그림 12-5〉 $Y_i \sim N(\alpha+\beta X_i,\ \sigma^2)$의 관계

1. 최소자승법

단순회귀모형에서 미지의 모수 α와 β를 추정할 때, 오차의 제곱합(sum of squares)을 최소로 하도록 추정하는 방법을 최소자승법(method of least squares)이라 한다. 즉, 식 (12-1)의 오차 e_i의 제곱 합을 최소로 하는 α와 β를 구하는 방법이다.

이 식에서 얻어진 $\hat{\alpha}$, $\hat{\beta}$를 최소자승추정치(least squares estimator)라 부르며, 계산과정은 다음과 같다.

$$\hat{\beta}=\frac{S_{(xy)}}{S_{(xx)}} \tag{12-2}$$

$$\hat{\alpha}=\overline{Y}-\hat{\beta}\overline{X} \tag{12-3}$$

단, $$S_{(xx)}=\sum(X_i-\overline{X})^2=\sum X_i^2-\frac{(\sum X_i)^2}{n} \tag{12-4}$$

$$S_{(xy)}=\sum(X_i-\overline{X})(Y_i-\overline{Y})=\sum X_iY_i-\frac{(\sum X_i)(\sum Y_i)}{n} \tag{12-5}$$

$$S_{(yy)}=\sum(Y_i-\overline{Y})^2=\sum Y_i^2-\frac{(\sum Y_i)^2}{n} \tag{12-6}$$

따라서 식 (12-5)와 (12-6)을 이용한 회귀직선의 추정식은 다음과 같다.

$$\widehat{Y_i}=\hat{\alpha}+\hat{\beta}X_i \tag{12-7}$$

앞의 〈표 12-1〉의 자료를 이용하여 X와 Y간의 관계를 최소자승법에 의하여 나타내는 과정은 다음과 같다.

1) X와 Y의 평균 계산

〈표 12-2〉 최소자승법을 위한 계산과정

X_i	Y_i	X_iY_i	X_i^2	Y_i^2
74	2.6	192.4	5476	6.76
69	2.2	151.8	4761	4.84
85	3.4	289.0	7225	11.56
63	2.3	144.9	3969	5.29
82	3.1	254.2	6724	9.61
60	2.1	126.0	3600	4.41
79	3.2	252.8	6241	10.24
91	3.8	345.8	8281	14.44
603	22.7	1,756.9	46,277	67.15

$$\overline{X} = \frac{\Sigma X_i}{n} = \frac{603}{8} = 75.375$$

$$\overline{Y} = \frac{\Sigma Y_i}{n} = \frac{22.7}{8} = 2.838$$

2) 요소값의 계산

$$S_{(xx)} = \Sigma(X_i - \overline{X})^2 = \Sigma X_i^2 - \frac{(\Sigma X_i)^2}{n} \qquad (12-4)$$

$$= 46,277 - \frac{(603)^2}{8} = 825.875$$

$$S_{(xy)} = \Sigma(X_i - \overline{X})(Y_i - \overline{Y}) = \Sigma X_i Y_i - \frac{(\Sigma X_i)(\Sigma Y_i)}{n} \qquad (12-5)$$

$$= 1756.9 - \frac{(603)(22.7)}{8} = 45.888$$

3) 최소자승추정치의 계산

계산된 요소값을 이용하여 α와 β의 최소자승추정치를 계산한다.

$$\hat{\beta} = \frac{S_{(xy)}}{S_{(xx)}} \qquad (12-2)$$

$$= \frac{45.888}{825.875} = 0.056$$

$$\hat{\alpha} = \overline{Y} - \hat{\beta}\overline{X} \qquad (12-8)$$

$$= 2.838 - (0.056)(75.375) = -1.383$$

4) 회귀직선의 식 도출

최소자승추정치를 회귀직선의 추정식에 적용하여, 회귀직선의 식을 도출한다.

$$\hat{Y} = -1.383 + 0.056X$$

예제 12.1

다음은 P대학 1학년생을 임의로 추출하여, 개인별 1일 용돈과 학습시간을 조사한 것이다. 이 자료를 이용하여 최소자승법에 의한 회귀직선의 식을 구하라.

1일 용돈(X)	3만원	3만원	4만원	5만원	6만원	4만원	2만원
학습시간(Y)	5시간	4시간	3시간	3시간	4시간	3시간	4시간

풀이 1) X와 Y의 평균 계산

X	Y	XY	X^2	Y^2
3	5	15	9	25
3	4	12	9	16
4	3	12	16	9
5	3	15	25	9
6	4	24	36	16
4	3	12	16	9
2	4	8	4	16
27	26	98	115	100

$$\overline{X} = \frac{\Sigma X_i}{n} = \frac{27}{7} = 3.857$$

$$\overline{Y} = \frac{\Sigma Y_i}{n} = \frac{26}{7} = 3.714$$

2) 요소값의 계산

$$S_{(xx)} = \Sigma X_i^2 - \frac{(\Sigma X_i)^2}{n} \qquad (12-4)$$

$$= 115 - \frac{(27)^2}{7} = 10.857$$

$$S_{(xy)} = \Sigma X_i Y_i - \frac{(\Sigma X_i)(\Sigma Y_i)}{n} \qquad (12-5)$$

$$= 98 - \frac{(27)(26)}{7} = -2.286$$

3) 최소자승추정치의 계산

$$\hat{\beta} = \frac{S_{(xy)}}{S_{(xx)}} \qquad (12-2)$$

$$= \frac{-2.286}{10.857} = -0.210$$

$$\hat{\alpha} = \overline{Y} - \hat{\beta}\overline{X} \qquad (12-3)$$

$$= 3.714 - (-0.21)(3.857) = 4.524$$

4) 회귀직선의 식 도출

$$\widehat{Y_i} = \hat{\alpha} + \hat{\beta} X_i \qquad (12-7)$$

$$\widehat{Y} = 4.524 - 0.21X$$

단순선형회귀 $Y_i = \alpha + \beta X_i + e_i (i = 1, \cdots, n)$에서, Y_i와 $E(Y_i) = \alpha + \beta X_i$의 추정량 $\widehat{Y_i} = \hat{\alpha} + \hat{\beta} X_i$의 차를 '잔차(residual)'라고 하며, 다음과 같이 나타낸다.

$$\varepsilon_i = Y_i - \widehat{Y_i} \qquad (12-9)$$

잔차를 그림으로 나타내면, 다음과 같으며, 실제값 Y_i와 회귀직선에 의한 예측치 $\widehat{Y_i}$의 차이라는 것을 알 수 있다.

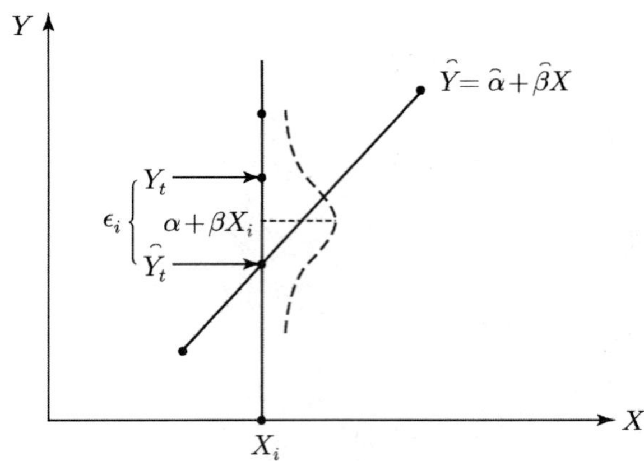

〈그림 12-6〉 잔차의 개념

오차항의 분산 σ^2이 작을수록 잔차는 0에 가까우며, σ^2이 클수록 잔차는 큰 값으로 나타나므로, 이 제곱합은 우리에게 σ^2에 대한 정보를 준다. 그러므로 이 제곱합을 잔차제곱합(residual sum of squares) 또는 잔차변동이라고 한다.

$$SSE = \sum_{i=1}^{n} (Y_i - \hat{Y}_i)^2 \tag{12-10}$$

이것을 이용하여 σ^2을 추정하면, 불편추정량을 얻을 수 있다. 즉, 단순회귀선형 $Y_i = \alpha + \beta X_i + e_i, e_i \sim N(0, \sigma^2)(i = 1, \cdots, n)$에서,

$$MSE = \frac{SSE}{n-2} \tag{12-11}$$

$$= \frac{\sum_{i=1}^{n} (Y_i - \hat{\alpha} - \hat{\beta}X_i)^2}{n-2}$$

를 잔차제곱평균(residual mean square)이라 하고, σ^2의 불편추정량이 된다. 잔차제곱합을 계산할 때에는,

$$SSE = S_{(yy)} - \frac{(S_{(xy)})^2}{S_{(xx)}} \tag{12-12}$$

을 이용하면 편리하다. 〈표 12-2〉의 자료를 이용하여, σ^2의 불편추정치를 쉽게 구할 수 있다. 그 과정을 살펴보면 다음과 같다.

$$S_{(xx)} = \sum(X_i - \overline{X})^2 = \sum X_i^2 - \frac{(\sum X_i)^2}{n} \quad (12-4)$$

$$= 46,277 - \frac{(603)^2}{8} = 825.875$$

$$S_{(xy)} = \sum(X_i - \overline{X})(Y_i - \overline{Y}) = \sum X_i Y_i - \frac{(\sum X_i)(\sum Y_i)}{n} \quad (12-5)$$

$$= 1756.9 - \frac{(603)(22.7)}{8} = 45.888$$

$$S_{(yy)} = \sum(Y_i - \overline{Y})^2 = \sum {Y_i}^2 - \frac{(\sum Y_i)^2}{n} \quad (12-6)$$

$$= 67.15 - \frac{(22.7)^2}{8} = 2.739$$

$$SSE = S_{(yy)} - \frac{(S_{(xy)})^2}{S_{(xx)}} \quad (12-12)$$

$$= 2.739 - \frac{(45.888)^2}{825.875} = 0.189$$

그러므로 σ^2의 불편추정치는 다음과 같이 된다.

$$\sigma^2 = MSE = \frac{SSE}{n-2} \quad (12-11)$$

$$= \frac{0.189}{6} = 0.032$$

예제 12.2

$\sum X_i = 27$, $\sum Y_i = 26$, $n = 7, \sum X_i^2 = 115$, $\sum X_i Y_i = 98$, $\sum Y_i^2 = 100$의 계산값을 이용하여, 오차항의 분산 σ^2을 구하라.

풀이

$$S_{(xx)} = \sum X_i^2 - \frac{(\sum X_i)^2}{n} = 115 - \frac{(27)^2}{7} = 10.857 \quad (12-4)$$

$$S_{(xy)} = \sum X_i Y_i - \frac{(\sum X_i)(\sum Y_i)}{n} = 98 - \frac{(27)(26)}{7} = -2.286 \quad (12-5)$$

$$S_{(yy)} = \sum Y_i^2 - \frac{(\sum Y_i)^2}{n} = 100 - \frac{(26)^2}{7} = 3.429 \qquad (12-6)$$

$$SSE = S_{(yy)} - \frac{(S_{(xy)})^2}{S_{(xx)}} \qquad (12-12)$$

$$= 3.429 - \frac{(-2.286)^2}{10.857} = 2.948$$

그러므로

$$\sigma^2 = MSE = \frac{SSE}{n-2} \qquad (12-11)$$

$$= \frac{2.948}{5} = 0.59$$

■

2. 추정의 표준오차

회귀방정식의 신뢰성을 측정하기 위하여 통계학자들은 추정의 표준오차를 이용한다. 표준오차는 s_e로 표기하며, 표준편차와 유사하게 산포의 정도를 측정한다.

〈그림 12-7〉을 보면, (b)는 직선에서 멀리 떨어져 있는 점들이 많지만, (a)는 보다 직선과 가깝게 분포된 점들의 데이터로 이루어졌기 때문에 추정치가 (b)보다 정확하다는 것을 직관적으로 알 수 있다.

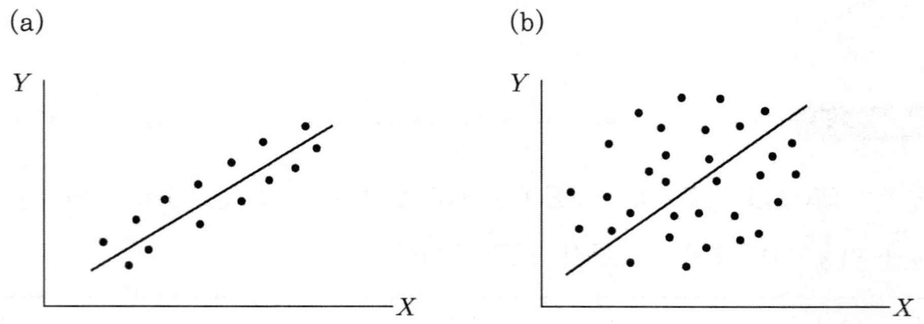

〈그림 12-7〉 회귀직선의 산포 정도 비교

회귀직선에 대한 표준오차는 다음과 같은 식으로 측정된다.

$$s_e = \sqrt{\frac{\sum(Y_i - \hat{Y})^2}{n-2}} \tag{12-13}$$

여기서, s_e : 회귀직선의 표준오차
Y_i : 각 관측치
$\hat{Y}_i$: 계산 된 예측치
n : 관찰 대상수

이와 같은 추정의 표준오차는 관측치에서 예측치 $\hat{Y}$를 빼고, 그 차가 제곱되어 합해진다는 점에서 다른 표준편차와 비슷하다. 분모 $n-2$는 α, β를 추정했으므로 자유도 2의 손실을 나타낸다. 그리고 계산의 편의를 위하여 간단히 계산하는 대안적 식은 다음과 같다.

$$s_e = \sqrt{\frac{\sum Y_i^2 - \hat{\alpha}\sum Y_i - \hat{\beta}\sum X_i Y_i}{n-2}} \tag{12-14}$$

여기서, X_i : 독립변수의 값
Y_i : 종속변수의 값
$\hat{\alpha}$: Y의 절편
$\hat{\beta}$: 회귀직선의 기울기

예제 12.3

다음은 P대학 1학년생을 임의로 추출하여, 1일 용돈과 학습시간을 조사한 것이다. 이 자료와 회귀직선의 방정식 $\hat{Y} = 4.52 - 0.21X$를 이용하여 표준오차를 계산하라.

1일 용돈(X)	3만원	3만원	4만원	5만원	6만원	4만원	2만원
학습시간(Y)	5시간	4시간	3시간	3시간	4시간	3시간	4시간

풀이

X_i	Y_i	$\hat{Y}_i$	$(Y_i - \hat{Y}_i)$	$(Y_i - \hat{Y}_i)^2$
①	②	③ $\hat{Y}_i = 4.52 - 0.21X_i$	② − ③	(② − ③)^2
3	5	3.89	1.11	1.2321
3	4	3.89	0.11	0.0121
4	3	3.68	−0.68	0.4624
5	3	3.47	−0.47	0.2209
6	4	3.26	0.74	0.5476
4	3	3.68	−0.68	0.4624
2	4	4.10	−0.10	0.0100
			$\sum(Y_i - \hat{Y}_i)^2 = 2.9475$	

$$s_e = \sqrt{\frac{\Sigma(Y_i - \hat{Y}_i)^2}{n-2}} \qquad (12-13)$$

$$= \sqrt{\frac{2.9475}{7-2}}$$

$$= 0.768$$

제3절 분산분석표의 작성

회귀직선의 식은 기계적으로 구할 수 있지만, 이 회귀직선이 X와 Y간의 함수관계를 어느 정도 잘 설명하고 있는가는 알 수 없다. 그러므로 회귀직선의 적합성에 대한 판단 여부에 사용되는 방법은 분산분석표의 작성과 여기에 따른 F검정이다.

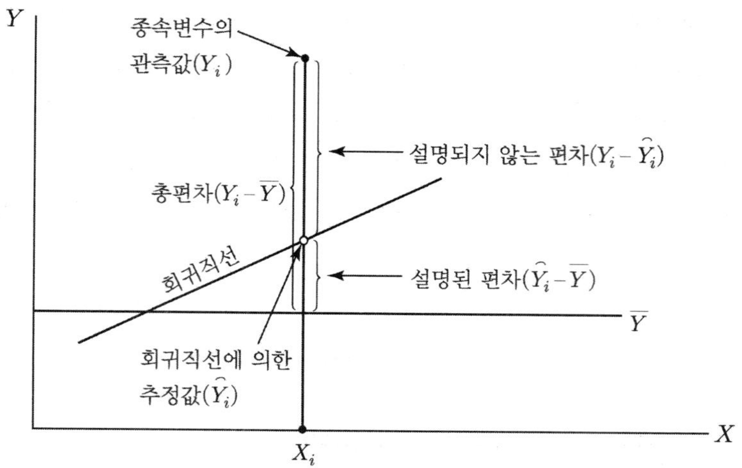

〈그림 12–8〉 편차의 분해

〈그림 12−8〉에서 보는 바와 같이 하나의 관측치 Y_i와 그 평균치 $\overline{Y}$와의 차이를 총편차(total deviation)라고 하며, 다음과 같이 두 편차의 합으로 나타낼 수 있다.

$$(Y_i - \overline{Y}) = (Y_i - \hat{Y}_i) + (\hat{Y}_i - \overline{Y}) \tag{12−15}$$

$Y_i - \hat{Y}_i$는 회귀직선에 의하여 설명되지 않는 편차이고, $\hat{Y}_i - \overline{Y}$는 회귀직선에 의하여 설명되는 편차이다. 특히, 회귀직선에 의하여 설명되지 않는 $Y_i - \hat{Y}_i$를 '잔차(residual)'라고 부르고, ε_i로 표시한다.

그리고 총편차의 제곱합 $\Sigma(Y_i - \overline{Y})^2$을 총변동(total variation)이라고도 하고, $S_{(YY)}$ 혹은 SST(total sum of squares, 총제곱합)로 표시한다. 이 SST는 다음과 같이 둘로 나누어진다.

$$SST = SSR + SSE \tag{12−16}$$

(총변동) (회귀직선에 의한 설명변동) (회귀직선에 의한 불설명변동)

여기서, $SST = \Sigma(Y_i - \overline{Y})^2$

$SSR = \Sigma(\hat{Y}_i - \overline{Y})^2$

$SSE = \Sigma(Y_i - \hat{Y}_i)^2$

이다. SSE는 잔차제곱합(residual sum of squares)이라고 하고, 주어진 X의 값에 따라 Y의 변동을 나타낸 것이며, SSR은 회귀제곱합(regression sum of squares) 또는 회귀에 의한 제곱합(sum of squares due to regression)이라고 한다.

주어진 자료를 적합시키는 데 있어서 회귀직선이 유의하다는 가설검정은, SSR이 SSE보다 상대적으로 어느 정도 큰가를 분산분석표와 F검정을 행함으로써 알 수 있다.

〈표 12-3〉 단순회귀의 분산분석표

요 인	제곱합	자유도	제곱평균	F_0	$F(\alpha)$
회 귀	SSR	1	MSR	$\dfrac{MSR}{MSE}$	$F(1, n-2; \alpha)$
잔 차	SSE	$n-2$	MSE		
계	SST	$n-1$			

〈표 12-3〉에서 회귀제곱평균 MSR(regression mean square)은 회귀변동의 자유도가 1이므로 $MSR = SSR$이며, 잔차제곱평균 MSE(residual mean square)는 $SSE \div (n-2)$로 얻어진 값이다. 그러므로 F검정의 귀무가설과 대립가설은 다음과 같다.

$$H_0 : \beta = 0 \leftarrow \text{귀무가설}$$

$$H_1 : \beta \neq 0 \leftarrow \text{대립가설}$$

여기서 $\beta = 0$이라는 것은 독립변수와 종속변수가 무관하다는 것을 나타낸다. 즉, 독립변수가 종속변수를 설명하지 못함을 의미한다. 그러므로 $\beta = 0$이라는 귀무가설이 기각될 때, 두 변수 사이에 관련성이 있다는 대립가설이 설득력을 갖게 된다.

그리고 $F_0 = \dfrac{MSR}{MSE} \geq F(1, n-2; \alpha)$이면, 귀무가설을 기각하고 대립가설을 채택하게 된다. 귀무가설이 기각되면, 기울기 β가 0이 아니므로 회귀직선이 유의하다. 이때에는 MSR이 MSE보다 상대적으로 큰 경우로서, SSR이 SSE보다 상당히 크게 된다. 즉, 총변동 SST 가운데 SSR이 차지하는 비중이 상당히 큰 경우로서 추정된 회귀직선이 X와 Y간의 관계를 설명하는데 유의하다는 의미가 된다.

예제 12.4

다음 표는 경영학과 일부 학생들의 경영학원론 성적과 기초통계학 성적을 나타낸 것이다. 이 자료를 바탕으로 회귀직선의 식을 구하고, 그 유의성을 유의수준 0.05에서 F검정을 실시하라.

경영학원론(x)	85	65	80	45	75	40	50	60
기초통계학(y)	70	65	75	50	70	50	65	50

풀이 1) 가설의 설정

$$H_0: \beta = 0$$

$$H_1: \beta \neq 0$$

2) 유의수준의 설정

$$\alpha = 0.05$$

3) 검정통계량의 계산

(1) 회귀직선의 식 계산

경영학원론(x)	85	65	80	45	75	40	50	60
기초통계학(y)	70	65	75	50	70	50	65	50

X_i	Y_i	X_iY_i	X_i^2	Y_i^2
85	70	5,950	7,225	4,900
65	65	4,225	4,225	4,225
80	75	6,000	6,400	5,625
45	50	2,250	2,025	2,500
75	70	5,250	5,625	4,900
40	50	2,000	1,600	2,500
50	65	3,250	2,500	4,225
60	50	3,000	3,600	2,500
500	495	31,925	33,200	31,375

$$\overline{X} = \frac{\sum X_i}{n} = \frac{500}{8} = 62.5$$

$$\overline{Y} = \frac{\sum Y_i}{n} = \frac{495}{8} = 61.875$$

$$S_{(xx)} = \sum X_i^2 - \frac{(\sum X_i)^2}{n} \qquad (12-4)$$

$$= 33,200 - \frac{(500)^2}{8} = 1,950$$

$$S_{(xy)} = \sum X_i Y_i - \frac{(\sum X_i)(\sum Y_i)}{n} \qquad (12-5)$$

$$= 31,925 - \frac{(500)(495)}{8} = 987.5$$

$$\hat{\beta} = \frac{S_{(xy)}}{S_{(xx)}} = \frac{987.5}{1,950} = 0.506$$

$$\hat{\alpha} = \overline{Y} - \hat{\beta}\overline{X} = 61.875 - (0.506)(62.5) = 30.25$$

따라서 회귀직선의 식은 다음과 같다.

$$\hat{Y} = 30.25 + 0.506X$$

(2) 분산분석표 작성

다음, 분산분석표를 작성하기 위하여 필요한 값을 계산한다.

$$SSR = \frac{[S_{(xy)}]^2}{S_{(xx)}} \qquad (12-17)$$

$$= \frac{(987.5)^2}{1,950} = 500.080$$

$$SST = S_{(yy)} = \sum Y_i^2 - \frac{(\sum Y_i)^2}{n} \qquad (12-18)$$

$$= 31,375 - \frac{(495)^2}{8} = 746.875$$

$$SSE = SST - SSR \qquad (12-19)$$

$$= 746.875 - 500.080 = 246.795$$

이에 대한 분산분석표를 작성한다.

요 인	제곱합	자유도	제곱평균	F_0	$F(0.05)$
회 귀	500.080	1	500.080	12.158	$F(1,6;0.05)=5.99$
잔 차	246.795	6	41.133		
계	746.875	7			

4) 결론의 도출

따라서 가설 $H_0:\beta=0$, $H_1:\beta\neq 0$에 대하여,

$$F_0 > F(1,6;0.05) = 5.99$$

이므로 귀무가설을 기각한다. 즉, 회귀직선의 식은 유의하다고 할 수 있다.

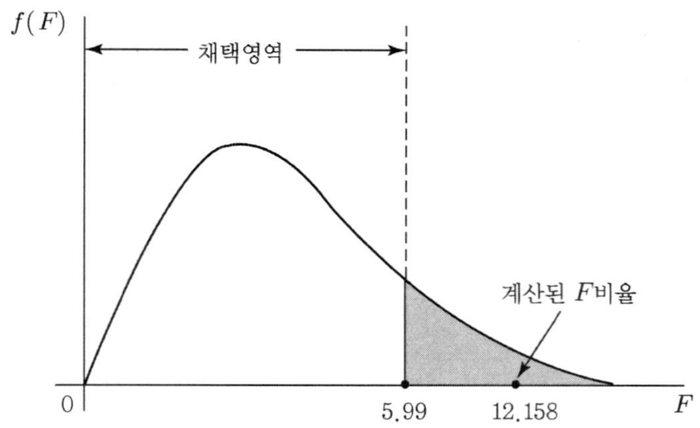

제4절 상관분석

1. 상관계수

산포도를 그려서 2개의 양적변수 관계를 눈으로 파악할 수 있지만, 관련 강도와 관련 패턴을 수치로 표현하는 것이 좋다. 이를 위해 사용되는 것이 '상관계수'이

다. 상관계수는 변수 간의 직선관계의 정도를 표현하는 수치(계수)이다.

(a) $r^2 = 1$, $r = 1$

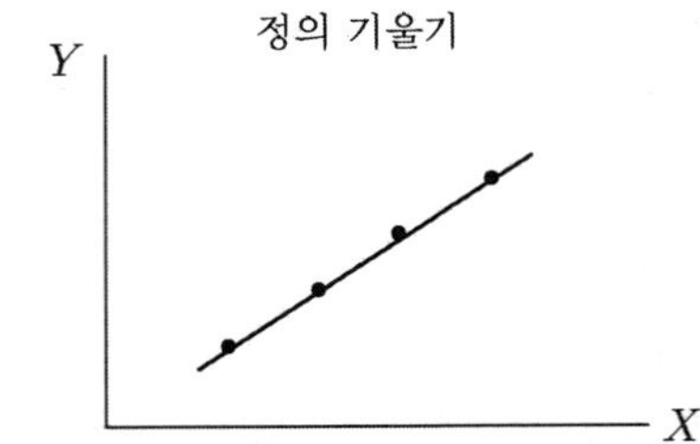

(b) $r^2 = 1$, $r = -1$

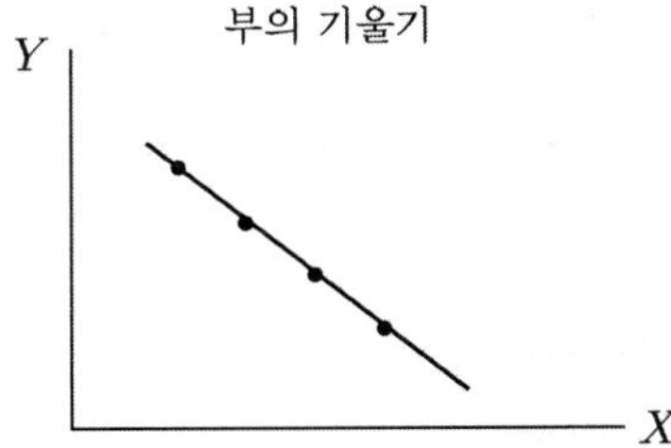

(c) $r^2 = 0.81$, $r = 0.9$

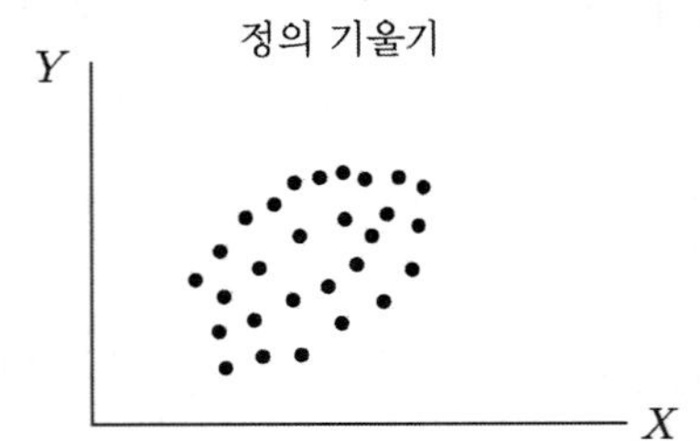

(d) $r^2 = 0.49$, $r = 0.7$

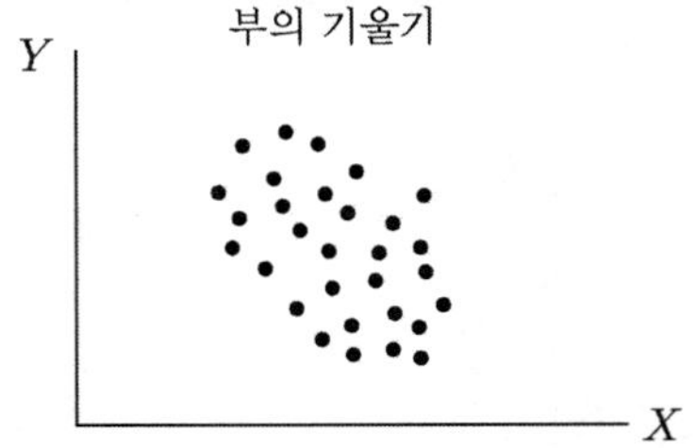

(e) $r^2 = 0$, $r = 0$

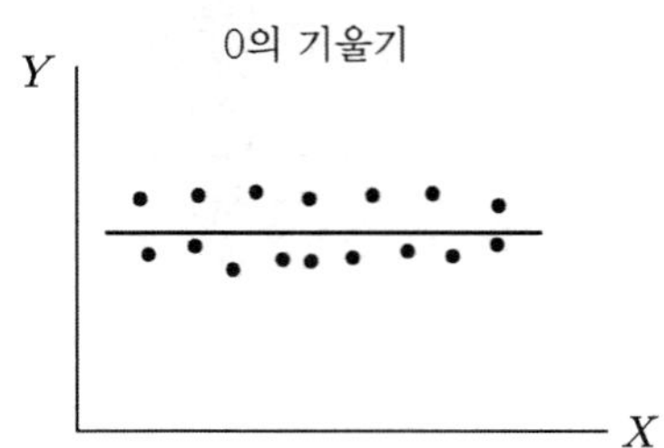

〈그림 12-9〉 r의 특성에 따른 상관계수

〈그림 12-9〉는 r의 다양한 특성에 따라 나타날 수 있는 경우를 예시한 것이다. 상관계수 r은 결정계수 r^2보다 해석상에 어려움이 따른다. 그리고 $r = 0.9$의 의미가 무엇인가를 알기 위해서는 $r = 0.9$가 $r^2 = 0.81$과 동일하다는 것을 알아야 한다. r은 r^2의 제곱근이지만 r^2만으로는 그 의미를 직접적으로 해석할 수는 없다.

상관분석(correlation analysis)은 둘 또는 그 이상의 변수 사이의 상관 정도를

측정하는 수단이다. 즉, 회귀직선이 변수들 사이의 관계를 얼마나 잘 설명하는가를 말해준다. 회귀분석과는 달리 상관분석에서는 어느 한 변수가 다른 변수(들)에 의존되어 있지 않고, 모든 변수가 동등한 것으로 보고 있다. 이와 같은 변수들의 밀접성을 측정하는 측정치로서는 상관계수(coefficient of correlation)와 결정계수(coefficient of determination)가 있다.

상관계수 r은 −1부터 +1까지의 값을 가진다. 즉, X는 증가하는데 Y가 감소하면 부(−)의 값을 가지며, X가 증가함에 따라 Y도 증가하면 정(+)의 값을 가진다. 따라서 상관계수는 r값에 따라 결정되는데, $r=-1$이면 완전한 부의 직선관계, $r=1$이면 완전한 정의 직선관계, $r=0$이면 직선관계가 없다. 그리고 $r>0$이면 정의 상관관계, $r<0$이면 부의 상관관계를 각각 나타낸다.

〈그림 12-10〉은 이와 같은 상관계수를 예시한 것이다. 만약, 상관관계가 전혀 없으면 X의 값이 주어질 때 Y의 최상의 추정치는 Y의 평균, 즉 $\overline{Y}$가 되며, X와 Y가 완전상관관계라면 모든 변수가 회귀직선 상에 있다고 할 수 있다.

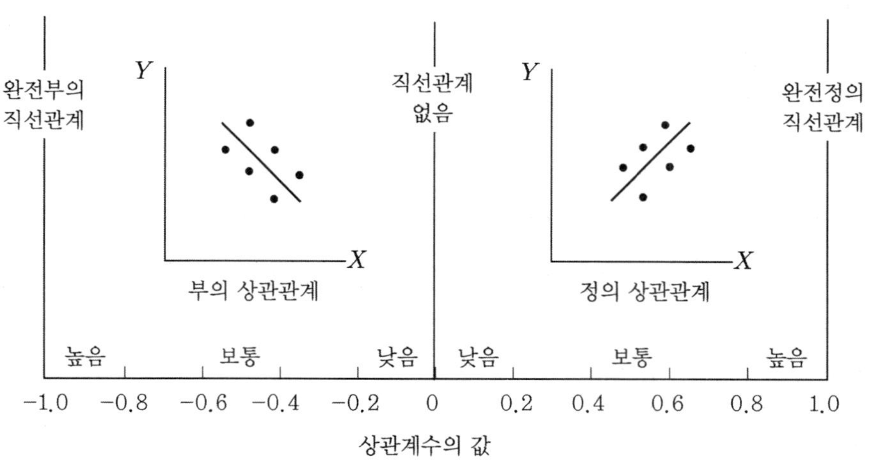

〈그림 12-10〉 상관계수와 상관관계

총비율로서의 설명변동은 전체에서 불설명변동을 뺀 것과 같으므로 상관계수는 편리하게 다음과 같은 식으로 표시한다.

$$r=\sqrt{1-\frac{\text{불설명변동}}{\text{총변동}}}=\sqrt{1-\frac{\sum(Y-\hat{Y})^2}{\sum(Y-\overline{Y})^2}} \tag{12-20}$$

2. 결정계수

X값이 주어지면, 회귀직선에서 이에 대한 Y의 예측값을 읽을 수 있다. 이와 같이 회귀직선은 X가 어떤 특정 값을 가질 때, $\overline{Y}$ 외에 어떤 다른 값을 기대하게 되는 이유를 합리화하거나 설명하고 있다. 〈그림 12-8〉은 여러 표본 가운데 단 하나만을 선정하여 그 점의 분산 형태를 $\overline{Y}$와 관련시킨 것이다. 그러므로 Y_i와 $\overline{Y}$ 사이의 총변동(total variation)은 회귀직선을 중심으로 설명변동(explained variation)과 불설명변동(unexplained variation)으로 구분된다.

결정계수(coefficient of determination) r^2은 이와 같은 총변동에 대한 설명변동의 비율을 말하며, 상관계수의 제곱이 곧 결정계수이다.

$$r^2 = \frac{\Sigma(\hat{Y} - \overline{Y})^2}{\Sigma(Y_i - \overline{Y})^2} \tag{12-21}$$

또한, 단순회귀의 분산분석표에서 SSR과 SST의 비율을 통하여 나타내면, 다음과 같다.

$$r^2 = \frac{SSR}{SST} \tag{12-22}$$

r^2의 범위는 $0 \le r^2 \le 1$로서, 만약 모든 측정치들이 회귀직선상에 위치한다면 $SSE = 0$ 이고, $SSR = SST$가 되어 $r^2 = 1$이 된다. 이와 반대로, X와 Y 사이에 회귀관계가 전혀 없다고 추정된 회귀직선의 기울기 β가 0이면 $\hat{Y_i} = \overline{Y}$가 성립되며, 이 경우에는 $SSR = 0$로서 r^2의 값은 0이 된다.

따라서 X와 Y 사이의 상관관계가 클수록 r^2의 값은 1에 가까워진다. 그러므로 r^2의 값이 0에 가까우면 추정된 회귀직선은 쓸모가 없고, r^2의 값이 클수록 쓸모 있는 회귀직선이 된다. 결정계수는 총변동을 설명하는데 있어서 회귀직선에 의하여 설명되는 변동이 기여하는 비율을 의미하므로, 이 결정계수를 '회귀직선의 기여율'이라고도 부른다.

예제 12.5

$\Sigma X_i = 27$, $\Sigma Y_i = 26$, $n = 7$, $\Sigma X_i^2 = 115$, $\Sigma X_i Y_i = 98$, $\Sigma Y_i^2 = 100$의 계산값을 이용하여, 결정계수와 상관계수를 구하라.

풀이

$$S_{(xx)} = \sum X_i^2 - \frac{(\sum X_i)^2}{n} = 115 - \frac{(27)^2}{7} = 10.86 \quad (12-4)$$

$$S_{(xy)} = \sum X_i Y_i - \frac{(\sum X_i)(\sum Y_i)}{n} = 98 - \frac{(27)(26)}{7} = -2.286 \quad (12-5)$$

$$S_{(yy)} = \sum Y_i^2 - \frac{(\sum Y_i)^2}{n} = 100 - \frac{(26)^2}{7} = 3.429 \quad (12-18)$$

$$SST = S_{(yy)} = 3.429$$

$$SSR = \frac{(S_{(xy)})^2}{S_{(xx)}} = \frac{(-2.286)^2}{10.857} = 0.481 \quad (12-17)$$

$$r^2 = \frac{SSR}{SST} = \frac{0.481}{3.429} = 0.140 \quad (12-22)$$

그리고 상관계수는 결정계수의 제곱근으로 다음과 같다. 그런데 $S_{(xy)}$의 값이 음수(−)이므로, 상관계수도 음수가 되어 부(−)의 상관관계가 된다.

$$r = \sqrt{r^2} = \sqrt{0.14} = -0.374$$

상관계수의 방향을 보다 분명히 하기 위해서는 다음의 식을 이용하는 방법도 있다.

$$r = \frac{S_{(xy)}}{\sqrt{S_{(xx)}}\sqrt{S_{(yy)}}} = -0.374 \quad (12-23)$$

제5절 회귀계수의 검정

1. 가설검정

지금까지 주어진 데이터를 토대로 두 변수 사이의 회귀분석과 상관분석을 살펴보았다. 그러나 이런 데이터들은 모집단에서 일부분만이 추출된 것이므로, 모집단의 회귀방정식은 알려지지 않았으나 참된 추정치로써 데이터의 회귀방정식을 받아

들여야 한다. 그리고 데이터의 각 점들이 모집단 회귀직선상에 정확하게 놓여지지는 않을 것이다. 그러므로,

$$Y = \alpha + \beta X \tag{12-7}$$

를 만족하는 대신에 데이터의 각 점들이 다음의 식을 만족하여야 한다.

$$Y_i = \alpha + \beta X_i + e_i \tag{12-1}$$

여기서 e는 모집단의 회귀직선에서 나타나는 임의변량이다. 오차 e_i는 모집단 회귀직선 위의 분포가 회귀직선 밑의 분포에 의해서 삭감되므로 그 평균은 0이 된다. 이런 각 변량들의 표준편차를 σ_e로 나타낼 수 있다. 즉, 추정의 표준오차 s_e는 변량의 표준편차 σ_e의 추정값이다.

회귀직선은 완전한 모집단에서 추출된 것이 아니고, 표본에서 추출된 것이다. 그러므로 완전한 모집단에서 얻어진 $Y = \alpha + \beta X$의 회귀방정식은 $\hat{Y} = \hat{\alpha} + \hat{\beta} X$인 표본에서 추정된 방정식과 동일한 것으로써 간주할 수는 없다. 그렇지만 모집단에 대한 회귀직선의 기울기 β의 값을 가설검정하기 위하여 표본에서 계산된 기울기 $\hat{\beta}$의 값을 사용할 수 있다.

회귀직선을 구하기 위한 표본자료의 계산값이 $\sum X_i = 27, \sum Y_i = 26$, $n = 7$, $\sum X_i^2 = 115$, $\sum X_i Y_i = 98$, $\sum Y_i^2 = 100$, $\hat{\alpha} = 4.52, \hat{\beta} = -0.21$로 나타났다. 회귀직선의 기울기가 과거 특정시점에서 5였다고 가정한다면, 이 값이 적합한지를 유의수준 0.10으로 검정하고, 신뢰구간을 설정해 보자.

1) 가설의 설정

$H_0 : \beta = 5$ ← 귀무가설

$H_1 : \beta \neq 5$ ← 대립가설

2) 유의수준의 설정

$\alpha = 0.10$

3) 검정통계량의 계산

β에 대한 통계적 검정을 하기 위하여 회귀계수의 표준오차를 알아야 한다. 현재, 알고 있는 회귀계수는 $\hat{\beta}$이며, 이 계수의 표준오차는 s_β로 나타내며, 방정식은

다음과 같다.

$$s_\beta = \frac{s_e}{\sqrt{\sum X_i^2 - n\overline{X}^2}} \qquad (12-24)$$

여기서, s_β : 회귀계수의 표준오차
s_e : 추정의 표준오차
X_i : 독립변수의 값
n : 데이터의 수

s_β를 계산한 다음, 자유도 $n-2$의 t분포를 사용한다. 그리고 신뢰구간의 상한과 하한을 계산하기 위하여 아래의 방정식을 이용한다.

신뢰구간의 상한 $= \beta + t(s_\beta)$ (12-25)
신뢰구간의 하한 $= \beta - t(s_\beta)$

여기서, t : 자유도 $n-2$의 t분포값
β : 모집단에 대하여 가설검정되는 실제 기울기
s_β : 회귀계수의 표준오차

그리고 단측검정일 경우에는 신뢰구간의 상한이나 하한만을 구하면 된다. 표준오차 s_e의 값을 구하기 위해 다음의 대안적인 식을 이용하면 된다.

$$s_e = \sqrt{\frac{\sum Y_i^2 - \hat{\alpha}\sum Y_i - \hat{\beta}\sum X_i Y_i}{n-2}} \qquad (12-14)$$

$$= \sqrt{\frac{100-(4.52)(26)-(-0.21)(98)}{7-2}}$$

$= 0.782 \leftarrow$ 추정의 표준오차

회귀계수의 표준오차를 계산하면, 다음과 같다.

$$s_\beta = \frac{s_e}{\sqrt{\sum X_i^2 - n\overline{X}^2}} \qquad (12-24)$$

$$= \frac{0.78}{\sqrt{115-(7)(3.86)^2}}$$

$= 0.238 \leftarrow$ 회귀계수의 표준오차

4) 신뢰구간의 설정

표본 수가 7개이므로 자유도는 5(= 7 − 2)가 된다. [부표 2]의 t분포표에서 자유도 5의 행과 0.05(= 0.1 ÷ 2)의 열이 만나는 점을 찾으면, t의 값이 2.015인 것을 발견할 것이다. 표본회귀직선의 기울기 $\hat{\beta}$가 모집단 회귀직선의 기울기 β와 유의하게 다른지를 고려하여야 하므로 양측검정이 된다.

$$\beta + t(s_\beta) = 5.0 + 2.015(0.238) = 5.478 \leftarrow \text{채택영역의 상한} \quad (12\text{–}25)$$
$$\beta - t(s_\beta) = 5.0 - 2.015(0.238) = 4.520 \leftarrow \text{채택영역의 하한}$$

5) 결론의 도출

회귀직선의 기울기 $\hat{\beta}$는 −0.21이므로 채택영역 밖에 존재하여, β가 과거 특정시점의 값인 5와 같다는 귀무가설을 기각한다.

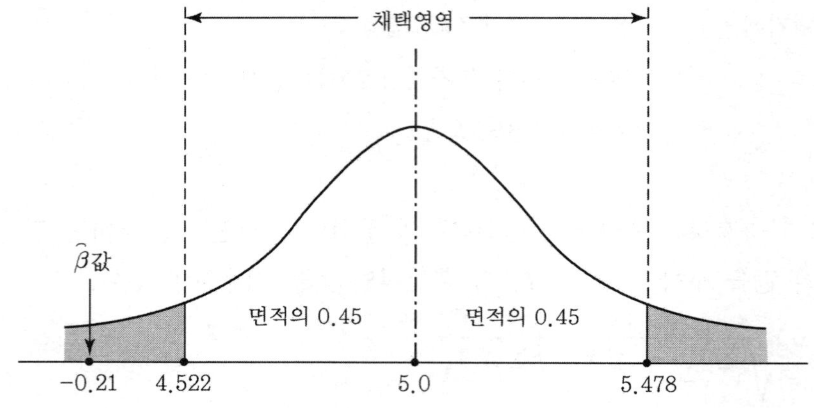

〈그림 12–11〉 $\hat{\beta}$의 신뢰구간 설정

2. 신뢰구간의 설정

$\hat{\beta}$가 β의 추정치이므로, β의 신뢰구간은 t값을 이용하여 다음과 같이 간단하게 계산할 수 있다.

$$\text{신뢰구간의 상한} = \hat{\beta} + t(s_\beta) \quad (12\text{–}25)$$
$$\text{신뢰구간의 하한} = \hat{\beta} - t(s_\beta)$$

여기서, t : 자유도 $n-2$의 t분포값

$\hat{\beta}$: 계산된 기울기

s_β : 회귀계수의 표준오차

$\hat{\beta}=8.24$, $s_\beta=0.35$, $\alpha=0.1$, $n=7$의 자료를 이용하여 신뢰구간을 구하면, 다음과 같다. 여기서 t분포표를 이용할 때, 자유도는 $5(=7-2)$이고, 양측검정으로 $\alpha=0.05$임에 주의하여야 한다.

$$\begin{aligned}\hat{\beta}+t(s_\beta)&=8.24+2.015(0.35)\\&=8.945 \leftarrow \text{상한}\\\hat{\beta}-t(s_\beta)&=8.24-2.015(0.35)\\&=7.535 \leftarrow \text{하한}\end{aligned}$$

예제 12.6

다음의 주어진 계산값 $\sum X_i=500$, $\sum Y_i=495$, $n=8$, $\sum X_iY_i=31{,}925$, $\sum X_i^2=33{,}200$, $\sum Y_i^2=31{,}375$, $\hat{\alpha}=42.13$, $\hat{\beta}=0.316$을 이용하여 회귀직선의 식을 구하고, 유의수준 0.05에서 신뢰구간을 설정하라.

풀이 1. 회귀직선의 식

주어진 $\hat{\alpha}=42.13$, $\hat{\beta}=0.316$을 이용하여 회귀직선의 식을 쉽게 구할 수 있다.

$$\hat{Y}=42.13+0.316X$$

2. 신뢰구간 설정

1) 가설의 설정

$$H_0: \beta=0 \leftarrow \text{귀무가설}$$
$$H_1: \beta\neq 0 \leftarrow \text{대립가설}$$

2) 유의수준의 설정

$$\alpha=0.05$$

3) 표준오차의 계산

$$s_e = \sqrt{\frac{\Sigma Y_i^2 - \hat{\alpha}\Sigma Y_i - \hat{\beta}\Sigma X_i Y_i}{n-2}} \qquad (12\text{−}14)$$

$$= \sqrt{\frac{31{,}375 - (42.13)(495) - (0.316)(31{,}925)}{8-2}} = 8.489$$

회귀계수의 표준오차를 계산하면,

$$s_\beta = \frac{s_e}{\sqrt{\Sigma X_i^2 - n\overline{X}^2}} \qquad (12\text{−}24)$$

$$= \frac{8.489}{\sqrt{33{,}200 - (8)(62.5)^2}} = 0.192 \leftarrow \text{회귀계수의 표준오차}$$

4) 신뢰구간의 설정

[부표 2]의 t분포표에서 자유도 $6(=8-2)$과 $0.025(=0.05\div 2)$의 열이 만나는 점을 찾으면, t값은 2.447이다.

$\hat{\beta}+t(s_\beta) = 0.316 + 2.447(0.192) = 0.786$ ← 채택영역의 상한

$\hat{\beta}-t(s_\beta) = 0.316 - 2.447(0.192) = -0.154$ ← 채택영역의 하한

연습문제

12-1. 회귀분석의 개념을 설명하라.

12-2. 최소자승법의 개념을 설명하라.

12-3. 상관분석의 개념을 설명하라.

12-4. 상관계수와 결정계수를 비교 설명하라.

12-5. 농림부에서 곡식 수확량과 성장하는 기간 동안의 평균온도 사이의 관계를 조사하려 한다. 1년에 걸친 측정치가 다음과 같을 때, 최소자승법을 이용하여 회귀직선의 식을 구하라.

평균 온도(℃)	19	23	25	24	26	21
수 확 량	66	74	76	78	72	75

12-6. S건축자재 제조업체에서 석고보드의 판매량은 건축공사의 수주실적과 관련이 있다고 믿어, 지난 1/4분기 동안 다음과 같은 자료를 수집하였다. 이 자료를 이용하여 산포도로 나타내고, 회귀직선의 식을 구하라.

석고보드 판매량(X)	15	9	40	20	25	25	15	35
건축공사 실적(Y)	6	4	16	6	13	9	10	16

12-7. 서울시 소재 호텔의 객실수에 대한 순이익과 숙박고객과의 사이에 어떤 관계가 있는지를 알아보기 위하여 호텔관리자는 순이익과 고객 사이의 관계를 조사하였다. 다음 표는 7개의 호텔을 표본으로 한 순이익과 숙박고객의 비율이다.

고 객(%)	27	18	44	36	12	23	22
순이익(100만 원)	32	12	46	30	24	27	18

a) 회귀직선의 식을 구하라.

b) 두 관계를 추정하는 표준오차를 구하라.

c) 호텔의 30%가 숙박고객이라면, 객실에서 발생하는 순이익을 추정하라.

12-8. K대학 사회학 교수들이 사회에서 실업이 미치는 영향에 대한 연계성을 조사하였다. 다음은 12개 시를 대상으로 조사한 결과로써 거주하는 사람 1,000명당 실업에 대한 비율과 타락하는 사람의 수를 나타낸 것이다.

실업(%)	7.3	6.4	6.2	5.5	6.4	4.7	5.8	7.9	6.7	9.6	10.3	7.2
타락자 수	22	17	9	8	12	5	7	19	13	29	33	18

a) 회귀직선을 구하라.

b) 두 관계에 대한 추정된 표준오차를 구하라.

12-9. K씨는 P지역 교통량의 자료를 이용하여 야영지에 대한 수요를 예측하고자 한다. 휴가철 중에 임의로 32주를 조사하여 다음의 값을 구했다.

설명 안되는 변동 : $\Sigma(Y-\hat{Y})^2 = 1{,}470$, 총변동 : $\Sigma(Y-\overline{Y})^2 = 4{,}080$

a) 결정계수는 얼마인가?

b) 상관계수는 얼마인가?

12-10. X에 대한 Y의 회귀관계를 검정하려고, $n=9$회$(r=1)$의 X에 대한 Y의 값을 측정하였다. 다음의 값을 이용하여 표준오차를 구하라.

$$S_{(xy)} = 45.89,\ S_{(xx)} = 825.88,\ S_{(yy)} = 2.74$$

12-11. 다음은 B농촌지도소에서 토질의 비옥도와 쌀 수확량과의 관계를 나타낸 것이다. 가장 비옥한 토질의 정도는 3.0이다. 회귀직선의 식을 구하고, 그 유의성을 유의수준 0.05에서 검정하라.

비옥도(X)	0.3	0.6	0.9	1.2	1.5	1.8	2.1	2.4
수확량(Y)	10	15	30	35	25	30	50	45

12-12. P공장은 생산되는 제품의 로트 크기에 따라 생산에 소요되는 작업시간이 달라진다는 사실을 알았다. 그래서 로트 크기와 작업시간을 분석한 결과, 다음과 같은 자료를 얻었다. 최소자승법에 의하여 회귀직선의 식을 구하라.

로트 크기(X)	30	20	60	70	40	50	60
작업시간(Y)	65	45	120	140	85	105	125

12-13. 다음은 P기업의 연간 수익과 투자비용 사이의 관계를 나타낸 것이다. 회귀직선의 식을 구하고 유의수준 0.05에서 신뢰구간을 결정하라.

(단위 : 억원)

연 도	투자비용(X)	연간수익(Y)
2014	3.0	14
2013	2.8	11
2012	2.5	9
2011	2.0	7
2010	1.5	5
2009	1.0	3

12-14. K사는 200개의 대리점을 갖고 있는 기업으로, 대리점의 크기(x)에 따른 판매 사원의 수(y)를 예측하기 위하여 10개의 대리점을 임의로 추출하여 다음의 자료를 얻었다. 회귀직선의 식과 결정계수를 구하라.

대리점의 크기(x)	1	1	2	3	4	4	5	6	6	8
판매 사원의 수(y)	2	3	4	5	7	8	10	11	12	15

부 록

1. 정규분포표

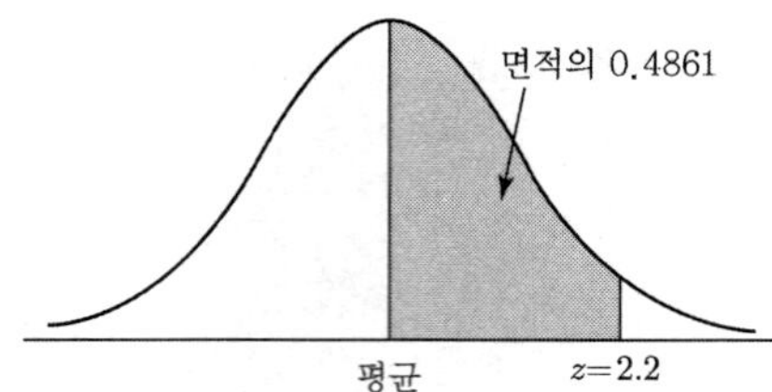

z	.00	.01	.02	.03	.04	.05	.06	.07	.08	.09
0.0	.0000	.0040	.0080	.0120	.0160	.0199	.0239	.0279	.0319	.0359
0.1	.0398	.0438	.0478	.0517	.0557	.0596	.0636	.0675	.0714	.0753
0.2	.0793	.0832	.0871	.0910	.0948	.0987	.1026	.1064	.1103	.1141
0.3	.1179	.1217	.1255	.1293	.1331	.1368	.1406	.1443	.1480	.1517
0.4	.1554	.1591	.1628	.1664	.1700	.1736	.1772	.1808	.1844	.1879
0.5	.1915	.1950	.1985	.2019	.2054	.2088	.2123	.2157	.2190	.2224
0.6	.2257	.2291	.2324	.2357	.2389	.2422	.2454	.2486	.2518	.2549
0.7	.2580	.2612	.2642	.2673	.2704	.2734	.2764	.2794	.2823	.2852
0.8	.2881	.2910	.2939	.2967	.2995	.3023	.3051	.3078	.3106	.3133
0.9	.3159	.3186	.3212	.3238	.3264	.3289	.3315	.3340	.3365	.3389
1.0	.3413	.3438	.3461	.3435	.3508	.3531	.3554	.3577	.3599	.3621
1.1	.3643	.3665	.3686	.3708	.3729	.3749	.3770	.3790	.3810	.3830
1.2	.3849	.3869	.3888	.3907	.3925	.3944	.3962	.3980	.3997	.4015
1.3	.4032	.4049	.4066	.4082	.4099	.4115	.4131	.4147	.4162	.4177
1.4	.4192	.4207	.4222	.4236	.4251	.4265	.4279	.4292	.4306	.4319
1.5	.4332	.4345	.4357	.4370	.4382	.4394	.4406	.4418	.4429	.4441
1.6	.4452	.4463	.4474	.4484	.4495	.4505	.4515	.4525	.4535	.4545
1.7	.4554	.4564	.4573	.4582	.4591	.4599	.4608	.4616	.4625	.4633
1.8	.4641	.4649	.4656	.4664	.4671	.4678	.4686	.4693	.4699	.4706
1.9	.4713	.4719	.4726	.4732	.4738	.4744	.4750	.4756	.4761	.4767
2.0	.4772	.4778	.4783	.4788	.4793	.4798	.4803	.4808	.4812	.4817
2.1	.4821	.4826	.4830	.4834	.4838	.4842	.4846	.4850	.4854	.4857
2.2	.4861	.4864	.4868	.4871	.4875	.4878	.4881	.4884	.4887	.4890
2.3	.4893	.4896	.4898	.4901	.4904	.4906	.4909	.4911	.4913	.4916
2.4	.4918	.4920	.4922	.4925	.4927	.4929	.4931	.4932	.4934	.4936
2.5	.4938	.4940	.4941	.4943	.4945	.4946	.4948	.4949	.4951	.4952
2.6	.4953	.4955	.4956	.4957	.4959	.4960	.4961	.4962	.4963	.4964
2.7	.4965	.4966	.4967	.4968	.4969	.4970	.4971	.4972	.4973	.4974
2.8	.4974	.4975	.4976	.4977	.4977	.4978	.4979	.4979	.4980	.4981
2.9	.4981	.4982	.4982	.4983	.4984	.4985	.4985	.4985	.4986	.4986
3.0	.4986	.4987	.4987	.4988	.4988	.4984	.4989	.4989	.4990	.4990

2. t-분포표

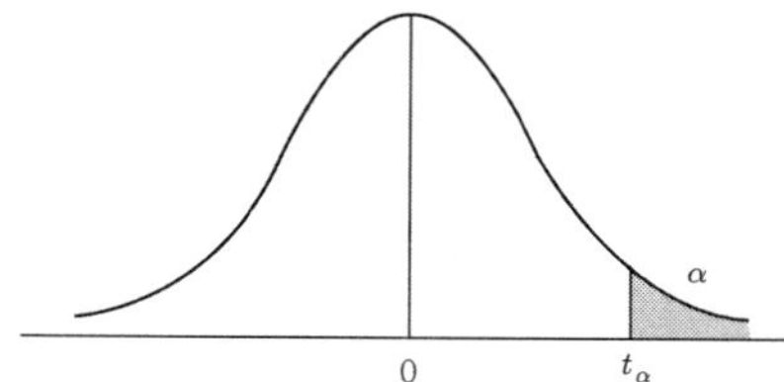

df	α 0.25	0.1	0.05	0.025	0.01	0.005
1	1.000	3.078	6.314	12.706	31.821	63.657
2	0.816	1.886	2.920	4.303	6.965	9.925
3	0.765	1.638	2.353	3.182	4.541	5.841
4	0.741	1.533	2.132	2.776	3.747	4.604
5	0.727	1.476	2.015	2.571	3.365	4.032
6	0.718	1.440	1.943	2.447	3.134	3.707
7	0.711	1.415	1.895	2.365	2.998	3.499
8	0.706	1.397	1.860	2.306	2.896	3.355
9	0.703	1.383	1.899	2.262	2.821	3.250
10	0.700	1.372	1.812	2.228	2.764	3.169
11	0.697	1.363	1.796	2.201	2.718	3.106
12	0.695	1.356	1.782	2.179	2.681	3.055
13	0.694	1.350	1.771	2.160	2.650	3.012
14	0.692	1.345	1.761	2.145	2.624	3.9777
15	0.691	1.341	1.753	2.131	2.602	2.947
16	0.690	1.337	1.746	2.120	2.583	2.921
17	0.689	1.333	1.740	2.110	2.567	2.898
18	0.688	1.330	1.734	2.101	2.552	2.878
19	0.688	1.328	1.729	2.093	2.539	2.816
20	0.687	1.325	1.725	2.086	2.528	2.845
21	0.686	1.323	1.721	2.080	2.518	2.831
22	0.686	1.321	1.717	2.074	2.508	2.819
23	0.685	1.319	1.714	2.069	2.500	2.807
24	0.685	1.318	1.711	2.064	2.492	2.797
25	0.684	1.316	1.708	2.060	2.485	2.787
26	0.684	1.315	1.706	2.056	2.479	2.779
27	0.684	1.314	1.703	2.052	2.473	2.771
28	0.683	1.313	1.701	2.048	2.467	2.763
29	0.683	1.311	1.699	2.045	2.462	2.756
30	0.683	1.310	1.697	2.042	2.457	2.750
40	0.681	1.303	1.684	2.021	2.423	2.704
60	0.697	1.296	1.671	2.000	2.390	2.660
120	0.677	1.289	1.658	1.980	2.358	2.617
∞	0.674	1.282	1.645	1.960	2.326	2.576

3. 누적이항분포표

						p					
	x	.05	.10	.20	.30	.40	.50	.60	.70	.80	.90	.95
$n=1$	0	.950	.900	.800	.700	.600	.500	.400	.300	.200	.100	.050
	1	1.000	1.000	1.000	1.000	1.000	1.000	1.000	1.000	1.000	1.000	1.000
$n=2$	0	.902	.810	.640	.490	.360	.250	.160	.090	.040	.010	.002
	1	.997	.990	.960	.910	.840	.750	.640	.510	.360	.190	.097
	2	1.000	1.000	1.000	1.000	1.000	1.000	1.000	1.000	1.000	1.000	1.000
$n=3$	0	.857	.729	.512	.343	.216	.125	.064	.027	.008	.001	.000
	1	.993	.972	.896	.784	.648	.500	.352	.216	.104	.028	.007
	2	1.000	.999	.992	.973	.936	.875	.784	.657	.488	.271	.143
	3	1.000	1.000	1.000	1.000	1.000	1.000	1.000	1.000	1.000	1.000	1.000
$n=4$	0	.815	.656	.410	.240	.130	.063	.026	.008	.002	.000	.000
	1	.986	.948	.819	.652	.475	.313	.179	.084	.027	.004	.000
	2	1.000	.996	.973	.916	.821	.688	.525	.348	.181	.052	.014
	3	1.000	1.000	.998	.992	.974	.938	.870	.760	.590	.344	.185
	4	1.000	1.000	1.000	1.000	1.000	1.000	1.000	1.000	1.000	1.000	1.000
$n=5$	0	.774	.590	.328	.168	.078	.031	.010	.002	.000	.000	.000
	1	.977	.919	.737	.528	.337	.188	.087	.031	.007	.000	.000
	2	.999	.991	.942	.837	.683	.500	.317	.163	.058	.009	.001
	3	1.000	1.000	.993	.969	.913	.813	.663	.472	.263	.081	.023
	4	1.000	1.000	1.000	.998	.990	.969	.922	.832	.672	.410	.226
	5	1.000	1.000	1.000	1.000	1.000	1.000	1.000	1.000	1.000	1.000	1.000
$n=6$	0	.735	.590	.262	.118	.047	.016	.004	.001	.000	.000	.000
	1	.967	.919	.655	.420	.233	.109	.041	.011	.002	.000	.000
	2	.998	.991	.901	.744	.544	.344	.179	.070	.017	.001	.000
	3	1.000	.999	.983	.930	.821	.656	.456	.256	.099	.016	.002
	4	1.000	1.000	.998	.989	.959	.891	.767	.580	.345	.114	.033
	5	1.000	1.000	1.000	.999	.996	.984	.953	.882	.738	.469	.265
	6	1.000	1.000	1.000	1.000	1.000	1.000	1.000	1.000	1.000	1.000	1.000
$n=7$	0	.698	.478	.210	.082	.028	.008	.002	.000	.000	.000	.000
	1	.956	.850	.577	.329	.159	.063	.019	.004	.000	.000	.000
	2	.996	.974	.852	.647	.420	.227	.096	.029	.005	.000	.000
	3	1.000	.997	.967	.874	.710	.500	.290	.126	.033	.003	.000
	4	1.000	1.000	.995	.971	.904	.773	.580	.353	.148	.026	.004

		p										
	x	.05	.10	.20	.30	.40	.50	.60	.70	.80	.90	.95
$n=7$	5	1.000	1.000	1.000	.996	.981	.938	.841	.671	.423	.150	.044
	6	1.000	1.000	1.000	1.000	.998	.992	.972	.918	.790	.522	.302
	7	1.000	1.000	1.000	1.000	1.000	1.000	1.000	1.000	1.000	1.000	1.000
$n=8$	0	.663	.430	.168	.058	.017	.004	.001	.000	.000	.000	.000
	1	.943	.813	.503	.255	.106	.035	.009	.001	.000	.000	.000
	2	.994	.962	.797	.552	.315	.145	.050	.011	.001	.000	.000
	3	1.000	.995	.944	.806	.594	.363	.174	.058	.010	.000	.000
	4	1.000	1.000	.990	.942	.826	.637	.406	.194	.056	.005	.000
	5	1.000	1.000	.999	.989	.950	.855	.685	.448	.203	.038	.006
	6	1.000	1.000	1.000	.999	.991	.965	.894	.745	.497	.187	.057
	7	1.000	1.000	1.000	1.000	.999	.996	.983	.942	.832	.570	.337
	8	1.000	1.000	1.000	1.000	1.000	1.000	1.000	1.000	1.000	1.000	1.000
$n=9$	0	.630	.387	.134	.040	.010	.002	.000	.000	.000	.000	.000
	1	.929	.775	.436	.196	.071	.020	.004	.000	.000	.000	.000
	2	.992	.947	.738	.463	.232	.090	.025	.004	.000	.000	.000
	3	.999	.992	.914	.730	.483	.254	.099	.025	.003	.000	.000
	4	1.000	.999	.980	.901	.733	.500	.267	.099	.020	.001	.000
	5	1.000	1.000	.997	.975	.901	.746	.517	.270	.086	.008	.001
	6	1.000	1.000	1.000	.996	.975	.910	.768	.537	.262	.053	.008
	7	1.000	1.000	1.000	1.000	.996	.980	.929	.804	.564	.225	.071
	8	1.000	1.000	1.000	1.000	1.000	.998	.990	.960	.866	.613	.370
	9	1.000	1.000	1.000	1.000	1.000	1.000	1.000	1.000	1.000	1.000	1.000
$n=10$	0	.599	.349	.107	.028	.006	.001	.000	.000	.000	.000	.000
	1	.914	.736	.376	.149	.046	.011	.002	.000	.000	.000	.000
	2	.988	.930	.678	.383	.167	.055	.012	.002	.000	.000	.000
	3	.999	.987	.879	.650	.382	.172	.055	.011	.001	.000	.000
	4	1.000	.998	.967	.850	.633	.377	.166	.047	.006	.000	.000
	5	1.000	1.000	.994	.953	.834	.623	.367	.150	.033	.002	.000
	6	1.000	1.000	.999	.989	.945	.828	.618	.350	.121	.013	.001
	7	1.000	1.000	1.000	.998	.988	.945	.833	.617	.322	.070	.012
	8	1.000	1.000	1.000	1.000	.998	.989	.954	.851	.624	.264	.086
	9	1.000	1.000	1.000	1.000	1.000	.999	.994	.972	.893	.651	.401
	10	1.000	1.000	1.000	1.000	1.000	1.000	1.000	1.000	1.000	1.000	1.000

						p						
	x	.05	.10	.20	.30	.40	.50	.60	.70	.80	.90	.95
$n=11$	0	.569	.314	.086	.020	.004	.000	.000	.000	.000	.000	.000
	1	.898	.697	.322	.113	.030	.006	.001	.000	.000	.000	.000
	2	.985	.910	.617	.313	.119	.033	.006	.001	.000	.000	.000
	3	.998	.981	.839	.570	.296	.113	.029	.004	.000	.000	.000
	4	1.000	.97	.950	.790	.533	.274	.099	.022	.002	.000	.000
	5	1.000	1.000	.988	.922	.753	.500	.247	.078	.012	.000	.000
	6	1.000	1.000	.998	.978	.901	.726	.467	.210	.050	.003	.000
	7	1.000	1.000	1.000	.996	.971	.887	.704	.430	.161	.019	.002
	8	1.000	1.000	1.000	.999	.994	.967	.881	.687	.383	.090	.015
	9	1.000	1.000	1.000	1.000	.999	.994	.970	.887	.678	.303	.102
	10	1.000	1.000	1.000	1.000	1.000	1.000	.996	.980	.914	.686	.431
	11	1.000	1.000	1.000	1.000	1.000	1.000	1.000	1.000	1.000	1.000	1.000
$n=12$	0	.540	.282	.069	.014	.002	.000	.000	.000	.000	.000	.000
	1	.882	.689	.275	.085	.020	.003	.000	.000	.000	.000	.000
	2	.980	.889	.558	.253	.083	.019	.003	.000	.000	.000	.000
	3	.998	.974	.795	.493	.225	.073	.015	.002	.000	.000	.000
	4	1.000	.996	.927	.724	.438	.194	.057	.009	.001	.000	.000
	5	1.000	.999	.981	.882	.665	.387	.158	.039	.004	.000	.000
	6	1.000	1.000	.996	.961	.842	.613	.335	.118	.019	.001	.000
	7	1.000	1.000	.999	.991	.943	.806	.562	.276	.073	.004	.000
	8	1.000	1.000	1.000	.998	.985	.927	.775	.507	.205	.026	.002
	9	1.000	1.000	1.000	1.000	.997	.981	.917	.747	.442	.111	.020
	10	1.000	1.000	1.000	1.000	1.000	.997	.980	.915	.725	.341	.118
	11	1.000	1.000	1.000	1.000	1.000	1.000	.998	.986	.931	.718	.460
	12	1.000	1.000	1.000	1.000	1.000	1.000	1.000	1.000	1.000	1.000	1.000
$n=13$	0	.513	.254	.055	.010	.001	.000	.000	.000	.000	.000	.000
	1	.865	.621	.234	.064	.013	.002	.000	.000	.000	.000	.000
	2	.975	.866	.502	.202	.058	.011	.001	.000	.000	.000	.000
	3	.997	.966	.747	.421	.169	.046	.008	.001	.000	.000	.000
	4	1.000	.994	.901	.654	.353	.133	.032	.004	.000	.000	.000
	5	1.000	.999	.970	.835	.574	.291	.098	.018	.001	.000	.000
	6	1.000	1.000	.993	.938	.771	.500	.229	.062	.007	.000	.000
	7	1.000	1.000	.999	.982	.902	.709	.426	.165	.030	.001	.000
	8	1.000	1.000	1.000	.996	.968	.867	.647	.346	.099	.006	.000

	x	.05	.10	.20	.30	.40	.50	.60	.70	.80	.90	.95
							p					
	9	1.000	1.000	1.000	.999	.992	.954	.831	.579	.253	.034	.003
	10	1.000	1.000	1.000	1.000	.999	.989	.942	.798	.498	.134	.025
	11	1.000	1.000	1.000	1.000	1.000	.998	.987	.936	.766	.379	.135
	12	1.000	1.000	1.000	1.000	1.000	1.000	.999	.990	.945	.746	.487
	13	1.000	1.000	1.000	1.000	1.000	1.000	1.000	1.000	1.000	1.000	1.000
$n=14$	0	.488	.229	.044	.007	.001	.000	.000	.000	.000	.000	.000
	1	.847	.585	.198	.047	.008	.001	.000	.000	.000	.000	.000
	2	.970	.842	.448	.161	.040	.116	.001	.000	.000	.000	.000
	3	.996	.956	.698	.355	.124	.029	.004	.000	.000	.000	.000
	4	1.000	.991	.870	.584	.279	.090	.018	.002	.000	.000	.000
	5	1.000	.999	.956	.781	.486	.212	.058	.008	.000	.000	.000
	6	1.000	1.000	.988	.907	.692	.395	.150	.031	.002	.000	.000
	7	1.000	1.000	.998	.969	.850	.605	.308	.093	.012	.000	.000
	8	1.000	1.000	1.000	.992	.942	.788	.514	.219	.044	.001	.000
	9	1.000	1.000	1.000	.998	.982	.910	.721	.416	.130	.009	.000
	10	1.000	1.000	1.000	1.000	.996	.971	.876	.645	.302	.044	.004
	11	1.000	1.000	1.000	1.000	.999	.994	.960	.839	.552	.158	.030
	12	1.000	1.000	1.000	1.000	1.000	.999	.992	.953	.802	.415	.153
	13	1.000	1.000	1.000	1.000	1.000	1.000	.999	.993	.956	.771	.512
	14	1.000	1.000	1.000	1.000	1.000	1.000	1.000	1.000	1.000	1.000	1.000
$n=15$	0	.463	.206	.035	.005	.000	.000	.000	.000	.000	.000	.000
	1	.829	.549	.167	.035	.005	.000	.000	.000	.000	.000	.000
	2	.964	.816	.398	.127	.027	.004	.000	.000	.000	.000	.000
	3	.995	.944	.648	.297	.091	.018	.002	.000	.000	.000	.000
	4	.999	.987	.836	.515	.217	.059	.009	.001	.000	.000	.000
	5	1.000	.998	.939	.722	.403	.151	.034	.004	.000	.000	.000
	6	1.000	1.000	.982	.869	.610	.304	.095	.015	.001	.000	.000
	7	1.000	1.000	.996	.950	.787	.500	.213	.050	.004	.000	.000
	8	1.000	1.000	.999	.985	.905	.696	.390	.131	.018	.000	.000
	9	1.000	1.000	1.000	.996	.966	.849	.597	.278	.016	.002	.000
	10	1.000	1.000	1.000	.999	.991	.941	.783	.485	.164	.013	.001
	11	1.000	1.000	1.000	1.000	.998	.982	.909	.703	.352	.056	.005
	12	1.000	1.000	1.000	1.000	1.000	.996	.973	.873	.602	.184	.036
	13	1.000	1.000	1.000	1.000	1.000	1.000	.995	.965	.833	.451	.171

	x	p = .05	.10	.20	.30	.40	.50	.60	.70	.80	.90	.95
	14	1.000	1.000	1.000	1.000	1.000	1.000	1.000	.995	.965	.794	.537
	15	1.000	1.000	1.000	1.000	1.000	1.000	1.000	1.000	1.000	1.000	1.000
$n=16$	0	.440	.185	.028	.003	.000	.000	.000	.000	.000	.000	.000
	1	.811	.515	.141	.026	.003	.000	.000	.000	.000	.000	.000
	2	.957	.789	.352	.099	.018	.002	.000	.000	.000	.000	.000
	3	.993	.932	.598	.246	.065	.011	.001	.000	.000	.000	.000
	4	.999	.983	.798	.450	.167	.038	.005	.000	.000	.000	.000
	5	1.000	.997	.918	.660	.329	.105	.019	.002	.000	.000	.000
	6	1.000	.999	.973	.825	.527	.227	.058	.007	.000	.000	.000
	7	1.000	1.000	.993	.926	.716	.402	.142	.026	.001	.000	.000
	8	1.000	1.000	.999	.974	.858	.598	.284	.074	.007	.000	.000
	9	1.000	1.000	1.000	.993	.942	.773	.473	.175	.027	.001	.000
	10	1.000	1.000	1.000	.998	.981	.895	.671	.340	.082	.003	.000
	11	1.000	1.000	1.000	1.000	.995	.962	.833	.550	.202	.017	.001
	12	1.000	1.000	1.000	1.000	.999	.989	.935	.754	.402	.068	.007
	13	1.000	1.000	1.000	1.000	1.000	.998	.982	.901	.648	.211	.043
	14	1.000	1.000	1.000	1.000	1.000	1.000	.997	.974	.859	.485	.189
	15	1.000	1.000	1.000	1.000	1.000	1.000	1.000	.997	.972	.815	.560
	16	1.000	1.000	1.000	1.000	1.000	1.000	1.000	1.000	1.000	1.000	1.000
$n=17$	0	.418	.167	.023	.002	.000	.000	.000	.000	.000	.000	.000
	1	.792	.482	.118	.019	.002	.000	.000	.000	.000	.000	.000
	2	.950	.762	.310	.077	.012	.001	.000	.000	.000	.000	.000
	3	.991	.917	.549	.202	.046	.006	.000	.000	.000	.000	.000
	4	.999	.978	.758	.389	.126	.025	.003	.000	.000	.000	.000
	5	1.000	.995	.894	.597	.264	.072	.011	.000	.000	.000	.000
	6	1.000	.999	.962	.775	.448	.166	.035	.001	.000	.000	.000
	7	1.000	1.000	.989	.895	.641	.315	.092	.003	.000	.000	.000
	8	1.000	1.000	.997	.960	.801	.500	.199	.013	.000	.000	.000
	9	1.000	1.000	1.000	.987	.908	.685	.359	.040	.003	.000	.000
	10	1.000	1.000	1.000	.997	.965	.834	.552	.105	.011	.000	.000
	11	1.000	1.000	1.000	.999	.989	.928	.736	.225	.038	.001	.000
	12	1.000	1.000	1.000	1.000	.997	.975	.874	.403	.106	.005	.000
	13	1.000	1.000	1.000	1.000	1.000	.994	.954	.611	.242	.022	.001
	14	1.000	1.000	1.000	1.000	1.000	.999	.988	.798	.451	.083	.009

	x	.05	.10	.20	.30	.40	.50	.60	.70	.80	.90	.95
							p					
	15	1.000	1.000	1.000	1.000	1.000	1.000	.998	.981	.882	.518	.208
	16	1.000	1.000	1.000	1.000	1.000	1.000	1.000	.998	.977	.833	.582
	17	1.000	1.000	1.000	1.000	1.000	1.000	1.000	1.000	1.000	1.000	1.000
$n=18$	0	.397	.150	.018	.002	.000	.000	.000	.000	.000	.000	.000
	1	.774	.450	.099	.014	.001	.000	.000	.000	.000	.000	.000
	2	.942	.734	.271	.060	.008	.001	.000	.000	.000	.000	.000
	3	.989	.902	.501	.165	.033	.004	.000	.000	.000	.000	.000
	4	.998	.972	.716	.333	.094	.015	.001	.000	.000	.000	.000
	5	1.000	.994	.867	.534	.209	.048	.006	.000	.000	.000	.000
	6	1.000	.999	.949	.722	.374	.119	.020	.001	.000	.000	.000
	7	1.000	1.000	.984	.859	.563	.240	.058	.006	.000	.000	.000
	8	1.000	1.000	.996	.940	.737	.407	.135	.021	.001	.000	.000
	9	1.000	1.000	.999	.979	.865	.593	.263	.060	.004	.000	.000
	10	1.000	1.000	1.000	.994	.942	.760	.437	.141	.016	.000	.000
	11	1.000	1.000	1.000	.999	.980	.881	.626	.278	.051	.001	.000
	12	1.000	1.000	1.000	1.000	.994	.952	.791	.466	.133	.006	.000
	13	1.000	1.000	1.000	1.000	.999	.985	.906	.667	.284	.028	.002
	14	1.000	1.000	1.000	1.000	1.000	.996	.967	.835	.499	.098	.011
	15	1.000	1.000	1.000	1.000	1.000	.999	.992	.940	.729	.266	.058
	16	1.000	1.000	1.000	1.000	1.000	1.000	.999	.986	.901	.550	.226
	17	1.000	1.000	1.000	1.000	1.000	1.000	1.000	.998	.982	.850	.603
	18	1.000	1.000	1.000	1.000	1.000	1.000	1.000	1.000	1.000	1.000	1.000
$n=19$	0	.377	.135	.014	.001	.000	.000	.000	.000	.000	.000	.000
	1	.755	.420	.083	.010	.001	.000	.000	.000	.000	.000	.000
	2	.933	.705	.237	.046	.005	.000	.000	.000	.000	.000	.000
	3	.987	.885	.455	.133	.023	.002	.000	.000	.000	.000	.000
	4	.998	.965	.673	282	.070	.010	.001	.000	.000	.000	.000
	5	1.000	.991	.837	.474	.163	.032	.003	.000	.000	.000	.000
	6	1.000	.998	.932	.666	.308	.084	.012	.001	.000	.000	.000
	7	1.000	1.000	.977	.818	.488	.180	.035	.003	.000	.000	.000
	8	1.000	1.000	.993	.916	.667	.324	.088	.011	.000	.000	.000
	9	1.000	1.000	.998	.967	.814	.500	.186	.033	.002	.000	.000
	10	1.000	1.000	1.000	.989	.912	.676	.333	.084	.007	.000	.000
	11	1.000	1.000	1.000	.997	.965	.820	.512	.182	.023	.000	.000

	x	.05	.10	.20	.30	.40	.50	.60	.70	.80	.90	.95
							p					
	12	1.000	1.000	1.000	.999	.988	.916	.692	.334	.068	.002	.000
	13	1.000	1.000	1.000	1.000	.997	.968	.837	.526	.163	.009	.000
	14	1.000	1.000	1.000	1.000	.999	.990	.930	.718	.327	.035	.002
	15	1.000	1.000	1.000	1.000	1.000	.998	.977	.867	.545	.115	.013
	16	1.000	1.000	1.000	1.000	1.000	1.000	.995	.954	.763	.295	.067
	17	1.000	1.000	1.000	1.000	1.000	1.000	.999	.990	.917	.580	.245
	18	1.000	1.000	1.000	1.000	1.000	1.000	1.000	.999	.986	.865	.623
	19	1.000	1.000	1.000	1.000	1.000	1.000	1.000	1.000	1.000	1.000	1.000
$n=20$	0	.358	.122	.012	.001	.000	.000	.000	.000	.000	.000	.000
	1	.736	.392	.069	.008	.001	.000	.000	.000	.000	.000	.000
	2	.925	.677	.206	.035	.004	.000	.000	.000	.000	.000	.000
	3	.984	.867	.411	.107	.016	.001	.000	.000	.000	.000	.000
	4	.997	.957	.630	.238	.051	.006	.000	.000	.000	.000	.000
	5	1.000	.989	.804	.416	.126	.021	.002	.000	.000	.000	.000
	6	1.000	.998	.913	.608	.250	.058	.006	.000	.000	.000	.000
	7	1.000	1.000	.968	.772	.416	.132	.021	.001	.000	.000	.000
	8	1.000	1.000	.990	.887	.596	.252	.057	.005	.000	.000	.000
	9	1.000	1.000	.997	.952	.755	.412	.128	.017	.001	.000	.000
	10	1.000	1.000	.999	.983	.872	.588	.245	.048	.003	.000	.000
	11	1.000	1.000	1.000	.995	.943	.748	.404	.113	.010	.000	.000
	12	1.000	1.000	1.000	.999	.979	.868	.584	.228	.032	.000	.000
	13	1.000	1.000	1.000	1.000	.994	.942	.750	.392	.087	.002	.000
	14	1.000	1.000	1.000	1.000	.998	.979	.874	.584	.196	.011	.000
	15	1.000	1.000	1.000	1.000	1.000	.994	.949	.762	.370	.043	.003
	16	1.000	1.000	1.000	1.000	1.000	.999	.984	.893	.589	.133	.016
	17	1.000	1.000	1.000	1.000	1.000	1.000	.996	.965	.794	.323	.075
	18	1.000	1.000	1.000	1.000	1.000	1.000	.999	.992	.931	.608	.264
	19	1.000	1.000	1.000	1.000	1.000	1.000	1.000	.999	.988	.878	.642
	20	1.000	1.000	1.000	1.000	1.000	1.000	1.000	1.000	1.000	1.000	1.000
$n=25$	0	.277	.072	.004	.000	.000	.000	.000	.000	.000	.000	.000
	1	.642	.271	.027	.002	.000	.000	.000	.000	.000	.000	.000
	2	.873	.537	.098	.009	.000	.000	.000	.000	.000	.000	.000
	3	.966	.764	.234	.033	.002	.000	.000	.000	.000	.000	.000
	4	.993	.902	.421	.090	.009	.000	.000	.000	.000	.000	.000

						p					
x	.05	.10	.20	.30	.40	.50	.60	.70	.80	.90	.95
5	.999	.967	.617	.193	.029	.002	.000	.000	.000	.000	.000
6	1.000	.991	.780	.341	.074	.007	.000	.000	.000	.000	.000
7	1.000	.998	.891	.512	.154	.022	.001	.000	.000	.000	.000
8	1.000	1.000	.953	.677	.274	.054	.004	.000	.000	.000	.000
9	1.000	1.000	.983	.811	.425	.115	.013	.000	.000	.000	.000
10	1.000	1.000	.994	.902	.586	.212	.034	.002	.000	.000	.000
11	1.000	1.000	.998	.956	.732	.345	.078	.006	.000	.000	.000
12	1.000	1.000	1.000	.983	.846	.500	.154	.017	.000	.000	.000
13	1.000	1.000	1.000	.994	.822	.655	.268	.044	.002	.000	.000
14	1.000	1.000	1.000	.998	.966	.788	.414	.098	.006	.000	.000
15	1.000	1.000	1.000	1.000	.987	.885	.575	.189	.017	.000	.000
16	1.000	1.000	1.000	1.000	.996	.946	.726	.323	.047	.000	.000
17	1.000	1.000	1.000	1.000	.999	.978	.846	.488	.109	.002	.000
18	1.000	1.000	1.000	1.000	1.000	.993	.926	.659	.220	.009	.000
19	1.000	1.000	1.000	1.000	1.000	.998	.971	.807	.383	.033	.001
20	1.000	1.000	1.000	1.000	1.000	1.000	.991	.910	.579	.098	.007
21	1.000	1.000	1.000	1.000	1.000	1.000	.998	.967	.766	.236	.034
22	1.000	1.000	1.000	1.000	1.000	1.000	1.000	.991	.902	.463	.127
23	1.000	1.000	1.000	1.000	1.000	1.000	1.000	.998	.973	.729	.358
24	1.000	1.000	1.000	1.000	1.000	1.000	1.000	1.000	.996	.928	.723
25	1.000	1.000	1.000	1.000	1.000	1.000	1.000	1.000	1.000	1.000	1.000

4. 누적포아송분포표

X \ λ	0.1	0.2	0.3	0.4	0.5
0	0.905(0.905)	0.819(0.819)	0.741(0.741)	0.670(0.670)	0.607(0.607)
1	0.091(0.996)	0.164(0.983)	0.222(0.963)	0.268(0.938)	0.303(0.910)
2	0.004(1.000)	0.016(0.999)	0.033(0.996)	0.054(0.992)	0.076(0.986)
3		0.010(1.000)	0.004(1.000)	0.007(0.999)	0.013(0.999)
4				0.001(1.000)	0.001(1.000)

X \ λ	0.6	0.7	0.8	0.9	1.0
0	0.549(0.549)	0.497(0.497)	0.449(0.449)	0.406(0.406)	0.368(0.368)
1	0.329(0.878)	0.349(0.845)	0.359(0.808)	0.366(0.772)	0.368(0.736)
2	0.099(0.977)	0.122(0.967)	0.144(0.952)	0.166(0.938)	0.184(0.920)
3	0.020(0.997)	0.028(0.995)	0.039(0.991)	0.049(0.987)	0.061(0.981)
4	0.003(1.000)	0.005(1.000)	0.008(0.999)	0.011(0.998)	0.016(0.997)
5			0.001(1.000)	0.002(1.000)	0.003(1.000)

X \ λ	1.1	1.2	1.3	1.4	1.5
0	0.333(0.333)	0.301(0.301)	0.273(0.273)	0.247(0.247)	0.223(0.223)
1	0.366(0.699)	0.361(0.662)	0.354(0.627)	0.345(0.592)	0.335(0.558)
2	0.201(0.900)	0.217(0.879)	0.230(0.857)	0.242(0.834)	0.251(0.809)
3	0.074(0.974)	0.087(0.966)	0.100(0.957)	0.113(0.947)	0.126(0.935)
4	0.021(0.995)	0.026(0.992)	0.032(0.989)	0.039(0.986)	0.047(0.982)
5	0.004(0.999)	0.007(0.999)	0.009(0.998)	0.011(0.997)	0.014(0.996)
6	0.001(1.000)	0.001(1.000)	0.002(1.000)	0.003(1.000)	0.004(1.000)

X \ λ	1.6	1.7	1.8	1.9	2.0
0	0.202(0.202)	0.183(0.183)	0.165(0.165)	0.150(0.150)	0.135(0.135)
1	0.323(0.525)	0.311(0.494)	0.298(0.463)	0.284(0.434)	0.271(0.406)
2	0.258(0.783)	0.264(0.758)	0.268(0.731)	0.270(0.704)	0.271(0.677)
3	0.138(0.921)	0.149(0.907)	0.161(0.892)	0.171(0.875)	0.180(0.857)
4	0.055(0.976)	0.064(0.971)	0.072(0.964)	0.081(0.956)	0.090(0.947)
5	0.018(0.994)	0.022(0.993)	0.026(0.990)	0.031(0.987)	0.036(0.983)
6	0.005(0.999)	0.006(0.999)	0.008(0.998)	0.010(0.997)	0.012(0.995)
7	0.001(1.000)	0.001(1.000)	0.002(1.000)	0.003(1.000)	0.004(0.999)
8					0.001(1.000)

X \ λ	2.1	2.2	2.3	2.4	2.5
0	0.123(0.123)	0.111(0.111)	0.100(0.100)	0.091(0.091)	0.082(0.082)
1	0.257(0.380)	0.244(0.355)	0.231(0.331)	0.218(0.309)	0.205(0.287)
2	0.270(0.650)	0.268(0.623)	0.265(0.596)	0.261(0.570)	0.256(0.543)
3	0.189(0.839)	0.197(0.820)	0.203(0.799)	0.209(0.779)	0.214(0.757)
4	0.099(0.938)	0.108(0.928)	0.117(0.916)	0.125(0.904)	0.134(0.891)
5	0.042(0.980)	0.048(0.976)	0.054(0.970)	0.060(0.964)	0.067(0.958)
6	0.015(0.995)	0.017(0.993)	0.021(0.991)	0.024(0.988)	0.028(0.986)
7	0.004(0.999)	0.005(0.998)	0.007(0.998)	0.008(0.996)	0.10(0.996)
8	0.001(1.000)	0.002(1.000)	0.002(1.000)	0.003(0.999)	0.003(0.999)
9				0.001(1.000)	0.001(1.000)

X \ λ	2.6	2.7	2.8	2.9	3.0
0	0.074(0.074)	0.067(0.067)	0.061(0.061)	0.055(0.055)	0.050(0.050)
1	0.193(0.267)	0.182(0.249)	0.170(0.231)	0.160(0.215)	0.149(0.199)
2	0.251(0.518)	0.245(0.494)	0.238(0.469)	0.231(0.446)	0.224(0.423)
3	0.218(0.736)	0.221(0.715)	0.223(0.692)	0.224(0.670)	0.224(0.647)
4	0.141(0.877)	0.149(0.864)	0.156(0.848)	0.162(0.832)	0.168(0.815)
5	0.074(0.951)	0.080(0.944)	0.087(0.935)	0.094(0.926)	0.101(0.916)
6	0.032(0.983)	0.036(0.980)	0.041(0.976)	0.045(0.971)	0.050(0.966)
7	0.012(0.995)	0.014(0.994)	0.016(0.992)	0.019(0.990)	0.022(0.988)
8	0.004(0.999)	0.005(0.999)	0.006(0.998)	0.007(0.997)	0.008(0.996)
9	0.001(1.000)	0.001(1.000)	0.002(1.000)	0.002(0.999)	0.003(0.999)
10				0.001(1.000)	0.001(1.000)

X \ λ	3.1	3.2	3.3	3.4	3.5
0	0.045(0.045)	0.041(0.041)	0.037(0.037)	0.033(0.033)	0.030(0.030)
1	0.140(0.185)	0.130(0.171)	0.122(0.159)	0.113(0.146)	0.106(0.136)
2	0.216(0.401)	0.209(0.380)	0.201(0.360)	0.193(0.339)	0.185(0.321)
3	0.224(0.625)	0.223(0.603)	0.222(0.582)	0.219(0.558)	0.216(0.537)
4	0.173(0.798)	0.178(0.781)	0.182(0.764)	0.186(0.744)	0.189(0.726)
5	0.107(0.905)	0.114(0.895)	0.120(0.884)	0.126(0.870)	0.132(0.858)
6	0.056(0.961)	0.061(0.956)	0.066(0.950)	0.071(0.941)	0.077(0.935)
7	0.025(0.986)	0.028(0.984)	0.031(0.981)	0.035(0.976)	0.038(0.973)
8	0.010(.0996)	0.011(0.995)	0.012(0.993)	0.015(0.991)	0.017(0.990)
9	0.003(0.999)	0.004(0.999)	0.005(0.998)	0.006(0.997)	0.007(0.997)
10	0.001(1.000)	0.001(1.000)	0.002(1.000)	0.002(0.999)	0.002(0.999)
11				0.001(1.000)	0.001(1.000)

X \ λ	3.6	3.7	3.8	3.9	4.0
0	0.027(0.027)	0.025(0.025)	0.022(0.022)	0.020(0.020)	0.018(0.018)
1	0.098(0.125)	0.091(0.116)	0.085(0.107)	0.079(0.099)	0.073(0.091)
2	0.177(0.302)	0.169(0.285)	0.161(0.268)	0.154(0.253)	0.147(0.238)
3	0.213(0.515)	0.209(0.494)	0.205(0.473)	0.200(0.453)	0.195(0.433)
4	0.191(0.706)	0.193(0.687)	0.194(0.667)	0.195(0.648)	0.195(0.628)
5	0.138(0.844)	0.143(0.830)	0.148(0.815)	0.152(0.800)	0.157(0.785)
6	0.083(0.927)	0.088(0.918)	0.094(0.909)	0.099(0.899)	0.104(0.889)
7	0.042(0.969)	0.047(0.965)	0.051(0.960)	0.055(0.954)	0.060(0.949)
8	0.019(0.988)	0.022(0.987)	0.024(0.984)	0.027(0.981)	0.030(0.979)
9	0.008(0.996)	0.009(0.996)	0.010(0.994)	0.012(0.993)	0.013(0.992)
10	0.003(0.999)	0.003(0.999)	0.004(0.998)	0.004(0.997)	0.005(0.997)
11	0.001(1.000)	0.001(1.000)	0.001(0.999)	0.002(0.999)	0.002(0.999)
12			0.001(1.000)	0.001(1.000)	0.001(1.000)

X \ λ	4.1	4.2	4.3	4.4	4.5
0	0.017(0.017)	0.015(0.015)	0.014(0.014)	0.012(0.012)	0.011(0.011)
1	0.068(0.085)	0.063(0.078)	0.058(0.072)	0.054(0.066)	0.050(0.061)
2	0.139(0.224)	0.132(0.210)	0.126(0.198)	0.119(0.185)	0.113(0.174)
3	0.190(0.414)	0.185(0.395)	0.180(0.378)	0.174(0.359)	0.169(0.343)
4	0.195(0.609)	0.195(0.590)	0.193(0.571)	0.192(0.551)	0.190(0.533)
5	0.160(0.769)	0.163(0.753)	0.166(0.737)	0.167(0.720)	0.171(0.704)
6	0.110(0.879)	0.114(0.867)	0.119(0.856)	0.124(0.844)	0.128(0.832)
7	0.064(0.879)	0.069(0.936)	0.073(0.929)	0.078(0.922)	0.082(0.914)
8	0.003(0.976)	0.036(0.972)	0.040(0.969)	0.043(0.965)	0.046(0.960)
9	0.015(0.991)	0.017(0.989)	0.019(0.988)	0.021(0.986)	0.023(0.983)
10	0.006(0.997)	0.002(0.996)	0.008(0.996)	0.009(0.995)	0.011(0.994)
11	0.002(0.999)	0.003(0.999)	0.003(0.999)	0.004(0.999)	0.004(0.998)
12	0.001(1.000)	0.001(1.000)	0.001(1.000)	0.001(1.000)	0.001(0.999)
13					0.001(1.000)

X \ λ	4.6	4.7	4.8	4.9	5.0
0	0.010(0.010)	0.009(0.009)	0.008(0.008)	0.008(0.008)	0.007(0.007)
1	0.046(0.056)	0.043(0.052)	0.039(0.047)	0.037(0.045)	0.034(0.041)
2	0.106(0.162)	0.101(0.153)	0.095(0.142)	0.090(0.135)	0.084(0.125)
3	0.163(0.325)	0.157(0.310)	0.152(0.294)	0.146(0.281)	0.140(0.265)
4	0.188(0.513)	0.185(0.495)	0.182(0.476)	0.179(0.460)	0.176(0.441)
5	0.172(0.685)	0.174(0.669)	0.175(0.651)	0.175(0.635)	0.176(0.617)
6	0.132(0.817)	0.136(0.805)	0.140(0.791)	0.143(0.778)	0.146(0.763)
7	0.087(0.904)	0.091(0.896)	0.096(0.887)	0.100(0.878)	0.105(0.868)
8	0.050(0.954)	0.054(0.950)	0.058(0.945)	0.061(0.939)	0.065(0.933)
9	0.026(0.980)	0.028(0.978)	0.031(0.976)	0.034(0.973)	0.036(0.969)
10	0.012(0.992)	0.013(0.991)	0.015(0.991)	0.016(0.989)	0.018(0.987)
11	0.005(0.997)	0.006(0.997)	0.006(0.997)	0.007(0.996)	0.008(0.995)
12	0.002(0.999)	0.002(0.999)	0.002(0.999)	0.003(0.999)	0.003(0.998)
13	0.001(1.000)	0.001(1.000)	0.001(1.000)	0.001(1.000)	0.001(0.999)
14					0.001(1.000)

X \ λ	6.0	7.0	8.0	9.0	10.0
0	0.002(0.002)	0.001(0.001)	0.000(0.000)	0.000(0.000)	0.000(0.000)
1	0.015(0.017)	0.006(0.007)	0.0003(0.003)	0.001(0.001)	0.000(0.000)
2	0.045(0.062)	0.022(0.029)	0.011(0.014)	0.005(0.006)	0.002(0.002)
3	0.089(0.151)	0.052(0.081)	0.029(0.043)	0.015(0.021)	0.007(0.009)
4	0.134(0.285)	0.091(0.172)	0.057(0.100)	0.034(0.055)	0.019(0.028)
5	0.161(0.446)	0.128(0.300)	0.092(0.192)	0.061(0.116)	0.038(0.066)
6	0.161(0.607)	0.149(0.499)	0.122(0.314)	0.091(0.207)	0.063(0.129)
7	0.138(0.745)	0.149(0.598)	0.140(0.454)	0.117(0.324)	0.90(0.219)
8	0.103(0.848)	0.131(0.729)	0.140(0.594)	0.132(0.456)	0.113(0.332)
9	0.069(0.917)	0.102(0.831)	0.124(0.718)	0.132(0.588)	0.125(0.457)
10	0.041(0.958)	0.071(0.902)	0.099(0.187)	0.119(0.707)	0.125(0.582)
11	0.023(0.981)	0.045(0.947)	0.072(0.889)	0.097(0.804)	0.114(0.696)
12	0.011(0.992)	0.026(0.073)	0.048(0.937)	0.073(0.877)	0.095(0.791)
13	0.005(0.997)	0.014(0.987)	0.030(0.967)	0.050(0.927)	0.073(0.864)
14	0.002(0.999)	0.007(0.994)	0.017(0.984)	0.032(0.959)	0.052(0.916)
15	0.001(1.000)	0.003(0.997)	0.009(0.993)	0.019(0.978)	0.035(0.951)
16		0.002(0.999)	0.004(0.997)	0.011(0.989)	0.022(0.973)
17		0.001(1.000)	0.002(0.999)	0.006(0.995)	0.013(0.986)
18			0.001(1.000)	0.003(0.998)	0.007(0.993)
19				0.001(0.999)	0.004(0.997)
20				0.001(1.000)	0.002(0.999)
21					0.001(1.000)

X \ λ	11.0	12.0	13.0	14.0	15.0
0	0.000(0.000)	0.000(0.000)	0.000(0.000)	0.000(0.000)	0.000(0.000)
1	0.000(0.000)	0.000(0.000)	0.000(0.000)	0.000(0.000)	0.000(0.000)
2	0.001(0.001)	0.000(0.000)	0.000(0.000)	0.000(0.000)	0.000(0.000)
3	0.004(0.005)	0.002(0.002)	0.001(0.001)	0.000(0.000)	0.000(0.000)
4	0.010(0.015)	0.005(0.007)	0.003(0.004)	0.001(0.001)	0.001(0.001)
5	0.022(0.037)	0.013(0.020)	0.007(0.011)	0.004(0.005)	0.002(0.003)
6	0.041(0.078)	0.025(0.045)	0.015(0.026)	0.009(0.014)	0.005(0.008)
7	0.065(0.143)	0.044(0.089)	0.028(0.054)	0.017(0.031)	0.010(0.018)
8	0.089(0.232)	0.066(0.155)	0.046(0.100)	0.031(0.062)	0.019(0.037)
9	0.109(0.341)	0.887(0.242)	0.066(0.166)	0.047(0.109)	0.032(0.069)
10	0.119(0.460)	0.105(0.347)	0.086(0.252)	0.066(0.175)	0.049(0.118)
11	0.119(0.579)	0.114(0.461)	0.101(0.353)	0.084(0.259)	0.066(0.184)
12	0.109(0.688)	0.114(0.575)	0.110(0.463)	0.099(0.358)	0.083(0.267)
13	0.093(0.781)	0.106(0.681)	0.110(0.573)	0.106(0.464)	0.096(0.363)
14	0.073(0.854)	0.091(0.772)	0.102(0.675)	0.106(0.570)	0.102(0.465)
15	0.053(0.907)	0.072(0.844)	0.088(0.763)	0.099(0.669)	0.102(0.567)
16	0.037(0.944)	0.054(0.898)	0.072(0.835)	0.087(0.756)	0.096(0.663)
17	0.024(0.968)	0.038(0.936)	0.055(0.890)	0.071(0.827)	0.085(0.748)
18	0.015(0.983)	0.026(0.962)	0.040(0.930)	0.056(0.883)	0.071(0.819)
19	0.008(0.991)	0.016(0.978)	0.027(0.957)	0.041(0.924)	0.056(0.875)
20	0.005(0.996)	0.010(0.998)	0.018(0.975)	0.029(0.953)	0.042(0.917)
21	0.002(0.998)	0.006(0.994)	0.011(0.986)	0.019(0.972)	0.030(0.947)
22	0.001(0.999)	0.003(0.997)	0.006(0.992)	0.012(0.984)	0.020(0.967)
23	0.001(1.000)	0.002(0.999)	0.004(0.996)	0.007(0.991)	0.013(0.980)
24		0.001(1.000)	0.002(0.998)	0.004(0.995)	0.008(0.998)
25			0.001(0.999)	0.003(0.998)	0.005(0.993)
26			0.001(1.000)	0.001(0.999)	0.003(0.996)
27				0.001(1.000)	0.002(0.998)
28					0.001(0.999)
29					0.001(1.000)

5. 지수분포표

λt	$e^{-\lambda t}$	λt	$e^{-\lambda t}$
0.0	1.0000	2.5	0.08208
0.1	0.90484	2.6	0.07427
0.2	0.81873	2.7	0.06721
0.3	0.74082	2.8	0.06081
0.4	0.67032	2.9	0.05502
0.5	0.60653	3.0	0.04979
0.6	0.54881	3.2	0.04076
0.7	0.49659	3.4	0.03337
0.8	0.44933	3.6	0.02732
0.9	0.40657	3.8	0.02237
1.0	0.36788	4.0	0.01832
1.1	0.33287	4.2	0.01500
1.2	0.30119	4.4	0.01228
1.3	0.27253	4.6	0.01005
1.4	0.24660	4.8	0.00823
1.5	0.22313	5.0	0.00674
1.6	0.20190	5.5	0.00409
1.7	0.18268	6.0	0.00248
1.8	0.16530	6.5	0.00150
1.9	0.14957	7.0	0.00091
2.0	0.13534	7.5	0.00055
2.1	0.12246	8.0	0.00034
2.2	0.00180	8.5	0.00020
2.3	0.10026	9.6	0.00012
2.4	0.09072	10.0	0.00005

6. χ^2분포표

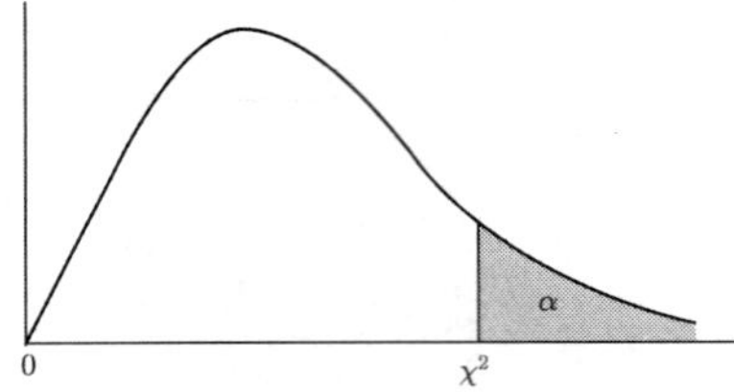

	α							
v	0.955	0.990	0.975	0.95	0.05	0.025	0.01	0.005
1	0.0^4393	0.0^3157	0.0^3982	0.0^2393	3.841	5.024	6.635	7.879
2	0.0100	0.0201	0.0506	0.103	5.991	7.378	9.210	10.597
3	0.0717	0.115	0.216	0.352	7.815	9.348	11.345	12.838
4	0.207	0.297	0.484	0.711	9.488	11.143	13.277	14.860
5	0.412	0.554	0.831	1.145	11.070	12.832	15.086	16.750
6	0.676	0.872	1.237	1.635	12.592	14.449	16.812	18.548
7	0.989	1.239	1.690	2.167	14.067	16.013	18.475	20.278
8	1.344	1.646	2.180	2.733	15.507	17.535	20.090	21.955
9	1.735	2.088	2.700	3.325	16.919	19.023	21.666	23.589
10	2.156	2.558	3.247	3.940	18.307	20.483	23.209	25.188
11	2.603	3.053	3.816	4.575	19.675	21.920	24.725	26.757
12	3.074	3.571	4.404	5.226	21.026	23.337	26.217	28.300
13	3.565	4.107	5.009	5.892	22.362	24.736	27.688	29.819
14	4.075	4.660	5.629	6.571	23.685	26.119	29.141	31.319
15	4.601	5.229	6.262	7.261	24.996	27.488	30.578	32.801
16	5.142	5.812	6.908	7.962	26.296	28.845	32.000	34.267
17	5.697	6.408	7.564	8.672	27.587	30.191	33.409	35.718
18	6.265	7.015	8.231	9.390	28.869	31.526	34.805	37.156
19	6.844	7.633	8.907	10.117	30.144	32.852	36.191	38.582
20	7.434	8.260	9.591	10.851	31.410	34.170	37.566	39.997
21	8.034	8.897	10.283	11.591	32.671	35.479	38.932	41.401
22	8.643	9.542	10.982	12.338	33.924	36.781	40.289	42.796
23	9.260	10.196	11.689	13.091	35.172	38.076	41.638	44.181
24	9.886	10.856	12.401	13.848	36.415	39.364	42.980	45.558
25	10.520	11.524	13.120	14.611	37.652	40.646	44.314	46.928
26	11.160	12.198	13.844	15.379	38.885	41.923	45.642	48.290
27	11.808	12.879	14.573	16.151	40.113	43.194	46.963	49.645
28	12.461	13.565	15.308	16.928	41.337	44.461	48.278	50.993
29	13.121	14.256	16.047	17.708	42.557	45.722	49.588	52.336
30	13.787	14.955	16.791	18.493	43.773	46.979	50.892	53.672

7. *F*분포표($\alpha = 0.05$)

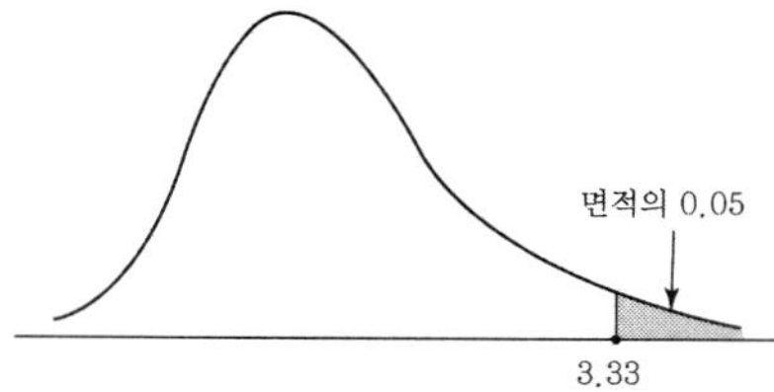

분모의 자유도	분자의 자유도(df_1)								
(df_2)	1	2	3	4	5	6	7	8	9
1	161.45	199.50	215.71	224.58	230.16	233.99	236.77	238.88	240.54
2	18.51	19.00	19.16	19.25	19.30	19.33	19.35	19.37	19.38
3	10.13	9.55	9.28	9.12	9.01	8.94	8.89	8.85	8.81
4	7.71	6.94	6.59	6.39	6.26	6.16	6.09	6.04	6.00
5	6.61	5.79	5.41	5.19	5.05	4.95	4.88	4.82	4.77
6	5.99	5.14	4.76	4.53	4.39	4.28	4.21	4.15	4.10
7	5.59	4.74	4.35	4.12	3.97	3.87	3.79	3.73	3.68
8	5.32	4.46	4.07	3.84	3.69	3.58	3.50	3.44	3.39
9	5.12	4.26	3.86	3.63	3.48	3.37	3.29	3.23	3.18
10	4.96	4.10	3.71	3.48	3.33	3.22	3.14	3.07	3.02
11	4.84	3.98	3.59	3.26	3.20	3.09	3.01	2.95	2.90
12	4.75	3.89	3.49	3.26	3.11	3.00	2.91	2.85	2.80
13	4.67	3.81	3.41	3.18	3.03	2.92	2.83	2.77	2.71
14	4.60	3.74	3.34	3.11	2.96	2.85	2.76	2.70	2.65
15	4.54	3.68	3.29	3.06	290	2.79	2.71	2.64	2.59
16	4.49	3.63	3.24	3.01	2.85	2.74	2.66	2.59	2.54
17	4.45	3.59	3.20	2.96	2.81	2.70	2.61	2.55	2.49
18	4.41	3.55	3.16	2.93	2.77	2.66	2.58	2.51	2.46
19	4.38	3.52	3.13	2.90	2.74	2.63	2.54	2.48	2.42
20	4.35	3.49	3.10	2.87	2.71	2.60	2.51	2.45	2.39
21	4.32	3.47	3.07	2.84	2.68	2.57	2.49	2.42	2.37
22	4.30	3.44	3.05	2.82	2.66	2.55	2.46	2.40	2.34
23	4.28	3.42	3.03	2.80	2.64	2.53	2.44	2.37	2.32
24	4.26	3.40	3.01	2.78	2.62	2.51	2.42	2.36	2.30
25	4.24	3.39	2.99	2.76	2.60	2.49	2.40	2.34	2.28
30	4.17	3.32	2.92	2.69	2.23	2.42	2.33	227	2.21
40	4.08	3.23	2.84	2.61	2.45	2.34	2.25	2.18	2.12
60	4.00	3.15	2.76	2.53	2.37	2.25	2.17	2.10	2.04
120	3.92	3.07	2.68	2.45	2.29	2.17	2.09	2.02	1.96
∞	3.84	3.00	2.60	2.37	2.21	2.10	2.01	1.94	1.88

분모의 자유도	분자의 자유도(df_1)								
(df_2)	10	15	20	24	30	40	60	120	∞
1	241.88	245.95	248.01	249.05	250.09	251.14	252.20	253.25	254.32
2	19.40	19.43	19.45	19.45	19.46	19.47	19.48	19.49	19.50
3	8.76	8.70	8.66	8.64	8.62	8.59	8.57	8.55	8.53
4	5.96	5.86	5.80	5.77	5.75	5.72	5.69	5.66	5.63
5	4.74	4.62	4.56	4.53	4.50	4.46	4.43	4.40	4.36
6	4.06	3.94	3.87	3.84	3.81	3.77	3.74	3.70	3.67
7	3.64	3.51	3.44	3.41	3.38	3.34	3.30	3.27	3.23
8	3.35	3.22	3.15	3.12	3.08	3.04	3.01	2.97	2.93
9	3.14	3.01	2.94	2.90	2.86	2.83	2.79	2.75	2.71
10	2.98	2.84	2.77	2.74	2.70	2.66	2.62	2.58	2.54
11	2.85	2.72	2.65	2.61	2.57	2.53	2.49	2.45	2.40
12	2.75	2.62	2.54	2.51	2.47	2.43	2.38	2.34	2.30
13	2.67	2.53	2.46	2.42	2.38	2.34	2.30	2.25	2.21
14	2.60	2.46	2.39	2.35	2.31	2.27	2.22	2.18	2.13
15	2.54	2.40	2.33	2.29	2.25	2.20	2.16	2.11	2.07
16	2.49	2.35	2.28	2.24	2.19	2.15	2.11	2.06	2.01
17	2.45	2.31	2.23	2.19	2.15	2.10	206	2.01	1.96
18	2.41	2.27	2.19	2.15	2.11	2.06	2.02	1.97	1.92
19	2.38	2.23	2.16	2.11	2.07	2.03	1.98	1.93	1.88
20	2.35	2.20	2.12	2.08	2.04	1.99	1.95	1.90	1.84
21	2.32	2.18	2.10	2.05	2.04	1.96	1.92	1.87	1.81
22	2.30	2.15	2.07	2.03	1.98	1.94	1.89	1.84	1.78
23	2.27	2.13	2.05	2.00	1.96	1.91	1.86	1.81	1.76
24	2.25	2.11	2.03	1.98	1.94	1.89	1.84	1.79	1.73
25	2.24	2.09	2.01	1.96	1.92	1.87	1.82	1.77	1.71
30	2.16	2.01	1.93	1.89	1.84	1.79	1.74	1.68	1.62
40	2.08	1.92	1.84	1.79	1.74	1.69	1.64	1.58	1.51
60	1.99	1.84	1.75	1.70	1.65	1.59	1.53	1.47	1.39
120	1.91	1.75	1.66	1.61	1.55	1.50	1.43	1.35	1.25
∞	1.83	1.67	1.57	1.52	1.46	1.39	1.31	1.22	1.00

7. F 분포표($\alpha = 0.01$)

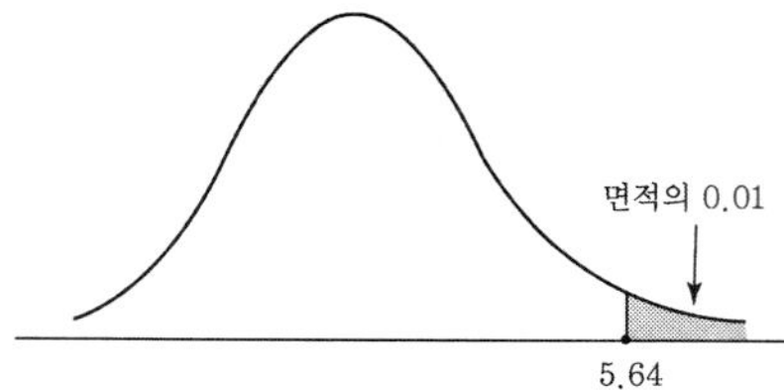

분모의 자유도	분자의 자유도(df_1)								
(df_2)	1	2	3	4	5	6	7	8	9
1	4052.0	4999.0	5403.0	5625.0	5764.0	5853.0	5928.0	5982.0	6022.0
2	98.50	99.00	99.17	99.25	99.30	99.33	99.36	99.37	99.39
3	34.12	30.82	29.46	82.71	28.24	27.91	27.67	27.49	27.34
4	21.20	18.00	16.69	15.98	15.52	15.21	14.98	14.80	14.66
5	16.26	13.27	12.06	11.39	10.97	10.67	10.46	10.29	10.16
6	13.74	10.92	9.78	9.15	8.75	8.47	8.26	8.10	7.98
7	12.25	9.55	8.45	7.85	7.46	7.19	6.99	6.84	6.72
8	11.26	8.65	7.59	7.01	6.63	6.37	6.18	6.03	5.91
9	10.56	8.02	6.99	6.42	6.06	5.80	5.61	5.47	5.35
10	10.04	7.56	6.55	5.99	5.64	5.39	5.20	5.06	4.94
11	9.65	7.21	6.22	5.67	5.32	5.07	4.89	4.74	4.63
12	9.33	6.93	5.95	5.41	5.06	4.82	4.64	4.50	4.39
13	9.07	6.70	5.74	5.21	4.86	4.62	4.44	4.30	4.19
14	8.86	6.51	5.56	5.04	4.69	4.46	4.28	4.14	4.03
15	8.68	6.36	5.42	4.89	4.56	4.32	4.14	4.00	3.89
16	8.53	6.23	5.29	4.77	4.44	4.20	4.03	3.89	3.78
17	8.40	6.11	5.18	4.67	4.34	4.10	3.93	3.79	3.68
18	8.29	6.01	5.09	4.58	4.25	4.01	3.84	3.71	3.60
19	8.18	5.93	5.01	450	4.17	3.94	3.77	3.63	3.52
20	8.10	5.85	4.94	4.43	4.10	3.87	3.70	3.56	3.46
21	8.02	5.78	4.87	4.37	4.04	..81	3.64	3.51	3.40
22	7.95	5.72	4.82	4.31	3.99	3.76	3.59	3.45	3.35
23	7.88	5.66	4.76	4.26	3.94	3.71	3.54	3.41	3.30
24	7.82	5.61	4.72	4.22	3.90	3.67	3.50	3.36	3.26
25	7.77	5.57	4.68	4.18	3.85	3.63	3.46	3.32	3.22
30	7.56	5.39	4.51	4.02	3.70	3.47	3.30	3.17	3.07
40	7.31	5.18	4.31	3.83	3.51	3.29	3.12	2.99	2.89
60	7.08	4.98	4.13	3.65	3.34	3.12	2.95	2.82	2.72
120	6.85	4.79	3.95	3.48	3.17	2.96	2.79	2.66	2.56
∞	6.63	4.61	3.78	3.32	3.02	2.80	2.64	2.51	2.41

분모의 자유도	분자의 자유도(df_1)								
(df_2)	10	15	20	24	30	40	60	120	∞
1	6056.0	6157.0	6209.0	6235.0	6261.0	6287.0	6313.0	6339.0	6366.0
2	99.40	99.43	99.45	99.46	99.47	99.47	99.48	99.49	99.50
3	27.23	26.87	26.69	26.60	26.50	26.41	26.32	26.22	26.12
4	14.55	14.20	14.02	13.93	13.84	13.74	13.65	13.56	13.46
5	10.05	9.72	9.55	9.47	9.38	9.29	9.20	9.11	9.08
6	7.87	7.56	7.40	7.31	7.23	7.14	7.06	6.97	6.88
7	6.62	6.31	6.16	6.07	5.99	5.91	5.82	5.774	5.65
8	5.81	5.52	5.36	5.28	5.20	5.12	5.03	4.95	4.86
9	5.26	4.96	4.81	4.73	4.65	4.57	4.48	4.40	4.31
10	4.85	4.56	4.41	4.33	4.25	4.17	4.08	4.00	3.91
11	4.54	4.25	4.10	4.02	3.94	3.86	3.78	3.69	3.60
12	4.30	4.01	3.86	3.78	3.70	3.62	3.54	3.45	3.36
13	4.10	3.82	3.66	3.59	3.51	3.43	3.34	3.25	3.17
14	3.94	3.66	3.51	3.43	3.35	3.27	3.18	3.09	3.00
15	3.80	3.52	3.37	3.29	3.21	3.13	3.05	2.96	2.87
16	3.69	3.41	3.26	3.18	3.10	3.02	2.93	2.84	2.75
17	359	3.31	3.16	3.08	3.00	2.92	2.83	2.75	2.65
18	3.51	3.23	3.08	3.00	2.92	2.84	2.75	2.66	2.57
19	3.43	3.15	3.00	2.92	2.84	2.76	5.67	2.58	2.49
20	3.37	3.09	2.94	2.86	2.78	2.69	2.61	2.52	2.42
21	3.31	3.03	2.88	2.80	2.72	2.64	2.55	2.46	2.36
22	3.26	2.98	2.83	2.75	2.67	2.58	2.50	2.40	2.31
23	3.21	2.93	2.78	2.70	2.62	2.54	2.45	2.35	2.26
24	3.17	2.89	2.74	2.66	2.58	2.49	2.40	2.31	2.21
25	3.13	2.85	2.70	2.62	2.54	2.45	2.36	2.27	2.17
30	2.98	2.70	2.55	2.47	2.39	2.30	2.21	2.11	2.01
40	2.80	2.52	2.37	2.29	2.20	2.11	2.02	1.92	1.80
60	2.63	2.35	2.20	2.12	2.03	1.94	1.84	1.73	1.60
120	2.47	2.19	2.03	1.95	1.86	1.76	1.66	1.53	1.38
∞	2.32	2.04	1.88	1.79	1.70	1.59	1.47	1.32	1.00

연습문제 정답

▌ 제2장 데이터의 수집과 측정 ▌

2-6. 9.3

2-7. 173.155

2-8. a) 15, b) 35

2-9. a) 55, b) 없음

2-10. a) 11, b) 4

2-11. $Q = 2.75$

2-12. $s = 0.585$

2-13. $\overline{x} = 1{,}498.7$, $s = 280.30$

2-14. $\overline{x} = 3.2$초, $s^2 = 0.498$

▌ 제3장 확률이론 ▌

3-5. a) $P(A \cap B) = 0$, b) $P(A \cap B) = 0.083$

3-6. $P(A \cup B) = \frac{11}{24}$

3-7. a) $P(A \mid B) = 0$, b) $P(A \cap B) = 0$, c) $P(A \cup B) = 0.8$

3-8. 0.125

3-9. 0.875

3-10. $P(A_3|B) = 0.03$

3-11. $P(A_1|B) = 0.39$

3-12. $P(A_2|B) = 0.51$

3-13. $P(A_2|B) = 0.31$

3-14. 0.054

3-15. $P(A_2|B) = 0.59$

▌ 제4장 확률분포 ▌

4-4.

x	2	3	4	5	6	7	8	9	10	11	12
$P(X=x)$	1/36	2/36	3/36	4/36	5/36	6/36	5/36	4/36	3/36	2/36	1/36

4-5. $P(\overline{3})=0.833$

4-6. $P(\overline{A}\cap\overline{B})=0.57$

4-7. 0.018

4-8. ${}_{100}C_3=161,700$

4-9. $E(X)=46,000$원

4-10. $\mu=1.5$, $Var(X)=0.75$

4-11. a) $\frac{16}{27}$, b) $\frac{1}{3}$

4-12. $E(X)=0.75$, $\sigma=1.1864$

4-13. $E(X)=3.15$, $Var(X)=12.05$

4-14. $E(X)=6.78$, $Var(X)=1.0316$

▌ 제5장 이산확률분포 ▌

5-5. $P(X=5\,|\,N=50, M=45, n=5)=0.5766$

5-6. $E(X)=1.5$, $Var(X)=0.75$

5-7. $E(X)=10$, $Var(X)=\frac{10}{3}$

5-8. a) ${}_9C_4(\frac{1}{2})^4(\frac{1}{2})^5=0.2461$, b) ${}_3C_2(\frac{1}{6})^2(\frac{1}{6})^1=0.0694$

5-9. a) $P(X\geq 10|\lambda=12)=0.7576$, b) $P(X=16\,\text{or}\,\;X=17|\lambda=12)=0.0926$

5-10. a) $P(X=0)\,{}_5C_0(\frac{1}{2})^0(\frac{1}{2})^4=\frac{1}{32}$, b) $P(X\geq 1)=\frac{31}{32}$

5-11. a) $P(X=2|\lambda=1)=0.1839$, b) $P(X\geq 1|\lambda=1)=0.7358$

5-12. $P(X\geq 3\mid\lambda=0.7)=0.0341$

5-13. $P(X\geq 2\mid\lambda=5)=0.9596$

5-14. $P(X\geq 2\mid\lambda=1)=0.2642$

5-15. $P(X=1 \mid \lambda=0.8)=0.8088$

5-16. $P(X=1 \mid \lambda=0.3)=0.9631$

▌제6장 연속확률분포 ▌

6-6. a) 4,772개, b) $P(19.7 \leq X \leq 20.2)=0.7745$

6-7. a) $P(X \geq 2 \mid \lambda=5)=0.959$, b) $P(X=2)=0.071$

6-8. a) $P(X \geq 40)=0.8413$, b) $P(X \geq 50)=0.1587$

6-9. a) $P(X \geq 20{,}000)=1$, b) $P(X \geq 35{,}000)=0.0062$

6-10. $0.5-P(X \geq 60)=0.0228$

6-11. $0.5-P(X \geq 2)=0.3085$

6-12. $P(X=2)=0.0042$

6-13. $P(45 \leq X \leq 62)=0.5764$

6-14. $0.5-P(X \leq 840)=0.0764$

▌제7장 표본의 추출과 표본분포 ▌

7-4. $\sigma_{\overline{x}}=0.6051$

7-5. $\mu_{\overline{X}}=9{,}000$, $\sigma_{\overline{X}}=100$

7-6. $E(p)=0.1$, $\sigma_p=0.015$

7-7. $\mu_{\overline{X}}=500$, $\sigma_{\overline{X}}=40$

7-8. $s_{\overline{X}}=13.1261$

7-9. $0.5-P(X \geq 62)=0.0228$

7-10. $0.5-P(X \geq 80)=0.0013$

7-11. a) $P(9 \leq X \leq 12)=0.3413$, b) $P(12 \leq X \leq 16)=0.4082$

7-12. a) $x_i=3.44$, b) $x_i=2.2$

7-13. $P(X \geq 0.5)=0.1271$

7-14. $P(X \geq 0.6)=0.2843$

▌제8장 통계적 추정 ▌

8-5. $\mu = 4.12$, $s^2 = 0.49$

8-6. $54.824 \leq \mu \leq 57.176$

8-7. $0.819 \leq \mu \leq 0.829$

8-8. $7.646 \leq \mu \leq 8.354$

8-9. $72.23 \leq \mu \leq 77.77$

8-10. $181.331 \leq \mu \leq 218.669$

8-11. $0.067 \leq \mu \leq 0.174$

8-12. a) $t = 4.032$, b) $t = 2.878$, c) $t = 2.052$

8-13. $0.304 \leq P \leq 0.496$

8-14. $9.81 \leq \mu \leq 10.31$

8-15. $n = 78$

▌제9장 가설검정 ▌

9-6. $Z = -4$, H_0 기각

9-7. $Z = 1$, H_0 채택

9-8. $Z = -39$, H_0 기각

9-9. $Z = -0.96$, H_0 채택

9-10. $t = 31.25$, H_0 기각

9-11. $\mu_1 - \mu_2 = 0.7$, H_0 기각

9-12. $0.174 \leq P \leq 0.346$, H_0 채택

9-13. 상한 : 81.645, H_0 채택

9-14. 표본평균의 차 $= -0.8$, H_0 채택

9-15. $t = -0.92$, H_0 채택

▌제10장 χ^2검정과 t검정 ▌

10-4. $\chi^2 = 8.2769$, H_0 채택

10-5. $\chi^2 = 0.3926$, H_0 채택

10-6. $\chi^2 = 7.4999$, H_0 채택

10-7. $t = -2.33$, H_0 기각

10-8. $\chi^2 = 1.8999$, H_0 채택

10-9. $\chi^2 = 2.8$, H_0 채택

10-10. $\chi^2 = 2.19$, H_0 채택

10-11. $\chi^2 = 0.3899$, H_0 채택

10-12. $\chi^2 = 21.41$, H_0 기각

10-13. $t = -4.22$, H_0 기각

10-14. $t = 6.109$, H_0 기각

▮ 제11장 분산분석 ▮

11-4 $F = 11.64$, H_0 기각

11-5. $F = 0.1468$, H_0 채택

11-6. $F = 2.3205$, H_0 채택

11-7. $F = 2.160$, H_0 채택

11-8. $F = 14.0$, H_0 기각

11-9. $F = 6.47$, H_0 기각

11-10. $F = 2.605$, H_0 채택

11-11. $F = 4.418$, H_0 채택

11-12. $F = 33.2$, H_0 기각

▮ 제12장 회귀분석 ▮

12-5. $\hat{Y} = 51.852 + 0.941X$

12-6. $\hat{Y} = 0.915 + 0.395X$

12-7. a) $\hat{Y} = 5.943 + 0.810X$, b) $S_e = 9.199$, c) 30,239,600원

12-8. a) $\hat{Y} = -20.47 + 5.21X$, b) $\hat{\sigma} = 2.45$

12-9. a) $r^2 = 0.64$, b) $r = 0.8$

12-10. $\sigma^2 = 0.032$

12-11. $F = 5.99$, H_0 기각

12-12. $\hat{Y} = 8.82 + 1.91X$

12-13. a) $\hat{Y} = -2.575 + 5.04X$, b) 상한 : 6.485, 하한 : 3.595

12-14. a) $\hat{Y} = 0.38 + 1.83X$, b) $r^2 = 0.983$

참고문헌

김병휘 외, 2002, 『통계학의 이해』, 자유아카데미.
김석우, 2007, 『기초통계학』, 학지사.
김우철 외, 2006, 『현대통계학』, 영지문화사.
김주환·이기성, 2002, 『일반통계학』, 자유아카데미.
김태웅, 2013, 『통계학개론』, 신영사.
김현철 외, 2014, 『통계학의 이해』, 경문사.
김홍준 외, 2008, 『통계학』, 비앤엠북스.
류근관, 2013, 『통계학』, 법문사.
박우동·김명호, 2006, 『경영통계학의 이해』, 도서출판 두남.
배종성 외, 2010, 『SPSS를 이용한 통계학』, 경문사.
손방용 외, 2012, 『SPSS를 활용한 통계학』, 교우사.
염경철, 2013, 『품질경영기사』, 성안당.
우수명, 2007, 『SPSS 20.0』, 인간과복지.
유성진 외, 2011, 『알기쉬운 통계학』, 박영사.
이순용, 2012, 『현대품질경영』, 법문사.
최용록, 2012, 『알기쉬운 실전 통계학』, 보명BOOKS.
최현철, 2013, 『사회과학 통계분석』, 나남.

神林博史·三輪哲, 2011, 『社會調査のための統計學』, 經濟統計學會編.
数理社会学会(修), 2006, 『社会の見方, 測り方一計量社会学への招待』, 勤草書房.
轟亮·杉野勇(編), 2010, 『入門 · 社会調査法一2ステップで基礎から学ぶ』, 法律文化社.
原純輔·海野道郎, 2004, 『社会調査演習[第2版]』, 東京大学出版会 .

Keller, Gerald, 2011, 『Managerial Statistics』, South Western Educational Publishing.

찾아보기

▌아▌

▌자▌

▌차▌

▌타▌

▌파▌

▌하▌

✤ 저자약력 ✤

▌김 명 호

한양대학교에서 생산관리 전공으로 경영학박사 학위 취득
성균관대학교에서 산업공학 전공으로 공학박사 학위 취득
현재, 국립 강릉원주대학교 경영학과 교수로 재직

〈강의경력〉
한양대학교, 동국대학교, 서울시립대학교 강의
미국 몬타나주립대학교 산업공학과 객원교수 역임

〈주요 보직〉
강릉대학교 사회과학대학 학장
강릉대학교 경영정책과학대학원 원장
강릉대학교 전자상거래지원센터(ECRC) 소장

〈연구업적〉
『기업사례경영학』, 『기업과 경영의 이해』, 『계량경영학』, 『전자상거래의 이해』
등의 저서와 논문 다수

〈수상〉
2005년, 대한민국 창업대전 '동상' 수상
2010년, 대한민국 인권상 '국민포장' 수상

● **기초통계학**

초 판 1쇄 발행 —— 2015년 2월 25일
초 판 2쇄 발행 —— 2016년 2월 10일
지은이 —— 김 명 호
펴낸이 —— 전 두 표
펴낸곳 —— 도서출판 **두남**
서울시 강동구 성내로6길 34-16 두남빌딩
신 고 : 제25100-1988-9호
TEL : 02) 478-2065, 2066, 2067, 2311
FAX : 02) 478-2068
E-mail : dunam1@unitel.co.kr
http://www.dunam.co.kr

● **정가 20,000원**

ISBN 978-89-6414-589-0 93320